法律法规大字实用版系列

中华人民共和国
刑法

·大字实用版·

法律出版社法规中心 编

法律出版社
LAW PRESS·CHINA
北京

图书在版编目(CIP)数据

中华人民共和国刑法 : 大字实用版 / 法律出版社法规中心编. -- 北京 : 法律出版社, 2024(2024.4 重印)
(法律法规大字实用版系列)
ISBN 978 -7 -5197 -7845 -3

Ⅰ. ①中… Ⅱ. ①法… Ⅲ. ①中华人民共和国刑法 Ⅳ. ①D924

中国国家版本馆 CIP 数据核字(2023)第 069874 号

中华人民共和国刑法(大字实用版)
ZHONGHUA RENMIN GONGHEGUO XINGFA(DAZI SHIYONGBAN)

法律出版社法规中心 编

责任编辑 冯高琼 赵雪慧
装帧设计 汪奇峰

出版发行 法律出版社
编辑统筹 法规出版分社
责任校对 王晓萍
责任印制 耿润瑜
经　　销 新华书店

开本 A5
印张 13　　字数 325 千
版本 2024 年 1 月第 1 版
印次 2024 年 4 月第 2 次印刷
印刷 北京盛通印刷股份有限公司

地址:北京市丰台区莲花池西里 7 号(100073)
网址:www. lawpress. com. cn
投稿邮箱:info@ lawpress. com. cn
举报盗版邮箱:jbwq@ lawpress. com. cn
销售电话:010 - 83938349
客服电话:010 - 83938350
咨询电话:010 - 63939796

书号:ISBN 978 -7 -5197 -7845 -3
定价:42.00 元
凡购买本社图书,如有印装错误,我社负责退换。电话:010 - 83938349

编辑出版说明

“法者，天下之准绳也。”在法治社会，人们与其生活的社会发生的所有关系，莫不以法律为纽带和桥梁。人与人之间即是各种法律关系的总和。为帮助广大读者学法、知法、守法、用法，我们组织专业力量精心编写了“法律法规大字实用版系列”丛书。本丛书具有以下特点：

1. 专业。出版机构专业：成立于1954年的法律出版社，是全国首家法律专业出版机构，有专业的法律编辑队伍和标准的法律文本资源。内容专业：书中的名词解释、实用问答理据权威、精准专业；典型案例均来自最高人民法院、最高人民检察院发布的指导案例、典型案例以及地方法院发布的经典案例，在实践中起到指引法官“同案同判”的作用，具有很强的参考性。

2. 全面。全书以主体法为编写主线，在法条下辅之以条文主旨、名词解释、实用问答、典型案例，囊括了该条的标准理论阐释和疑难实务问题，帮助读者全面构建该条的立体化知识体系。

3. 实用。实用问答模块以一问一答的方式解答实务中的疑难问题，读者可按图索骥获取解决实务问题的答案；典型案例模块精选与条文密切相关的经典案例，在书中呈现裁判要旨，读者可按需扫描案例二维码获取案例全文。

4. 易读。采用大字排版、双色印刷，易读不累，清晰疏朗，提升了阅读体验感；波浪线标注条文重点，帮助读者精准捕捉条文要义。

书中可能尚存讹误，不当之处，尚祈读者批评指正。

法律出版社法规中心

2024年1月

目　　录

中华人民共和国刑法

第一编　总　　则

第二编　分　　则

附　　则

中华人民共和国刑法

1979年7月1日第五届全国人民代表大会第二次会议通过

1997年3月14日第八届全国人民代表大会第五次会议修订

根据1998年12月29日第九届全国人民代表大会常务委员会第六次会议通过的《关于惩治骗购外汇、逃汇和非法买卖外汇犯罪的决定》、1999年12月25日第九届全国人民代表大会常务委员会第十三次会议通过的《中华人民共和国刑法修正案》、2001年8月31日第九届全国人民代表大会常务委员会第二十三次会议通过的《中华人民共和国刑法修正案(二)》、2001年12月29日第九届全国人民代表大会常务委员会第二十五次会议通过的《中华人民共和国刑法修正案（三）》、2002年12月28日第九届全国人民代表大会常务委员会第三十一次会议通过的《中华人民共和国刑法修正案（四）》、2005年2月28日第十届全国人民代表大会常务委员会第十四次会议通过的《中华人民共和国刑法修正案（五）》、2006年6月29日第十届全国人民代表大会常务委员会第二十二次会议通过的《中华人民共和国刑法修正案（六）》、2009年2月28日第十一届全国人民代表大会常务委员会第七次会议通过的《中华人民共和国刑法修正案（七）》、2009年8月27日第十一届全国人民代表大会常务委员会第十次会议通过的《关于修改部分法律的决定》、2011年2月25日第十一届全国人民代表大会常务委员会第十九次会议通过的《中华人民共和国刑法修正案（八）》、2015年8月29日第十二届全国人民代表大会常务委员会第十六次会议通过的《中华人民共和国刑法修正案（九）》、2017年11月4日第十二届全国人民代表大会常务委员会第三十次会议通过的《中华人民共和国刑法修正案（十）》、2020年12月26日第十三届全国人民代表大会常务委员会第二十四次会议通过的《中华人民共和国刑法修正案（十一）》和2023年12月29日第十四届全国人民代表大会常务委员会第七次会议通过的《中华人民共和国刑法修正案（十二）》修正

第一编 总 则

第一章 刑法的任务、基本原则和适用范围

◆ 第一条 立法目的和根据*

为了惩罚犯罪，保护人民，根据宪法，结合我国同犯罪作斗争的具体经验及实际情况，制定本法。

名词解释

惩罚犯罪，就是通过《刑法》，规定什么是犯罪，哪些行为是犯罪，犯什么罪应受到什么样的惩罚的方式，对任何触犯《刑法》规定的犯罪分子，依照《刑法》的规定追究其刑事责任。为惩罚犯罪提供法律武器，这是制定《刑法》的目的之一。

保护人民，是制定《刑法》的根本目的，“保护人民”不仅是

* 条文主旨为编者所加，其中总则部分的条旨是为方便读者查找相应法条而概括；分则部分的条旨，则是根据《最高人民法院关于执行〈中华人民共和国刑法〉确定罪名的规定》及最高人民法院、最高人民检察院发布的七个补充规定确定的罪名。需要注意的是，《刑法修正案（十二）》修改的相关各罪，罪名以后可能发生改变，请读者使用时注意。

指保护公民个人的人身权利、民主权利、财产权利等合法权利不受侵犯，也包括代表人民根本利益的国家安全、社会主义政治制度、社会主义经济基础、稳定的社会秩序不遭到破坏。

◆ 第二条　任务

中华人民共和国刑法的任务，是用刑罚同一切犯罪行为作斗争，以保卫国家安全，保卫人民民主专政的政权和社会主义制度，保护国有财产和劳动群众集体所有的财产，保护公民私人所有的财产，保护公民的人身权利、民主权利和其他权利，维护社会秩序、经济秩序，保障社会主义建设事业的顺利进行。

实用问答

公民私人所有的财产，包括哪些财产？

答： 根据《刑法》第92条的规定，公民私人所有的财产，是指下列财产：（1）公民的合法收入、储蓄、房屋和其他生活资料；（2）依法归个人、家庭所有的生产资料；（3）个体户和私营企业的合法财产；（4）依法归个人所有的股份、股票、债券和其他财产。

◆ 第三条　罪刑法定原则

法律明文规定为犯罪行为的，依照法律定罪处刑；法律没有明文规定为犯罪行为的，不得定罪处刑。

◆ 第四条　法律面前人人平等原则

对任何人犯罪，在适用法律上一律平等。不允许任何人有超越法律的特权。

实用问答

法律面前人人平等原则的含义是什么？

答：法律面前人人平等原则有两层含义：（1）要做到刑事司法公正，即定罪公正、量刑公正、行刑公正。人民法院、人民检察院、公安机关等对任何犯罪的人，不分民族、种族、职业、出身、性别、宗教信仰、教育程度、财产情况、职位高低和功劳大小，都应予以刑事追究，根据法律规定和案件事实予以从宽和从严惩处，不能因案外因素干扰定罪量刑，要公正、平等地适用法律。（2）不允许任何人有超越法律的特权。

◆ 第五条　罪责刑相适应原则

刑罚的轻重，应当与犯罪分子所犯罪行和承担的刑事责任相适应。

名词解释

罪责刑相适应原则，是指对犯罪规定刑罚和对犯罪分子量刑时，应根据其所犯罪行的性质、情节和对社会的危害程度来决定。这一原则的基本要求是罪重的量刑要重，罪轻的量刑要轻，各个法律条文之间对犯罪刑罚的规定要统一平衡，不能罪重的刑罚比罪轻的轻，也不能罪轻的刑罚比罪重的重。

◆ 第六条　属地管辖权

凡在中华人民共和国领域内犯罪的，除法律有特别规定的以外，都适用本法。

凡在中华人民共和国船舶或者航空器内犯罪的，也适用本法。

犯罪的行为或者结果有一项发生在中华人民共和国领域内的，就认为是在中华人民共和国领域内犯罪。

名词解释

中华人民共和国领域，是指我国国境以内的全部区域，具体包括：（1）领陆，即国境线以内的陆地及其陆地下的地层；（2）领水，即内水（内河、内海、内湖以及同外国之间界水的一部分）和领海（我国领海宽度从领海基线量起为 12 海里）及其以下的地层；（3）领空，即领陆和领水之上的空间。

实用问答

针对或者主要利用计算机网络实施的犯罪，犯罪地怎样确定？

答： 根据《最高人民法院关于适用〈中华人民共和国刑事诉讼法〉的解释》第 2 条的规定，犯罪地包括犯罪行为地和犯罪结果地。针对或者主要利用计算机网络实施的犯罪，犯罪地包括用于实施犯罪行为的网络服务使用的服务器所在地，网络服务提供者所在地，被侵害的信息网络系统及其管理者所在地，犯罪过程中被告人、被害人使用的信息网络系统所在地，以及被害人被侵害时所在地和被害人财产遭受损失地等。

◆ 第七条　属人管辖权

中华人民共和国公民在中华人民共和国领域外犯本法规定之罪的，适用本法，但是按本法规定的最高刑为三年以下有期徒刑的，可以不予追究。

中华人民共和国国家工作人员和军人在中华人民共和国领域外犯本法规定之罪的，适用本法。

名词解释

中华人民共和国公民，是指具有中华人民共和国国籍的人，包括定居在外国而没有取得外国国籍的华侨和临时出国的人员以及已经取得我国国籍的外国血统的人。根据《国籍法》的规定，我国不承认双重国籍，定居在国外的我国公民，凡自愿加入或取得外国国籍的，即自动丧失我国国籍，不再属于我国公民。

◆ 第八条　保护管辖权

外国人在中华人民共和国领域外对中华人民共和国国家或者公民犯罪，而按本法规定的最低刑为三年以上有期徒刑的，可以适用本法，但是按照犯罪地的法律不受处罚的除外。

名词解释

外国人，是指具有外国国籍和无国籍的人。

实用问答

外国人在我国领域外对我国国家或者公民犯罪，根据《刑法》应当受处罚的，怎样确定有管辖权的法院？

答：根据《最高人民法院关于适用〈中华人民共和国刑事诉讼法〉的解释》第11条的规定，“外国人在中华人民共和国领域外对中华人民共和国国家或者公民犯罪，根据《中华人民共和国刑法》

应当受处罚的，由该外国人登陆地、入境地或者入境后居住地的人民法院管辖，也可以由被害人离境前居住地或者现居住地的人民法院管辖”。

◆ 第九条　普遍管辖权

对于中华人民共和国缔结或者参加的国际条约所规定的罪行，中华人民共和国在所承担条约义务的范围内行使刑事管辖权的，适用本法。

实用问答

对我国缔结或者参加的国际条约所规定的罪行，我国在所承担条约义务的范围内行使刑事管辖权的，如何确定有管辖权的法院？

答：根据《最高人民法院关于适用〈中华人民共和国刑事诉讼法〉的解释》第12条的规定，“对中华人民共和国缔结或者参加的国际条约所规定的罪行，中华人民共和国在所承担条约义务的范围内行使刑事管辖权的，由被告人被抓获地、登陆地或者入境地的人民法院管辖”。

◆ 第十条　域外刑事判决的消极承认

凡在中华人民共和国领域外犯罪，依照本法应当负刑事责任的，虽然经过外国审判，仍然可以依照本法追究，但是在外国已经受过刑罚处罚的，可以免除或者减轻处罚。

◆ 第十一条 外交代表的刑事豁免

享有外交特权和豁免权的外国人的刑事责任，通过外交途径解决。

名词解释

外交特权和豁免权，是指一个国家为了保证和便利驻在本国的外交代表、外交代表机关以及外交人员执行职务，给予他们的一种特殊权利和待遇。这种特殊权利和待遇是各国之间按照平等、相互尊重的原则，根据国际惯例和国际公约、协议相互给予的。

实用问答

1. 享有外交特权和豁免权的外国人主要包括哪些人员？

答：享有外交特权和豁免权的外国人主要包括外交代表、使馆行政技术人员以及与他们共同生活的配偶、未成年子女；来访的外国国家元首、政府首脑、外交部长及其他同等身份的官员等。至于参加联合国及其专门机构召开的国际会议的外国代表，临时来中国的联合国及其专门机构的官员和专家，联合国及其专门机构的代表机构和工作人员，按中国加入的有关国际公约和签订的有关协议，事实上也享有外交特权和豁免权。

2. 对享有外交特权与豁免的人员有法律约束吗？

答：《外交特权与豁免条例》中对享有外交特权与豁免的人员作了法律约束，其中第25条规定，享有外交特权与豁免的人员：（1）应当尊重中国的法律、法规；（2）不得干涉中国的内政；（3）不得在中国境内为私人利益从事任何职业或者商业活动；（4）不得将使馆馆舍和使馆工作人员寓所充作与使馆职务不相符合的用途。

◆ 第十二条　溯及力

中华人民共和国成立以后本法施行以前的行为，如果当时的法律不认为是犯罪的，适用当时的法律；如果当时的法律认为是犯罪的，依照本法总则第四章第八节的规定应当追诉的，按照当时的法律追究刑事责任，但是如果本法不认为是犯罪或者处刑较轻的，适用本法。

本法施行以前，依照当时的法律已经作出的生效判决，继续有效。

名词解释

刑法的溯及力，即《刑法》溯及既往的效力，是指《刑法》生效后，对它生效前未经审判或者判决尚未确定的行为是否适用的问题。如果适用即为有溯及力，反之则为无溯及力。我国《刑法》溯及力采取从旧兼从轻原则，即原则上并不具有溯及既往的效力，但新法不认为是犯罪或者处刑较轻的，则应适用新法。

第二章 犯 罪

第一节 犯罪和刑事责任

◆ 第十三条 犯罪概念

一切危害国家主权、领土完整和安全，分裂国家、颠覆人民民主专政的政权和推翻社会主义制度，破坏社会秩序和经济秩序，侵犯国有财产或者劳动群众集体所有的财产，侵犯公民私人所有的财产，侵犯公民的人身权利、民主权利和其他权利，以及其他危害社会的行为，依照法律应当受刑罚处罚的，都是犯罪，但是情节显著轻微危害不大的，不认为是犯罪。

实用问答

根据本条的规定，犯罪的特征是什么？

答：根据本条规定，犯罪应具有以下三个特征：（1）犯罪的社会危害性，即行为对于我国《刑法》所保护的各种利益及其整体有危害；（2）犯罪的刑事违法性，即行为违反《刑法》规范；（3）犯罪的应受刑罚处罚性，即行为应当受到《刑法》的否定性评价和刑罚处罚。

◆ 第十四条 故意犯罪

明知自己的行为会发生危害社会的结果，并且希望或者放任这种结果发生，因而构成犯罪的，是故意犯罪。

故意犯罪，应当负刑事责任。

名词解释

刑事责任，是指犯罪行为人实施刑事法律禁止的行为所应当承担的法律后果。

实用问答

根据本条的规定，故意犯罪应具备的特征是什么？

答：根据本条规定，故意犯罪必须同时具备以下两个特征：（1）行为人对自己的行为会发生危害社会的结果必须是明知的，而这种明知既包括对必然发生危害结果的明知，也包括对可能发生危害结果的明知。（2）行为人的心理必须处于希望或者放任的状态。

◆ 第十五条 过失犯罪

应当预见自己的行为可能发生危害社会的结果，因为疏忽大意而没有预见，或者已经预见而轻信能够避免，以致发生这种结果的，是过失犯罪。

过失犯罪，法律有规定的才负刑事责任。

名词解释

应当预见，是指行为人对其行为结果具有认识的义务和能力。“应当预见”要求根据行为人的具体情况，行为人对自己的行为可能发生危害社会的结果能够作出正确的判断。行为人的具体情况，主要是指行为人的年龄、责任能力、文化程度、知识的广度和深度、职业专长、工作经验、社会经验等。

实用问答

根据本条的规定，过失犯罪可分为哪几类？

答：根据本条的规定，过失犯罪分为两大类：（1）疏忽大意的过失犯罪，即行为人应当预见自己的行为可能发生危害社会的结果，因为疏忽大意而没有预见，以致发生了危害社会的结果，构成犯罪的；（2）过于自信的过失犯罪，即行为人已经预见到自己的行为可能发生危害社会的结果而轻信能够避免，以致发生了危害社会的结果，构成犯罪的。

◆ 第十六条　不可抗力和意外事件

行为在客观上虽然造成了损害结果，但是不是出于故意或者过失，而是由于不能抗拒或者不能预见的原因所引起的，不是犯罪。

名词解释

不能抗拒，是指不以行为人的意志为转移，行为人无法阻挡或控制损害结果的发生。如由于某种机械力量的撞击、自然灾害的阻挡、突发病的影响等行为人意志以外的原因，使其无法避免损害结果的发生。

不能预见，是指根据行为人的主观情况和发生损害结果当时的客观情况，行为人不具有能够预见的条件和能力，损害结果的发生完全出乎行为人的意料之外。

◆ 第十七条　刑事责任年龄

已满十六周岁的人犯罪，应当负刑事责任。

已满十四周岁不满十六周岁的人，犯故意杀人、故意伤害致人重伤或者死亡、强奸、抢劫、贩卖毒品、放火、爆炸、投放危险物质罪的，应当负刑事责任。

已满十二周岁不满十四周岁的人，犯故意杀人、故意伤害罪，致人死亡或者以特别残忍手段致人重伤造成严重残疾，情节恶劣，经最高人民检察院核准追诉的，应当负刑事责任。

对依照前三款规定追究刑事责任的不满十八周岁的人，应当从轻或者减轻处罚。

因不满十六周岁不予刑事处罚的，责令其父母或者其他监护人加以管教；在必要的时候，依法进行专门矫治教育。

名词解释

刑事责任年龄，是指法律规定的应当对自己的犯罪行为负刑事责任的年龄。刑事责任年龄分为完全负刑事责任年龄、相对负刑事责任年龄和完全不负刑事责任年龄三个阶段。不满 12 周岁，是完全不负刑事责任年龄阶段；已满 12 周岁不满 16 周岁，是相对负刑事责任年龄阶段；已满 16 周岁，是完全负刑事责任年龄阶段。其中相对负刑事责任年龄阶段又分为已满 14 周岁不满 16 周岁和已满 12 周岁不满 14 周岁两个年龄阶段。

◆ 第十七条之一　已满七十五周岁的人犯罪的刑事责任

已满七十五周岁的人故意犯罪的，可以从轻或者减轻处罚；过失犯罪的，应当从轻或者减轻处罚。

◆ 第十八条　精神病人与醉酒的人的刑事责任能力

精神病人在不能辨认或者不能控制自己行为的时候造成危害结果，经法定程序鉴定确认的，不负刑事责任，但是应当责令他的家属或者监护人严加看管和医疗；在必要的时候，由政府强制医疗。

间歇性的精神病人在精神正常的时候犯罪，应当负刑事责任。

尚未完全丧失辨认或者控制自己行为能力的精神病人犯罪的，应当负刑事责任，但是可以从轻或者减轻处罚。

醉酒的人犯罪，应当负刑事责任。

名词解释

间歇性的精神病人，是指精神并非经常处于错乱而完全丧失辨认或者控制自己行为的能力的精神病人。这种精神病人表现出的特点是精神时而正常，时而不正常。在其精神正常的情况下，具有辨认或者控制自己行为的能力，因此这时候犯罪，应当负刑事责任。

尚未完全丧失辨认或者控制自己行为能力的精神病人，主要是指病情尚未达到完全不能辨认或者不能控制自己行为的程度，还有部分辨别是非、善恶和控制自己行为的能力的精神病人。由于这类精神病人尚未完全丧失辨认或者控制自己行为的能力，即还有部分行为能力和责任能力，因此应当负刑事责任。

典型案例

徐加富强制医疗案[①]

要旨：审理强制医疗案件，对被申请人或者被告人是否“有继续危害社会可能”，应当综合被申请人或者被告人所患精神病的种类、症状，案件审理时其病情是否已经好转，以及其家属或者监护人有无严加看管和自行送医治疗的意愿和能力等情况予以判定。必要时，可以委托相关机构或者专家进行评估。

◆ 第十九条 又聋又哑的人或盲人犯罪的刑事责任

又聋又哑的人或者盲人犯罪，可以从轻、减轻或者免除处罚。

◆ 第二十条 正当防卫

为了使国家、公共利益、本人或者他人的人身、财产和其他权利免受正在进行的不法侵害，而采取的制止不法侵害的行为，对不法侵害人造成损害的，属于正当防卫，不负刑事责任。

正当防卫明显超过必要限度造成重大损害的，应当负刑事责任，但是应当减轻或者免除处罚。

对正在进行行凶、杀人、抢劫、强奸、绑架以及其他严重危

① 最高人民法院指导案例63号。

及人身安全的暴力犯罪，采取防卫行为，造成不法侵害人伤亡的，不属于防卫过当，不负刑事责任。

名词解释

不法侵害，是指非法对受法律保护的国家、公民的各种合法权益的违法侵害。

正当防卫，是为了维护国家、公共利益、本人或他人的合法权益，被迫实施的制止不法侵害的行为。

防卫过当，是指防卫明显地超过必要限度，对不法侵害人造成了重大损害，应当负刑事责任的行为。

实用问答

1. 司法实践中如何准确认定本条第 2 款规定的“明显超过必要限度”？

答：根据《最高人民法院、最高人民检察院、公安部关于依法适用正当防卫制度的指导意见》第 12 条的规定，防卫是否“明显超过必要限度”，应当综合不法侵害的性质、手段、强度、危害程度和防卫的时机、手段、强度、损害后果等情节，考虑双方力量对比，立足防卫人防卫时所处情境，结合社会公众的一般认知作出判断。在判断不法侵害的危害程度时，不仅要考虑已经造成的损害，还要考虑造成进一步损害的紧迫危险性和现实可能性。不应当苛求防卫人必须采取与不法侵害基本相当的反击方式和强度。通过综合考量，对于防卫行为与不法侵害相差悬殊、明显过激的，应当认定防卫明显超过必要限度。

2. 司法实践中如何认定本条第 2 款规定的“造成重大损害”？

答： 根据《最高人民法院、最高人民检察院、公安部关于依法适用正当防卫制度的指导意见》第 13 条的规定，“造成重大损害”是指造成不法侵害人重伤、死亡。造成轻伤及以下损害的，不属于重大损害。防卫行为虽然明显超过必要限度但没有造成重大损害的，不应认定为防卫过当。

典型案例

1. 朱凤山故意伤害（防卫过当）案①

要旨： 在民间矛盾激化过程中，对正在进行的非法侵入住宅、轻微人身侵害行为，可以进行正当防卫，但防卫行为的强度不具有必要性并致不法侵害人重伤、死亡的，属于明显超过必要限度造成重大损害，应当负刑事责任，但是应当减轻或者免除处罚。

2. 于海明正当防卫案②

要旨： 对于犯罪故意的具体内容虽不确定，但足以严重危及人身安全的暴力侵害行为，应当认定为《刑法》第 20 条第 3 款规定的“行凶”。行凶已经造成严重危及人身安全的紧迫危险，即使没有发生严重的实害后果，也不影响正当防卫的成立。

---

① 检例第 46 号。
② 检例第 47 号。

3. 侯雨秋正当防卫案[①]

要旨：单方聚众斗殴的，属于不法侵害，没有斗殴故意的一方可以进行正当防卫。单方持械聚众斗殴，对他人的人身安全造成严重危险的，应当认定为《刑法》第20条第3款规定的“其他严重危及人身安全的暴力犯罪”。

4. 张那木拉正当防卫案[②]

要旨：（1）对于使用致命性凶器攻击他人要害部位，严重危及他人人身安全的行为，应当认定为《刑法》第20条第3款规定的“行凶”，可以适用特殊防卫的有关规定。

（2）对于多人共同实施不法侵害，部分不法侵害人已被制伏，但其他不法侵害人仍在继续实施侵害的，仍然可以进行防卫。

◆ 第二十一条 紧急避险

为了使国家、公共利益、本人或者他人的人身、财产和其他权利免受正在发生的危险，不得已采取的紧急避险行为，造成损害的，不负刑事责任。

紧急避险超过必要限度造成不应有的损害的，应当负刑事责任，但是应当减轻或者免除处罚。

---

① 检例第48号。

② 最高人民法院指导案例144号。

第一款中关于避免本人危险的规定，不适用于职务上、业务上负有特定责任的人。

名词解释

紧急避险，是指行为人在遇到某种危险的情况下，为了防止国家、公共利益、本人或者他人的合法权利遭受损害，不得已而采取的侵犯另一个较小的合法权利，以保护较大的合法权利的行为。

第二节 犯罪的预备、未遂和中止

◆ 第二十二条 犯罪预备

为了犯罪，准备工具、制造条件的，是犯罪预备。

对于预备犯，可以比照既遂犯从轻、减轻处罚或者免除处罚。

名词解释

准备工具，是指准备为实施犯罪所用的各种作案工具、器材和其他用品。

制造条件，是指除准备犯罪工具和其他用品以外的，积极创造有利于实现其犯罪目的的各种便利因素的行为，如营造环境、制造机会、犯罪演练等。

◆ 第二十三条　犯罪未遂

已经着手实行犯罪，由于犯罪分子意志以外的原因而未得逞的，是犯罪未遂。

对于未遂犯，可以比照既遂犯从轻或者减轻处罚。

典型案例

王新明合同诈骗案①

要旨：在数额犯中，犯罪既遂部分与未遂部分分别对应不同法定刑幅度的，应当先决定对未遂部分是否减轻处罚，确定未遂部分对应的法定刑幅度，再与既遂部分对应的法定刑幅度进行比较，选择适用处罚较重的法定刑幅度，并酌情从重处罚；二者在同一量刑幅度的，以犯罪既遂酌情从重处罚。

◆ 第二十四条　犯罪中止

在犯罪过程中，自动放弃犯罪或者自动有效地防止犯罪结果发生的，是犯罪中止。

对于中止犯，没有造成损害的，应当免除处罚；造成损害的，应当减轻处罚。

① 最高人民法院指导案例62号。

名词解释

自动放弃犯罪，是指犯罪分子在着手实施犯罪之前，主动放弃犯罪意图和为犯罪创造条件，停止着手实施犯罪，或者在着手实施犯罪之后，犯罪结果发生之前，主动放弃继续犯罪，中止犯罪行为。

自动有效地防止犯罪结果发生，是指犯罪人在已经着手实施犯罪之后，犯罪结果发生之前，主动放弃继续犯罪，并主动采取积极措施防止了犯罪结果的发生。

第三节　共同犯罪

◆ 第二十五条　共同犯罪概念

共同犯罪是指二人以上共同故意犯罪。

二人以上共同过失犯罪，不以共同犯罪论处；应当负刑事责任的，按照他们所犯的罪分别处罚。

实用问答

根据本条的规定，共同犯罪成立需要满足哪些条件？

答：根据本条的规定，共同犯罪成立需要满足以下条件：（1）有2个以上达到刑事责任年龄、具有刑事责任能力的人。（2）主观上必须具有共同的犯罪故意，包括实行故意、组织故意、教唆故意、帮助故意。（3）客观上必须具有共同的犯罪行为，包括实行行为、组织行为、教唆行为、帮助行为。行为人具有共同犯罪故意，对他人犯罪暗中进行帮助的，构成片面共犯，应认定为共同犯罪。

◆ 第二十六条　主犯

组织、领导犯罪集团进行犯罪活动的或者在共同犯罪中起主要作用的，是主犯。

三人以上为共同实施犯罪而组成的较为固定的犯罪组织，是犯罪集团。

对组织、领导犯罪集团的首要分子，按照集团所犯的全部罪行处罚。

对于第三款规定以外的主犯，应当按照其所参与的或者组织、指挥的全部犯罪处罚。

实用问答

在办案实践中如何认定本条规定的“犯罪集团”及“犯罪集团的首要分子”？

答：根据《最高人民法院、最高人民检察院、公安部关于当前办理集团犯罪案件中具体应用法律的若干问题的解答》的规定，刑事犯罪集团一般应具备下列基本特征：（1）人数较多（3人以上），重要成员固定或基本固定。（2）经常纠集一起进行一种或数种严重的刑事犯罪活动。（3）有明显的首要分子。有的首要分子是在纠集过程中形成的，有的首要分子在纠集开始时就是组织者和领导者。（4）有预谋地实施犯罪活动。（5）不论作案次数多少，对社会造成的危害或其具有的危险性都很严重。

刑事犯罪集团的首要分子，是指在该集团中起组织、策划、指挥作用的犯罪分子（参见《刑法》第23条、第86条）。首要分子可以是1名，也可以不只1名。首要分子应对该集团经过预谋、有共同故意的全部罪行负责。集团的其他成员，应按其地位和作用，分别对其参与实施的具体罪行负责。如果某个成员实施了该集团共同故意犯罪范围以外的其他犯罪，则应由他个人负责。

另外，对单一的犯罪集团，应按其所犯的罪定性；对一个犯罪集团犯多种罪的，应按其主罪定性；犯罪集团成员或一般共同犯罪的共犯，犯数罪的，分别按数罪并罚的原则处罚。

典型案例

1. 张某、沈某某等七人抢劫案[①]

要旨：（1）办理未成年人与成年人共同犯罪案件，一般应当将未成年人与成年人分案起诉，但对于未成年人系犯罪集团的组织者或者其他共同犯罪中的主犯，或者具有其他不宜分案起诉情形的，可以不分案起诉。

（2）办理未成年人与成年人共同犯罪案件，应当根据未成年人在共同犯罪中的地位、作用，综合考量未成年人实施犯罪行为的动机和目的、犯罪时的年龄、是否属于初犯、偶犯、犯罪后的悔罪表现、个人成长经历和一贯表现等因素，依法从轻或者减轻处罚。

（3）未成年人犯罪不构成累犯。

2. 张凯闵等 52 人电信网络诈骗案[②]

要旨：跨境电信网络诈骗犯罪往往涉及大量的境外证据和庞杂

① 检例第 19 号。
② 检例第 67 号。

的电子数据。对境外获取的证据应着重审查合法性，对电子数据应着重审查客观性。主要成员固定，其他人员有一定流动性的电信网络诈骗犯罪组织，可认定为犯罪集团。

◆ 第二十七条　从犯

在共同犯罪中起次要或者辅助作用的，是从犯。

对于从犯，应当从轻、减轻处罚或者免除处罚。

◆ 第二十八条　胁从犯

对于被胁迫参加犯罪的，应当按照他的犯罪情节减轻处罚或者免除处罚。

名词解释

胁从犯，是指被胁迫参加犯罪的人，即在他人威胁下不完全自愿地参加共同犯罪，并在共同犯罪中起较小作用的人。胁从犯的责任轻于从犯。胁从犯是共犯的一种，只能存在于共同犯罪中，故对胁从犯的认定不能脱离共同犯罪的成立条件。应当注意的是，行为人身体完全受强制、完全丧失意志自由或者符合紧急避险条件实施了某种行为的，不构成胁从犯。

◆ 第二十九条　教唆犯

教唆他人犯罪的，应当按照他在共同犯罪中所起的作用处罚。教唆不满十八周岁的人犯罪的，应当从重处罚。

如果被教唆的人没有犯被教唆的罪，对于教唆犯，可以从轻或者减轻处罚。

名词解释

教唆犯，是指教唆他人犯罪的人，即故意唆使他人实施其犯罪意图的人。教唆犯有两个基本特征：第一，教唆犯是犯意的制造者，也即通过对他人灌输犯罪意图，以制造犯意为己任的共同犯罪人。第二，教唆犯通过他人实施其犯罪意图。教唆犯在共同犯罪中起主要作用的，按主犯处罚；起次要作用的，按从犯处罚。

第四节 单位犯罪

◆ 第三十条 单位负刑事责任的范围

公司、企业、事业单位、机关、团体实施的危害社会的行为，法律规定为单位犯罪的，应当负刑事责任。

名词解释

单位犯罪，是指公司、企业、事业单位、机关、团体为本单位牟取非法利益，由单位的决策机构按照单位的决策程序决定，由直接责任人员具体实施的，且《刑法》有明文规定的犯罪。

实用问答

本条中的“公司、企业、事业单位”具体是指哪些单位？

答：根据《最高人民法院关于审理单位犯罪案件具体应用法律有关问题的解释》第1条的规定，本条规定的“公司、企业、事业单位”，既包括国有、集体所有的公司、企业、事业单位，也包括依法设立的合资经营、合作经营企业和具有法人资格的独资、私营等公司、企业、事业单位。

◆ 第三十一条　单位犯罪的处罚原则

单位犯罪的，对单位判处罚金，并对其直接负责的主管人员和其他直接责任人员判处刑罚。本法分则和其他法律另有规定的，依照规定。

实用问答

单位犯罪直接负责的主管人员和其他直接责任人员应当怎样认定？

答：根据《全国法院审理金融犯罪案件工作座谈会纪要》中的规定，直接负责的主管人员，是在单位实施的犯罪中起决定、批准、授意、纵容、指挥等作用的人员，一般是单位的主管负责人，包括法定代表人。其他直接责任人员，是在单位犯罪中具体实施犯罪并起较大作用的人员，既可以是单位的经营管理人员，也可以是单位的职工，包括聘任、雇佣的人员。应当注意的是，在单位犯罪中，对于受单位领导指派或奉命而参与实施了一定犯罪行为的人员，一般不宜作为直接责任人员追究刑事责任。对单位犯罪中的直接负责的主管人员和其他直接责任人员，应根据其在单位犯罪中的地位、作用和犯罪情节，分别处以相应的刑罚，主管人员与直接责任人员，在个案中，不是当然的主、从犯关系，有的案件，主管人员与直接责任人员在实施犯罪行为的主从关系不明显的，可不分主、从犯。但具体案件可以分清主、从犯，且不分清主、从犯，在同一法定刑档次、幅度内量刑无法做到罪刑相适应的，应当分清主、从犯，依法处罚。

典型案例

1. 浙江省某县图书馆及赵某、徐某某单位受贿、私分国有资产、贪污案[①]

要旨：人民检察院在对职务犯罪案件审查起诉时，如果认为相关单位亦涉嫌犯罪，且单位犯罪事实清楚、证据确实充分，经与监察机关沟通，可以依法对犯罪单位提起公诉。检察机关在审查起诉中发现遗漏同案犯或犯罪事实的，应当及时与监察机关沟通，依法处理。

2. 无锡警用器材公司虚开增值税专用发票案[②]

要旨：民营企业违规经营触犯《刑法》情节较轻，认罪认罚的，对单位和直接责任人员依法能不捕的不捕，能不诉的不诉。检察机关应当督促认罪认罚的民营企业合法规范经营。拟对企业作出不起诉处理的，可以

① 检例第73号。
② 检例第81号。

通过公开听证听取意见。对被不起诉人（单位）需要给予行政处罚、处分或者需要没收其违法所得的，应当依法提出检察意见，移送有关主管机关处理。

第三章 刑 罚

第一节 刑罚的种类

◆ 第三十二条 刑罚的分类

刑罚分为主刑和附加刑。

名词解释

主刑，就是对犯罪分子适用的主要的、主导的刑罚方法。它的特点是只能独立适用，不能附加适用；既不能用来补充其他主刑，也不能用来补充附加刑。

附加刑，也称从刑，是相对主刑而言、作为主刑的补充而附加的刑罚方法。它的特点是既能独立适用，又能附加适用。当附加适用时，其附加于已适用的主刑，而且对于同一犯罪和同一犯罪人可以同时适用两个以上附加刑。

◆ 第三十三条 主刑种类

主刑的种类如下：

（一）管制；

（二）拘役；

（三）有期徒刑；
（四）无期徒刑；
（五）死刑。

名词解释

管制，是对犯罪分子不实行关押，但限制其一定自由，依法实行社区矫正的刑罚方法。

拘役，是剥夺犯罪分子短期的人身自由，对犯罪分子实行就近关押改造的刑罚方法。它适用于罪行较轻的犯罪分子。

有期徒刑，是剥夺犯罪分子一定期限的人身自由，并对其进行教育改造的刑罚方法。

无期徒刑，是剥夺犯罪分子终身自由的刑罚方法，是仅次于死刑的一种严厉的刑罚方法，只适用于严重的犯罪。

◆ 第三十四条　附加刑种类

附加刑的种类如下：
（一）罚金；
（二）剥夺政治权利；
（三）没收财产。
附加刑也可以独立适用。

名词解释

罚金，是指强制犯罪分子向国家缴纳一定数额金钱，对罪犯进行经济制裁的一种刑罚方法。它主要适用于破坏社会主义市场经济秩序的犯罪和其他牟利型、侵犯财产型的犯罪。

剥夺政治权利，是指依法剥夺犯罪分子一定期限参加国家管理和政治活动权利的刑罚方法。它主要适用于危害国家安全和其他严重危害社会治安的犯罪分子。对于无期徒刑和死刑的犯罪分子，应当附加剥夺政治权利终身。

没收财产，是指将犯罪分子个人所有的财产的一部分或者全部强行无偿地收归国有的一种刑罚方法。它主要适用于危害国家安全罪、破坏社会主义市场经济秩序罪、侵犯财产罪及妨害社会管理秩序罪中较严重的犯罪。

◆ 第三十五条 驱逐出境

对于犯罪的外国人，可以独立适用或者附加适用驱逐出境。

名词解释

驱逐出境，是指对犯罪的外国人强迫离开中国国（边）境的一种特殊的刑罚方法。它只对犯罪的外国人适用，不具有普遍适用的性质。

◆ 第三十六条 民事赔偿责任

由于犯罪行为而使被害人遭受经济损失的，对犯罪分子除依法给予刑事处罚外，并应根据情况判处赔偿经济损失。

承担民事赔偿责任的犯罪分子，同时被判处罚金，其财产不足以全部支付的，或者被判处没收财产的，应当先承担对被害人的民事赔偿责任。

实用问答

民事主体因同一行为应当承担民事责任、行政责任和刑事责任的，民事主体的财产不足以支付的，应当优先承担哪一项法律责任？

答：根据《民法典》第 187 条的规定，民事主体因同一行为应当承担民事责任、行政责任和刑事责任的，承担行政责任或者刑事责任不影响承担民事责任；民事主体的财产不足以支付的，优先用于承担民事责任。

◆ 第三十七条　免予刑事处罚及非刑罚性处置措施

对于犯罪情节轻微不需要判处刑罚的，可以免予刑事处罚，但是可以根据案件的不同情况，予以训诫或者责令具结悔过、赔礼道歉、赔偿损失，或者由主管部门予以行政处罚或者行政处分。

名词解释

犯罪情节轻微，是指已经构成犯罪，但犯罪的性质和情节及危害后果都很轻。如果犯罪情节显著轻微危害不大的，已经不构成犯罪，也不是本条中的“犯罪情节轻微”。

◆ 第三十七条之一　禁业规定

因利用职业便利实施犯罪，或者实施违背职业要求的特定义务的犯罪被判处刑罚的，人民法院可以根据犯罪情况和预防再犯罪的需要，禁止其自刑罚执行完毕之日或者假释之日起从事相关职业，期限为三年至五年。

被禁止从事相关职业的人违反人民法院依照前款规定作出的决定的，由公安机关依法给予处罚；情节严重的，依照本法第三百一十三条的规定定罪处罚。

其他法律、行政法规对其从事相关职业另有禁止或者限制性规定的，从其规定。

名词解释

利用职业便利实施犯罪，是指利用自己从事该职业所形成的管理、经手、权力、地位等便利条件实施犯罪，如犯罪人利用职业便利实施的职务侵占犯罪等，从事证券业、银行业、保险业等人员利用职业便利实施妨害对公司、企业管理秩序罪、破坏金融管理秩序罪等。

实施违背职业要求的特定义务的犯罪，是指违背一些特定行业、领域有关特定义务的要求，违背行业标准、规章制度以及职业道德、职业信誉所实施的犯罪。

第二节 管 制

◆ 第三十八条 管制的期限与执行

管制的期限，为三个月以上二年以下。

判处管制，可以根据犯罪情况，同时禁止犯罪分子在执行期间从事特定活动，进入特定区域、场所，接触特定的人。

对判处管制的犯罪分子，依法实行社区矫正。

违反第二款规定的禁止令的，由公安机关依照《中华人民共和国治安管理处罚法》的规定处罚。

◆ 第三十九条　被管制罪犯的义务与权利

被判处管制的犯罪分子，在执行期间，应当遵守下列规定：

（一）遵守法律、行政法规，服从监督；

（二）未经执行机关批准，不得行使言论、出版、集会、结社、游行、示威自由的权利；

（三）按照执行机关规定报告自己的活动情况；

（四）遵守执行机关关于会客的规定；

（五）离开所居住的市、县或者迁居，应当报经执行机关批准。

对于被判处管制的犯罪分子，在劳动中应当同工同酬。

◆ 第四十条　管制的解除

被判处管制的犯罪分子，管制期满，执行机关应即向本人和其所在单位或者居住地的群众宣布解除管制。

◆ 第四十一条　管制刑期的计算

管制的刑期，从判决执行之日起计算；判决执行以前先行羁押的，羁押一日折抵刑期二日。

第三节　拘　　役

◆ 第四十二条　拘役的期限

拘役的期限，为一个月以上六个月以下。

◆ 第四十三条 拘役的执行

被判处拘役的犯罪分子，由公安机关就近执行。

在执行期间，被判处拘役的犯罪分子每月可以回家一天至两天；参加劳动的，可以酌量发给报酬。

名词解释

就近执行，是指由犯罪分子所在地的县、市或市辖区的公安机关设置的拘役所执行；没有建立拘役所的，可放在公安机关的看守所执行。

◆ 第四十四条 拘役刑期的计算

拘役的刑期，从判决执行之日起计算；判决执行以前先行羁押的，羁押一日折抵刑期一日。

第四节 有期徒刑、无期徒刑

◆ 第四十五条 有期徒刑的期限

有期徒刑的期限，除本法第五十条、第六十九条规定外，为六个月以上十五年以下。

◆ 第四十六条　有期徒刑与无期徒刑的执行

被判处有期徒刑、无期徒刑的犯罪分子，在监狱或者其他执行场所执行；凡有劳动能力的，都应当参加劳动，接受教育和改造。

◆ 第四十七条　有期徒刑刑期的计算

有期徒刑的刑期，从判决执行之日起计算；判决执行以前先行羁押的，羁押一日折抵刑期一日。

实用问答

有期徒刑的刑期具体怎样计算？

答：根据《最高人民法院关于适用〈中华人民共和国刑事诉讼法〉的解释》第 202 条第 2 款的规定，以年计算的刑期，自本年本月某日至次年同月同日的前一日为一年；次年同月同日不存在的，自本年本月某日至次年同月最后一日的前一日为一年。以月计算的刑期，自本月某日至下月同日的前一日为一个月；刑期起算日为本月最后一日的，至下月最后一日的前一日为一个月；下月同日不存在的，自本月某日至下月最后一日的前一日为一个月；半个月一律按十五日计算。

第五节 死 刑

◆ 第四十八条 死刑、死缓的适用对象及核准程序

死刑只适用于罪行极其严重的犯罪分子。对于应当判处死刑的犯罪分子，如果不是必须立即执行的，可以判处死刑同时宣告缓期二年执行。

死刑除依法由最高人民法院判决的以外，都应当报请最高人民法院核准。死刑缓期执行的，可以由高级人民法院判决或者核准。

名词解释

罪行极其严重，是指所犯罪行对国家和人民的利益危害特别严重和情节特别恶劣。

死刑同时宣告缓期二年执行，一般称死刑缓期二年执行或死缓，是死刑的执行方法，而不是独立的刑种。选择死刑的执行方式，要考虑犯罪分子是否具备免死情节。一般认为，适用死刑缓期执行的条件是犯罪分子罪当该死，但考虑犯罪分子具备法定或酌定从轻处罚情节，人身危险程度相对较低，仍然有改造的可能，从人道主义的角度来讲应当免其一死。

典型案例

1. 郭明先参加黑社会性质组织、故意杀人、故意伤害案[①]

要旨：死刑依法只适用于罪行极其严重的犯罪分子。对故意杀人、故意伤害、绑架、爆炸等涉黑、涉恐、涉暴刑事案件中罪行极其严重，严重危害国家安全和公共安全、严重危害公民生命权，或者严重危害社会秩序的被告人，依法应当判处死刑，人民法院未判处死刑的，人民检察院应当依法提出抗诉。

2. 王某等人故意伤害等犯罪二审抗诉案[②]

要旨：检察机关在办案中要加强对未成年人的特殊、优先保护，对于侵害未成年人犯罪手段残忍、情节恶劣、后果严重的，应当依法从严惩处。胁迫未成年人实施毒品犯罪、参加恶势力犯罪集团，采用暴力手段殴打致该未成年人死亡的，属于“罪行极其严重”，应当依法适用死刑。对于人民法院以被告方与被害方达成赔偿谅解协议为由，从轻判处的，人民检察院应当对赔偿谅解协议进行实质性审查，全面、准确分析从宽处罚是否合适。虽达成赔偿谅解但并不足以从宽处罚的，人民检察院应当依法提出抗诉，监督纠正确有错误的判决，贯彻罪责刑相适应原则，维护公平正义。

---

① 检例第18号。
② 检例第178号。

◆ 第四十九条　死刑适用对象的限制

犯罪的时候不满十八周岁的人和审判的时候怀孕的妇女，不适用死刑。

审判的时候已满七十五周岁的人，不适用死刑，但以特别残忍手段致人死亡的除外。

◆ 第五十条　死缓变更

判处死刑缓期执行的，在死刑缓期执行期间，如果没有故意犯罪，二年期满以后，减为无期徒刑；如果确有重大立功表现，二年期满以后，减为二十五年有期徒刑；如果故意犯罪，情节恶劣的，报请最高人民法院核准后执行死刑；对于故意犯罪未执行死刑的，死刑缓期执行的期间重新计算，并报最高人民法院备案。

对被判处死刑缓期执行的累犯以及因故意杀人、强奸、抢劫、绑架、放火、爆炸、投放危险物质或者有组织的暴力性犯罪被判处死刑缓期执行的犯罪分子，人民法院根据犯罪情节等情况可以同时决定对其限制减刑。

典型案例

李飞故意杀人案[1]

要旨：对于因民间矛盾引发的故意杀人案件，被告人犯罪手段

① 最高人民法院指导案例 12 号。

残忍，且系累犯，论罪应当判处死刑，但被告人亲属主动协助公安机关将其抓捕归案，并积极赔偿的，人民法院根据案件具体情节，从尽量化解社会矛盾角度考虑，可以依法判处被告人死刑，缓期二年执行，同时决定限制减刑。

◆ 第五十一条　死缓执行期间的计算

死刑缓期执行的期间，从判决确定之日起计算。死刑缓期执行减为有期徒刑的刑期，从死刑缓期执行期满之日起计算。

第六节　罚　　金

◆ 第五十二条　罚金的判处

判处罚金，应当根据犯罪情节决定罚金数额。

实用问答

哪些情况下可以"单处罚金"？

答：根据《最高人民法院关于适用财产刑若干问题的规定》第4条的规定，犯罪情节较轻，适用单处罚金不致再危害社会并具有下列情形之一的，可以依法单处罚金：（1）偶犯或者初犯；（2）自首或者有立功表现的；（3）犯罪时不满18周岁的；（4）犯罪预备、中止或者未遂的；（5）被胁迫参加犯罪的；（6）全部退赃并有悔罪表现的；（7）其他可以依法单处罚金的情形。

◆ 第五十三条 罚金的缴纳

罚金在判决指定的期限内一次或者分期缴纳。期满不缴纳的，强制缴纳。对于不能全部缴纳罚金的，人民法院在任何时候发现被执行人有可以执行的财产，应当随时追缴。

由于遭遇不能抗拒的灾祸等原因缴纳确实有困难的，经人民法院裁定，可以延期缴纳、酌情减少或者免除。

名词解释

强制缴纳，即强迫犯罪分子缴纳罚金。它适用于有能力缴纳而拒不缴纳罚金的犯罪分子。

随时追缴，是指对于不能全部缴纳罚金的犯罪分子，人民法院在发现被执行人有可以执行的财产的任何时候，都可以强制要求犯罪分子缴纳罚金的执行方式。

实用问答

本条规定的“不能抗拒的灾祸等原因”具体包括哪些情况?

答：本条中的“不能抗拒的灾祸等原因”包括，遭遇火灾、水灾等自然灾害或者罪犯及其家属重病、伤残等，以及其他一些导致缴纳罚金确实有困难的情形。需要说明的是，不能抗拒的灾祸等原因是延期缴纳或者减免罚金的必要条件，而不是充分条件，并非凡是有上述情况都可以延期缴纳或者减免罚金。

第七节　剥夺政治权利

◆ 第五十四条　剥夺政治权利的内容

剥夺政治权利是剥夺下列权利：

（一）选举权和被选举权；

（二）言论、出版、集会、结社、游行、示威自由的权利；

（三）担任国家机关职务的权利；

（四）担任国有公司、企业、事业单位和人民团体领导职务的权利。

名词解释

剥夺政治权利，是指剥夺犯罪人参加国家管理和政治活动的权利的一种刑罚方法。

选举权和被选举权，是指公民可以参加选举活动，按照本人的自由意志投票选举人民代表等职务的权利，以及被提名为人民代表等职务的候选人，当选为人民代表等职务的权利。选举权和被选举权是公民的一项基本政治权利。

◆ 第五十五条　剥夺政治权利的期限（一）

剥夺政治权利的期限，除本法第五十七条规定外，为一年以上五年以下。

判处管制附加剥夺政治权利的，剥夺政治权利的期限与管制的期限相等，同时执行。

◆ 第五十六条　剥夺政治权利的适用对象

对于危害国家安全的犯罪分子应当附加剥夺政治权利；对于故意杀人、强奸、放火、爆炸、投毒、抢劫等严重破坏社会秩序的犯罪分子，可以附加剥夺政治权利。

独立适用剥夺政治权利的，依照本法分则的规定。

◆ 第五十七条　剥夺政治权利的期限（二）

对于被判处死刑、无期徒刑的犯罪分子，应当剥夺政治权利终身。

在死刑缓期执行减为有期徒刑或者无期徒刑减为有期徒刑的时候，应当把附加剥夺政治权利的期限改为三年以上十年以下。

◆ 第五十八条　剥夺政治权利的刑期计算与执行

附加剥夺政治权利的刑期，从徒刑、拘役执行完毕之日或者从假释之日起计算；剥夺政治权利的效力当然施用于主刑执行期间。

被剥夺政治权利的犯罪分子，在执行期间，应当遵守法律、行政法规和国务院公安部门有关监督管理的规定，服从监督；不得行使本法第五十四条规定的各项权利。

第八节　没收财产

◆ 第五十九条　没收财产的范围

没收财产是没收犯罪分子个人所有财产的一部或者全部。没收全部财产的，应当对犯罪分子个人及其扶养的家属保留必需的生活费用。

在判处没收财产的时候，不得没收属于犯罪分子家属所有或者应有的财产。

实用问答

犯罪分子个人所有的财产包括哪些方面？

答：犯罪分子个人所有的财产包括以下几个方面：（1）犯罪分子的合法收入、储蓄、房屋和其他生活资料；（2）依法归犯罪分子所有的生产资料；（3）犯罪分子所有的股份、股票、债券和其他财产。

◆ 第六十条　以没收的财产偿还债务

没收财产以前犯罪分子所负的正当债务，需要以没收的财产偿还的，经债权人请求，应当偿还。

实用问答

本条规定的“没收财产以前犯罪分子所负的正当债务”具体指什么债务？

答：根据《最高人民法院关于适用财产刑若干问题的规定》第7条的规定，本条中的“没收财产以前犯罪分子所负的正当债务”，是指犯罪分子在判决生效前所负他人的合法债务。

第四章 刑罚的具体运用

第一节 量 刑

◆ 第六十一条 量刑根据

对于犯罪分子决定刑罚的时候，应当根据犯罪的事实、犯罪的性质、情节和对于社会的危害程度，依照本法的有关规定判处。

◆ 第六十二条 从重处罚与从轻处罚

犯罪分子具有本法规定的从重处罚、从轻处罚情节的，应当在法定刑的限度以内判处刑罚。

名词解释

从重处罚，是指在法定刑的幅度内，对犯罪分子适用相对较重的刑种或者处以相对较长的刑期。在法定刑幅度内适用相对较重的刑罚，是指在犯罪分子所犯罪行应适用的法定刑幅度内相对从重。

从轻处罚，是指在法定刑的幅度内，对犯罪分子适用相对较轻的刑种或者处以较短的刑期。

◆ 第六十三条　减轻处罚

犯罪分子具有本法规定的减轻处罚情节的，应当在法定刑以下判处刑罚；本法规定有数个量刑幅度的，应当在法定量刑幅度的下一个量刑幅度内判处刑罚。

犯罪分子虽然不具有本法规定的减轻处罚情节，但是根据案件的特殊情况，经最高人民法院核准，也可以在法定刑以下判处刑罚。

名词解释

减轻处罚，是指在法定刑以下判处刑罚，有数个量刑幅度的，应当在法定量刑幅度的下一个量刑幅度内判处刑罚。

◆ 第六十四条　犯罪物品的处理

犯罪分子违法所得的一切财物，应当予以追缴或者责令退赔；对被害人的合法财产，应当及时返还；违禁品和供犯罪所用的本人财物，应当予以没收。没收的财物和罚金，一律上缴国库，不得挪用和自行处理。

典型案例

1. 白静贪污违法所得没收案[①]

要旨：检察机关提出没收违法所得申请，应有证据证明申请没收

① 检例第127号。

的财产直接或者间接来源于犯罪所得，或者能够排除财产合法来源的可能性。人民检察院出席申请没收违法所得案件庭审，应当重点对于申请没收的财产属于违法所得进行举证。对于专业性较强的案件，可以申请鉴定人出庭。

2. 黄艳兰贪污违法所得没收案[①]

要旨：检察机关在适用违法所得没收程序中，应当承担证明有犯罪事实以及申请没收的财产属于违法所得及其他涉案财产的举证责任。利害关系人及其诉讼代理人参加诉讼并主张权利，但不能提供合法证据或者其主张明显与事实不符的，应当依法予以辩驳。善意第三方对申请没收财产享有合法权利的，应当依法予以保护。

第二节　累　犯

◆ 第六十五条　一般累犯

被判处有期徒刑以上刑罚的犯罪分子，刑罚执行完毕或者赦免以后，在五年以内再犯应当判处有期徒刑以上刑罚之罪的，是累犯，应当从重处罚，但是过失犯罪和不满十八周岁的人犯罪的除外。

前款规定的期限，对于被假释的犯罪分子，从假释期满之日起计算。

① 检例第129号。

◆ **第六十六条　特别累犯**

危害国家安全犯罪、恐怖活动犯罪、黑社会性质的组织犯罪的犯罪分子，在刑罚执行完毕或者赦免以后，在任何时候再犯上述任一类罪的，都以累犯论处。

第三节　自首和立功

◆ **第六十七条　自首**

犯罪以后自动投案，如实供述自己的罪行的，是自首。对于自首的犯罪分子，可以从轻或者减轻处罚。其中，犯罪较轻的，可以免除处罚。

被采取强制措施的犯罪嫌疑人、被告人和正在服刑的罪犯，如实供述司法机关还未掌握的本人其他罪行的，以自首论。

犯罪嫌疑人虽不具有前两款规定的自首情节，但是如实供述自己罪行的，可以从轻处罚；因其如实供述自己罪行，避免特别严重后果发生的，可以减轻处罚。

名词解释

自动投案，是指犯罪事实或者犯罪嫌疑人未被司法机关发觉，或者虽被发觉，但犯罪嫌疑人尚未受到讯问、未被采取强制措施时，主动、直接向公安机关、人民检察院或者人民法院投案。

如实供述自己的罪行，是指犯罪嫌疑人自动投案后，如实交代自己的主要犯罪事实。

◆ 第六十八条　立功

犯罪分子有揭发他人犯罪行为，查证属实的，或者提供重要线索，从而得以侦破其他案件等立功表现的，可以从轻或者减轻处罚；有重大立功表现的，可以减轻或者免除处罚。

~~犯罪后自首又有重大立功表现的，应当减轻或者免除处罚。~~①

名词解释

立功，是指犯罪分子揭发他人犯罪行为，查证属实，或者提供重要线索，从而得以侦破其他案件，以及其他对国家和社会有突出贡献的行为。

重大立功，是指提供侦破其他重大案件的重要线索、阻止他人实施重大犯罪活动等。

第四节　数罪并罚

◆ 第六十九条　判决宣告前一人犯数罪的并罚

判决宣告以前一人犯数罪的，除判处死刑和无期徒刑的以外，应当在总和刑期以下、数刑中最高刑期以上，酌情决定执行的刑期，但是管制最高不能超过三年，拘役最高不能超过一年，有期徒刑总和刑期不满三十五年的，最高不能超过二十年，总和刑期在三十五年以上的，最高不能超过二十五年。

---

① 本款根据2011年2月25日《刑法修正案（八）》删除。

数罪中有判处有期徒刑和拘役的，执行有期徒刑。数罪中有判处有期徒刑和管制，或者拘役和管制的，有期徒刑、拘役执行完毕后，管制仍须执行。

数罪中有判处附加刑的，附加刑仍须执行，其中附加刑种类相同的，合并执行，种类不同的，分别执行。

◆ 第七十条 判决宣告后发现漏罪的并罚

判决宣告以后，刑罚执行完毕以前，发现被判刑的犯罪分子在判决宣告以前还有其他罪没有判决的，应当对新发现的罪作出判决，把前后两个判决所判处的刑罚，依照本法第六十九条的规定，决定执行的刑罚。已经执行的刑期，应当计算在新判决决定的刑期以内。

◆ 第七十一条 判决宣告后又犯新罪的并罚

判决宣告以后，刑罚执行完毕以前，被判刑的犯罪分子又犯罪的，应当对新犯的罪作出判决，把前罪没有执行的刑罚和后罪所判处的刑罚，依照本法第六十九条的规定，决定执行的刑罚。

实用问答

被告人在罚金刑执行完毕前又犯新罪的罚金应否与未执行完毕的罚金适用数罪并罚？

答：根据《全国人民代表大会常务委员会法制工作委员会关于对被告人在罚金刑执行完毕前又犯新罪的罚金应否与未执行完毕的罚金适用数罪并罚问题的答复意见》的规定，“刑法第七十一条中的‘刑罚执行完毕以前’应是指主刑执行完毕以前。如果被告人主刑已执行完毕，只是罚金尚未执行完毕的，根据刑法第五十三条的规定，人民法院在任何时候发现有可以执行的财产，应当随时追缴。因此，被告人前罪主刑已执行完毕，罚金尚未执行完毕的，应当由人民法院继续执行尚未执行完毕的罚金，不必与新罪判处的罚金数罪并罚”。

第五节　缓　　刑

◆ 第七十二条　适用条件

对于被判处拘役、三年以下有期徒刑的犯罪分子，同时符合下列条件的，可以宣告缓刑，对其中不满十八周岁的人、怀孕的妇女和已满七十五周岁的人，应当宣告缓刑：

（一）犯罪情节较轻；

（二）有悔罪表现；

（三）没有再犯罪的危险；

（四）宣告缓刑对所居住社区没有重大不良影响。

宣告缓刑，可以根据犯罪情况，同时禁止犯罪分子在缓刑考验期限内从事特定活动，进入特定区域、场所，接触特定的人。

被宣告缓刑的犯罪分子，如果被判处附加刑，附加刑仍须执行。

典型案例

董某某、宋某某抢劫案①

要旨： 对判处管制或者宣告缓刑的未成年被告人，可以根据其犯罪的具体情况以及禁止事项与所犯罪行的关联程度，对其适用“禁止令”。对于未成年人因上网诱发犯罪的，可以禁止其在一定期限内进入网吧等特定场所。

◆ 第七十三条　考验期限

拘役的缓刑考验期限为原判刑期以上一年以下，但是不能少于二个月。

有期徒刑的缓刑考验期限为原判刑期以上五年以下，但是不能少于一年。

缓刑考验期限，从判决确定之日起计算。

◆ 第七十四条　不适用缓刑的对象

对于累犯和犯罪集团的首要分子，不适用缓刑。

◆ 第七十五条　缓刑犯应遵守的规定

被宣告缓刑的犯罪分子，应当遵守下列规定：

（一）遵守法律、行政法规，服从监督；

（二）按照考察机关的规定报告自己的活动情况；

① 最高人民法院指导案例 14 号。

（三）遵守考察机关关于会客的规定；

（四）离开所居住的市、县或者迁居，应当报经考察机关批准。

◆ 第七十六条　缓刑的考验

对宣告缓刑的犯罪分子，在缓刑考验期限内，依法实行社区矫正，如果没有本法第七十七条规定的情形，缓刑考验期满，原判的刑罚就不再执行，并公开予以宣告。

◆ 第七十七条　缓刑的撤销

被宣告缓刑的犯罪分子，在缓刑考验期限内犯新罪或者发现判决宣告以前还有其他罪没有判决的，应当撤销缓刑，对新犯的罪或者新发现的罪作出判决，把前罪和后罪所判处的刑罚，依照本法第六十九条的规定，决定执行的刑罚。

被宣告缓刑的犯罪分子，在缓刑考验期限内，违反法律、行政法规或者国务院有关部门关于缓刑的监督管理规定，或者违反人民法院判决中的禁止令，情节严重的，应当撤销缓刑，执行原判刑罚。

典型案例

社区矫正对象孙某某撤销缓刑监督案[①]

要旨：人民检察院应当加强对社区矫正机构监督管理和教育帮

① 检例第131号。

扶社区矫正对象等社区矫正工作的法律监督，保证社区矫正活动依法进行。人民检察院开展社区矫正法律监督，应当综合运用查阅档案、调查询问、信息核查等多种方式，查明社区矫正中是否存在违法情形，精准提出监督意见。对宣告缓刑的社区矫正对象违反法律、行政法规和监督管理规定的，应当结合违法违规的客观事实和主观情节，准确认定是否属于“情节严重”应予撤销缓刑情形。对符合撤销缓刑情形但社区矫正机构未依法向人民法院提出撤销缓刑建议的，人民检察院应当向社区矫正机构提出纠正意见；对社区矫正工作中存在普遍性、倾向性违法问题或者有重大隐患的，人民检察院应当提出检察建议。

第六节　减　　刑

◆ 第七十八条　减刑条件与限度

被判处管制、拘役、有期徒刑、无期徒刑的犯罪分子，在执行期间，如果认真遵守监规，接受教育改造，确有悔改表现的，或者有立功表现的，可以减刑；有下列重大立功表现之一的，应当减刑：

（一）阻止他人重大犯罪活动的；

（二）检举监狱内外重大犯罪活动，经查证属实的；

（三）有发明创造或者重大技术革新的；

（四）在日常生产、生活中舍己救人的；

（五）在抗御自然灾害或者排除重大事故中，有突出表现的；

（六）对国家和社会有其他重大贡献的。

减刑以后实际执行的刑期不能少于下列期限：

（一）判处管制、拘役、有期徒刑的，不能少于原判刑期的二分之一；

（二）判处无期徒刑的，不能少于十三年；

（三）人民法院依照本法第五十条第二款规定限制减刑的死刑缓期执行的犯罪分子，缓期执行期满后依法减为无期徒刑的，不能少于二十五年，缓期执行期满后依法减为二十五年有期徒刑的，不能少于二十年。

名词解释

减刑，是指对于被判处管制、拘役、有期徒刑、无期徒刑的犯罪分子，在刑罚执行期间，如果认真遵守监规，接受教育改造，确有悔改表现的，或者有立功表现的，适当减轻原判刑罚的制度。减轻刑罚即将较重的刑种减为较轻的刑种，或把较长的刑期减为较短的刑期。

典型案例

1. 宣告缓刑罪犯蔡某等12人减刑监督案[①]

要旨：对于判处拘役或者三年以下有期徒刑并宣告缓刑的罪犯，在缓刑考验期内确有悔改表现或者有一般立功表现，一般不适用减刑。在缓刑考验期内有重大立功表现的，可以参照《刑法》第78条的规定予以减

① 检例第70号。

刑。人民法院对宣告缓刑罪犯裁定减刑适用法律错误的，人民检察院应当依法提出纠正意见。人民法院裁定维持原减刑裁定的，人民检察院应当继续予以监督。

2. 社区矫正对象王某减刑监督案[①]

要旨：人民检察院开展社区矫正法律监督工作，应当坚持客观公正立场，既监督纠正社区矫正中的违法行为，又依法维护社区矫正对象合法权益。发现宣告缓刑的社区矫正对象有见义勇为、抢险救灾等突出表现的，应当监督相关部门审查确定是否属于重大立功情形，是否符合减刑条件。对有重大社会影响的减刑监督案件，人民检察院可以召开听证会，围绕社区矫正对象是否符合重大立功等重点内容进行听证，结合原判罪名情节、社区矫正期间表现等依法提出检察建议。

◆ 第七十九条　减刑程序

对于犯罪分子的减刑，由执行机关向中级以上人民法院提出减刑建议书。人民法院应当组成合议庭进行审理，对确有悔改或者立功事实的，裁定予以减刑。非经法定程序不得减刑。

◆ 第八十条　无期徒刑减刑的刑期计算

无期徒刑减为有期徒刑的刑期，从裁定减刑之日起计算。

---

① 检例第133号。

第七节　假　　释

◆ 第八十一条　假释的适用条件

被判处有期徒刑的犯罪分子，执行原判刑期二分之一以上，被判处无期徒刑的犯罪分子，实际执行十三年以上，如果认真遵守监规，接受教育改造，确有悔改表现，没有再犯罪的危险的，可以假释。如果有特殊情况，经最高人民法院核准，可以不受上述执行刑期的限制。

对累犯以及因故意杀人、强奸、抢劫、绑架、放火、爆炸、投放危险物质或者有组织的暴力性犯罪被判处十年以上有期徒刑、无期徒刑的犯罪分子，不得假释。

对犯罪分子决定假释时，应当考虑其假释后对所居住社区的影响。

实用问答

实践中如何认定“确有悔改表现”？

答：根据《最高人民法院关于办理减刑、假释案件具体应用法律的规定》第3条第1款、第2款的规定，“确有悔改表现”是指同时具备以下条件：（1）认罪悔罪；（2）遵守法律法规及监规，接受教育改造；（3）积极参加思想、文化、职业技术教育；（4）积极参加劳动，努力完成劳动任务。对职务犯罪、破坏金融管理秩序和金融诈骗犯罪、组织（领导、参加、包庇、纵容）黑社会性质组织犯罪等罪犯，不积极退赃、协助追缴赃款赃物、赔偿损失，或者服刑期间利用个人影响力和社会关系等不正当手段意图获得减刑、假释的，不认定其“确有悔改表现”。

典型案例

1. 罪犯康某假释监督案[①]

要旨：人民检察院办理未成年罪犯减刑、假释监督案件，应当比照成年罪犯依法适当从宽把握假释条件。对既符合法定减刑条件又符合法定假释条件的，可以建议刑罚执行机关优先适用假释。审查未成年罪犯是否符合假释条件时，应当结合犯罪的具体情节、原判刑罚情况、刑罚执行中的表现、家庭帮教能力和条件等因素综合认定。

2. 罪犯向某假释监督案[②]

要旨：人民检察院办理假释监督案件可以充分运用大数据等手段进行审查，对既符合减刑又符合假释条件的案件，监狱未优先提请假释的，应依法监督监狱优先提请假释。可以对“再犯罪的危险”进行指标量化评估，增强判断的客观性、科学性。对罪犯再犯罪危险的量化评估应以证据为中心，提升假释监督案件的实质化审查水平。注重发挥“派驻＋巡回”检察机制优势，充分运用巡回检察成果，以“巡回切入、派驻跟进”的方式，依法推进假释制度适用。

① 检例第 71 号。
② 检例第 195 号。

3. 罪犯杨某某假释监督案[1]

要旨：人民检察院在日常监督履职中发现罪犯符合假释法定条件而未被提请假释的，应当依法建议刑罚执行机关启动假释提请程序。要准确把握禁止适用假释的罪犯范围，对于故意杀人罪等严重暴力犯罪罪犯，没有被判处十年以上有期徒刑、无期徒刑且不是累犯的，不属于禁止适用假释的情形，可在综合判断其主观恶性、服刑期间现实表现等基础上，对于符合假释条件的，依法提出适用假释意见。注重贯彻宽严相济刑事政策，对有未成年子女确需本人抚养且配偶正在服刑等特殊情况的罪犯，可以依法提出从宽适用假释的建议。

4. 罪犯刘某某假释监督案[2]

要旨：人民检察院办理涉及单位犯罪罪犯的假释监督案件，应分别审查罪犯个人和涉罪单位的财产性判项履行情况。对于罪犯个人财产性判项全部履行，涉罪单位财产性判项虽未履行或未全部履行，但不能归责于罪犯个人原因的，一般不影响对罪犯的假释。除实质化审查单位犯罪的罪犯原判刑罚、犯罪情节、刑罚执行中的表现等因素外，还应重点调查核实罪犯假释后对单位财产性判项履行的实际影响，实现假释案件办理“三个效果”有机统一。

---

① 检例第196号。

② 检例第197号。

5. 罪犯邹某某假释监督案[①]

要旨：人民检察院应当准确把握假释罪犯的服刑期限条件，被判处有期徒刑的罪犯“执行原判刑期二分之一以上”的期限，包括罪犯在监狱中服刑刑期和罪犯判决执行前先行羁押期限。注重通过个案办理，推动司法行政机关及时调整不符合法律规定和立法原意的相关规定，保障法律统一正确实施。

6. 罪犯唐某假释监督案[②]

要旨：人民检察院要加强对再犯罪危险性高的罪犯，如毒品犯罪罪犯等假释适用条件的审查把关。要深入开展调查核实工作，注重实质化审查，准确认定涉毒罪犯是否确有悔改表现和有无再犯罪危险。罪犯采取不正当手段获取虚假证明材料意图获得假释的，表明主观上未能真诚悔罪，不能认定其确有悔改表现。在办理假释监督案件过程中，发现违纪违法等问题线索的，应依法移送相关机关办理，延伸监督效果。

◆ 第八十二条　假释程序

对于犯罪分子的假释，依照本法第七十九条规定的程序进行。非经法定程序不得假释。

---

① 检例第198号。
② 检例第199号。

◆ 第八十三条　考验期限

有期徒刑的假释考验期限，为没有执行完毕的刑期；无期徒刑的假释考验期限为十年。

假释考验期限，从假释之日起计算。

◆ 第八十四条　假释犯应遵守的规定

被宣告假释的犯罪分子，应当遵守下列规定：

（一）遵守法律、行政法规，服从监督；

（二）按照监督机关的规定报告自己的活动情况；

（三）遵守监督机关关于会客的规定；

（四）离开所居住的市、县或者迁居，应当报经监督机关批准。

◆ 第八十五条　假释的考验

对假释的犯罪分子，在假释考验期限内，依法实行社区矫正，如果没有本法第八十六条规定的情形，假释考验期满，就认为原判刑罚已经执行完毕，并公开予以宣告。

◆ 第八十六条　假释的撤销

被假释的犯罪分子，在假释考验期限内犯新罪，应当撤销假释，依照本法第七十一条的规定实行数罪并罚。

在假释考验期限内，发现被假释的犯罪分子在判决宣告以前还有其他罪没有判决的，应当撤销假释，依照本法第七十条的规定实行数罪并罚。

被假释的犯罪分子，在假释考验期限内，有违反法律、行政法规或者国务院有关部门关于假释的监督管理规定的行为，尚未构成新的犯罪的，应当依照法定程序撤销假释，收监执行未执行完毕的刑罚。

第八节　时　　效

◆ 第八十七条　追诉时效期限

犯罪经过下列期限不再追诉：

（一）法定最高刑为不满五年有期徒刑的，经过五年；

（二）法定最高刑为五年以上不满十年有期徒刑的，经过十年；

（三）法定最高刑为十年以上有期徒刑的，经过十五年；

（四）法定最高刑为无期徒刑、死刑的，经过二十年。如果二十年以后认为必须追诉的，须报请最高人民检察院核准。

典型案例

1. 马世龙（抢劫）核准追诉案①

要旨：故意杀人、抢劫、强奸、绑架、爆炸等严重危害社会治安的犯罪，经过二十年追诉期限，仍然严重影响人民群众安全感，被害方、案发地群众、基层组织等强烈要求追究犯罪嫌疑人刑事责任，不追诉可能影响

① 检例第20号。

社会稳定或者产生其他严重后果的，对犯罪嫌疑人应当追诉。

2. 丁国山等（故意伤害）核准追诉案[①]

要旨：涉嫌犯罪情节恶劣、后果严重，并且犯罪后积极逃避侦查，经过二十年追诉期限，犯罪嫌疑人没有明显悔罪表现，也未通过赔礼道歉、赔偿损失等获得被害方谅解，犯罪造成的社会影响没有消失，不追诉可能影响社会稳定或者产生其他严重后果的，对犯罪嫌疑人应当追诉。

3. 杨菊云（故意杀人）不核准追诉案[②]

要旨：（1）因婚姻家庭等民间矛盾激化引发的犯罪，经过二十年追诉期限，犯罪嫌疑人没有再犯罪危险性，被害人及其家属对犯罪嫌疑人表示谅解，不追诉有利于化解社会矛盾、恢复正常社会秩序，同时不会影响社会稳定或者产生其他严重后果的，对犯罪嫌疑人可以不再追诉。

（2）须报请最高人民检察院核准追诉的案件，侦查机关在核准之前可以依法对犯罪嫌疑人采取强制措施。侦查机关报请核准追诉并提请逮捕犯罪嫌疑人，人民检察院经审查认为必须追诉而且符合法定逮捕条件的，可以依法批准逮捕。

---

① 检例第21号。
② 检例第22号。

4. 蔡金星、陈国辉等（抢劫）不核准追诉案①

要旨：（1）涉嫌犯罪已过二十年追诉期限，犯罪嫌疑人没有再犯罪危险性，并且通过赔礼道歉、赔偿损失等方式积极消除犯罪影响，被害方对犯罪嫌疑人表示谅解，犯罪破坏的社会秩序明显恢复，不追诉不会影响社会稳定或者产生其他严重后果的，对犯罪嫌疑人可以不再追诉。

（2）1997 年 9 月 30 日以前实施的共同犯罪，已被司法机关采取强制措施的犯罪嫌疑人逃避侦查或者审判的，不受追诉期限限制。司法机关在追诉期限内未发现或者未采取强制措施的犯罪嫌疑人，应当受追诉期限限制；涉嫌犯罪应当适用的法定量刑幅度的最高刑为无期徒刑、死刑，犯罪行为发生二十年以后认为必须追诉的，须报请最高人民检察院核准。

◆ 第八十八条　追诉期限的延长

在人民检察院、公安机关、国家安全机关立案侦查或者在人民法院受理案件以后，逃避侦查或者审判的，不受追诉期限的限制。

被害人在追诉期限内提出控告，人民法院、人民检察院、公安机关应当立案而不予立案的，不受追诉期限的限制。

① 检例第 23 号。

◆ 第八十九条　追诉期限的计算

追诉期限从犯罪之日起计算；犯罪行为有连续或者继续状态的，从犯罪行为终了之日起计算。

在追诉期限以内又犯罪的，前罪追诉的期限从犯后罪之日起计算。

第五章　其他规定

◆ 第九十条　民族自治地方刑法适用的变通

民族自治地方不能全部适用本法规定的，可以由自治区或者省的人民代表大会根据当地民族的政治、经济、文化的特点和本法规定的基本原则，制定变通或者补充的规定，报请全国人民代表大会常务委员会批准施行。

◆ 第九十一条　公共财产的范围

本法所称公共财产，是指下列财产：

（一）国有财产；

（二）劳动群众集体所有的财产；

（三）用于扶贫和其他公益事业的社会捐助或者专项基金的财产。

在国家机关、国有公司、企业、集体企业和人民团体管理、使用或者运输中的私人财产，以公共财产论。

名词解释

国有财产，即国家所有的财产。主要包括国家机关、国有公司、企业、国有事业单位、人民团体中的属于国家所有的财产。国有财产的范围十分广泛，根据《宪法》和有关法律的规定，国有财产主要有：（1）国家机关及所属事业单位的财产；（2）军队财产，如军事设施等；（3）全民所有制企业；（4）国家所有的公共设施、文物古迹等；（5）国家在国外的财产；（6）国家对非国有单位的投资以及债权等其他财产权等。

◆ 第九十二条　公民私人所有财产的范围

本法所称公民私人所有的财产，是指下列财产：

（一）公民的合法收入、储蓄、房屋和其他生活资料；

（二）依法归个人、家庭所有的生产资料；

（三）个体户和私营企业的合法财产；

（四）依法归个人所有的股份、股票、债券和其他财产。

名词解释

合法收入，是指公民个人的工资收入、劳动所得、资产性收入以及其他各种依法取得的收入，如接受继承、馈赠而获得的财产等。

其他生活资料，主要是指公民的各种生活用品，如家具、交通工具、图书资料等。上述生活资料的获得必须符合法律的规定，非法占有的生活资料不受法律保护。

个人所有的股份，是指公民个人出资认购的股份。公民个人出资认购的股份，属于个人所有的财产。

◆ 第九十三条　国家工作人员的范围

本法所称国家工作人员，是指国家机关中从事公务的人员。

国有公司、企业、事业单位、人民团体中从事公务的人员和国家机关、国有公司、企业、事业单位委派到非国有公司、企业、事业单位、社会团体从事公务的人员，以及其他依照法律从事公务的人员，以国家工作人员论。

名词解释

国家机关，是指国家的权力机关、行政机关、监察机关、司法机关以及军事机关。国家机关是依据《宪法》和法律设立的、依法承担一定的国家和社会公共事务的管理职责和权力的组织。

从事公务的人员，是指在上述国家机关中行使一定管理职权、履行一定职务的人员。在上述国家机关中从事劳务性工作的人员，如司机、门卫、炊事员、清洁工等勤杂人员以及部队战士等，不属于国家工作人员范畴。

实用问答

村民委员会等村基层组织人员在从事哪些工作时属于本条第2款规定的“其他依照法律从事公务的人员”？

答：根据《全国人民代表大会常务委员会关于〈中华人民共和国刑法〉第九十三条第二款的解释》的规定，村民委员会等村基层组织人员协助人民政府从事下列行政管理工作时，属于本条第2款规定的“其他依照法律从事公务的人员”：（1）救灾、抢险、防汛、优抚、扶贫、移民、救济款物的管理；（2）社会捐助公益事业款物的管理；（3）国有土地的经营和管理；（4）土地征收、征用补偿费用的管理；（5）代征、代缴税款；（6）有关计划生育、户籍、征兵工作；（7）协助人民政府从事的其他行政管理工作。同时规定，村民委员会等村基层组织人员从事前述公务，利用职务上的便利，非法占有公共财物、挪用公款、索取他人财物或者非法收受他人财物，构成犯罪的，适用《刑法》第 382 条和第 383 条贪污罪、第 384 条挪用公款罪、第 385 条和第 386 条受贿罪的规定。

典型案例

宋某某违规出具金融票证、违法发放贷款、非国家工作人员受贿案[1]

要旨：集体经济组织中行使公权力的人员是否属于国家工作人员，应当依据该集体经济组织股权结构、是否从事公务等要素审查判断。银行或其他金融机构工作人员违反规定，不正当履行职权或超越职权出具信用证或者保函、票据、存单、资信证明，情节严重的，构成违规出具金融票证罪。

◆ 第九十四条　司法工作人员的范围

本法所称司法工作人员，是指有侦查、检察、审判、监管职责的工作人员。

◆ 第九十五条　重伤的范围

本法所称重伤，是指有下列情形之一的伤害：

（一）使人肢体残废或者毁人容貌的；

（二）使人丧失听觉、视觉或者其他器官机能的；

（三）其他对于人身健康有重大伤害的。

---

① 检例第 190 号。

名词解释

肢体残废，是指由各种致伤因素导致肢体缺失，或者肢体虽然完整但已丧失功能的状况。

毁人容貌，是指毁损他人面容，致使面容显著变形、丑陋或者功能障碍的状况。

◆ 第九十六条　违反国家规定的含义

本法所称违反国家规定，是指违反全国人民代表大会及其常务委员会制定的法律和决定，国务院制定的行政法规、规定的行政措施、发布的决定和命令。

◆ 第九十七条　首要分子的范围

本法所称首要分子，是指在犯罪集团或者聚众犯罪中起组织、策划、指挥作用的犯罪分子。

名词解释

犯罪集团，是指3人以上为共同实施犯罪而组成的较为固定的犯罪组织。主要具有以下特征：（1）人数在3人以上，主要成员固定或基本固定。（2）经常纠集在一起共同进行一种或数种犯罪活动。（3）有明显的首要分子。有的首要分子是在纠集过程中形成的，有的首要分子则在纠集开始时就是组织者和领导者。（4）有预谋地实施犯罪活动。（5）不论作案次数多少，对社会造成的危害或其具有的危险性都很严重。

聚众犯罪，是指纠集多人共同实施的犯罪活动，如聚众斗殴、聚众哄抢公私财物的犯罪等。“聚众犯罪”与“犯罪集团”不同，是因进行犯罪而将众人聚集起来的、较不固定的犯罪组织和成员。

◆ 第九十八条　告诉才处理的含义

本法所称告诉才处理，是指被害人告诉才处理。如果被害人因受强制、威吓无法告诉的，人民检察院和被害人的近亲属也可以告诉。

名词解释

告诉才处理，是指只有被害人向人民法院提出控告，要求对犯罪人追究刑事责任时，人民法院才能受理，如果有权进行告诉的人不告诉，法院则不能受理。

被害人的近亲属，是指被害人的父母、子女、配偶、同胞兄弟姊妹。

实用问答

“告诉才处理”的犯罪主要包括哪些？

答：根据《刑法》分则的规定，“告诉才处理”的犯罪主要包括第246条侮辱、诽谤罪，第257条暴力干涉婚姻自由罪，第260条虐待罪（被害人没有能力告诉，或者因受到强制、威吓无法告诉的除外），第270条侵占罪等。

◆ 第九十九条　以上、以下、以内的界定

本法所称以上、以下、以内，包括本数。

◆ 第一百条 前科报告制度

依法受过刑事处罚的人，在入伍、就业的时候，应当如实向有关单位报告自己曾受过刑事处罚，不得隐瞒。

犯罪的时候不满十八周岁被判处五年有期徒刑以下刑罚的人，免除前款规定的报告义务。

名词解释

依法受过刑事处罚的人，是指依照我国的刑事法律，其行为构成犯罪并经人民法院判处刑罚的人。经人民法院判处刑罚，包括被人民法院依法判处《刑法》规定的各种主刑和附加刑。

入伍，是指加入中国人民解放军或者中国人民武装警察部队。

就业，包括参加任何种类的工作，如进入国家机关，各种公司、企业、事业单位，各种团体等。

向有关单位报告，是指向自己参加工作的单位报告。

◆ 第一百零一条 总则的效力

本法总则适用于其他有刑罚规定的法律，但是其他法律有特别规定的除外。

第二编　分　　则

第一章　危害国家安全罪

◆ 第一百零二条　背叛国家罪

勾结外国，危害中华人民共和国的主权、领土完整和安全的，处无期徒刑或者十年以上有期徒刑。

与境外机构、组织、个人相勾结，犯前款罪的，依照前款的规定处罚。

名词解释

勾结外国，是指行为人通过各种方式与外国政府、政党、政治集团以及他们的代表人物联络，进行组织、策划危害国家安全行为等活动。

境外机构、组织，是指中华人民共和国边境以外的国家或者地区的机构、组织，也包括其在中华人民共和国境内设立的分支（代表）机构和分支组织等。

◆ 第一百零三条　分裂国家罪

组织、策划、实施分裂国家、破坏国家统一的，对首要分子或者罪行重大的，处无期徒刑或者十年以上有期徒刑；对积极参加的，处三年以上十年以下有期徒刑；对其他参加的，处三年以下有期徒刑、拘役、管制或者剥夺政治权利。

◆ 煽动分裂国家罪

煽动分裂国家、破坏国家统一的，处五年以下有期徒刑、拘役、管制或者剥夺政治权利；首要分子或者罪行重大的，处五年以上有期徒刑。

名词解释

分裂国家、破坏国家统一，是指以各种手段和方式，企图将我国领土的一部分分离出去，另立政府，制造割据局面，以及分裂我国统一的多民族国家，破坏民族团结，制造民族分裂等行为。

◆ 第一百零四条　武装叛乱、暴乱罪

组织、策划、实施武装叛乱或者武装暴乱的，对首要分子或者罪行重大的，处无期徒刑或者十年以上有期徒刑；对积极参加的，处三年以上十年以下有期徒刑；对其他参加的，处三年以下有期徒刑、拘役、管制或者剥夺政治权利。

策动、胁迫、勾引、收买国家机关工作人员、武装部队人员、人民警察、民兵进行武装叛乱或者武装暴乱的，依照前款的规定从重处罚。

名词解释

武装暴乱，是指采取武装的形式，与国家和政府进行对抗或者烧杀抢掠等集体暴行的行为。

◆ 第一百零五条　颠覆国家政权罪

组织、策划、实施颠覆国家政权、推翻社会主义制度的，对首要分子或者罪行重大的，处无期徒刑或者十年以上有期徒刑；对积极参加的，处三年以上十年以下有期徒刑；对其他参加的，处三年以下有期徒刑、拘役、管制或者剥夺政治权利。

◆ 煽动颠覆国家政权罪

以造谣、诽谤或者其他方式煽动颠覆国家政权、推翻社会主义制度的，处五年以下有期徒刑、拘役、管制或者剥夺政治权利；首要分子或者罪行重大的，处五年以上有期徒刑。

◆ 第一百零六条　与境外勾结的处罚规定

与境外机构、组织、个人相勾结，实施本章第一百零三条、第一百零四条、第一百零五条规定之罪的，依照各该条的规定从重处罚。

◆ 第一百零七条　资助危害国家安全犯罪活动罪

境内外机构、组织或者个人资助实施本章第一百零二条、第一百零三条、第一百零四条、第一百零五条规定之罪的，对直接责任人员，处五年以下有期徒刑、拘役、管制或者剥夺政治权利；情节严重的，处五年以上有期徒刑。

◆ 第一百零八条　投敌叛变罪

投敌叛变的，处三年以上十年以下有期徒刑；情节严重或者带领武装部队人员、人民警察、民兵投敌叛变的，处十年以上有期徒刑或者无期徒刑。

名词解释

投敌叛变，是指背叛国家，投靠敌国、敌方，出卖国家和人民利益的变节行为，包括投入敌人营垒为敌人效力的行为、被敌人俘虏后投降敌人进行危害国家安全的行为等。

◆ 第一百零九条　叛逃罪

国家机关工作人员在履行公务期间，擅离岗位，叛逃境外或者在境外叛逃的，处五年以下有期徒刑、拘役、管制或者剥夺政治权利；情节严重的，处五年以上十年以下有期徒刑。

掌握国家秘密的国家工作人员叛逃境外或者在境外叛逃的，依照前款的规定从重处罚。

名词解释

履行公务期间，主要是指在职的国家机关工作人员在执行公务期间，如国家机关代表团在外访问期间、我国驻外使领馆的外交人员以及国家派驻国外执行任务的人员履行职务期间等。国家机关工作人员离职在境外学习，或者到境外探亲访友的，不属于本条规定中的“履行公务期间”。

叛逃境外，是指同境外的相关机构、组织联络，由境内逃离到境外的行为。

国家秘密，是指关系国家安全和利益，依照法定程序确定，在一定时间内只限一定范围的人员知悉的事项。

◆ 第一百一十条　间谍罪

有下列间谍行为之一，危害国家安全的，处十年以上有期徒刑或者无期徒刑；情节较轻的，处三年以上十年以下有期徒刑：

（一）参加间谍组织或者接受间谍组织及其代理人的任务的；

（二）为敌人指示轰击目标的。

名词解释

间谍组织，是指外国或境外敌对势力设立的，旨在搜集我国政治、经济、军事、文化等各方面国家秘密或情报，进行颠覆、破坏活动，危害我国国家安全的组织。参加间谍组织，是指经过一定程序和手续成为该组织的从事间谍活动的正式成员。

间谍组织代理人，是指受间谍组织或者其成员的指使、委托、资助，进行或者授意、指使他人进行危害中华人民共和国国家安全活动的人。

接受间谍组织及其代理人的任务，是指虽然没有参加该间谍组织成为其正式成员，但是一次或数次接受间谍组织及其代理人的指示，为其进行收集、刺探、窃取、提供我国情报的间谍活动，危害国家安全。

实用问答

什么是间谍行为？

答：根据《反间谍法》第 4 条第 1 款的规定，间谍行为，是指下列行为：（1）间谍组织及其代理人实施或者指使、资助他人实施，或者境内外机构、组织、个人与其相勾结实施的危害中华人民共和国国家安全的活动；（2）参加间谍组织或者接受间谍组织及其代理人的任务，或者投靠间谍组织及其代理人；（3）间谍组织及其代理人以外的其他境外机构、组织、个人实施或者指使、资助他人实施，或者境内机构、组织、个人与其相勾结实施的窃取、刺探、收买、非法提供国家秘密、情报以及其他关系国家安全和利益的文件、数据、资料、物品，或者策动、引诱、胁迫、收买国家工作人员叛变的活动；（4）间谍组织及其代理人实施或者指使、资助他人实施，或者境内外机构、组织、个人与其相勾结实施针对国家机关、涉密单位或者关键信息基础设施等的网络攻击、侵入、干扰、控制、破坏等活动；（5）为敌人指示攻击目标；（6）进行其他间谍活动。

◆ 第一百一十一条　为境外窃取、刺探、收买、非法提供国家秘密、情报罪

为境外的机构、组织、人员窃取、刺探、收买、非法提供国家秘密或者情报的，处五年以上十年以下有期徒刑；情节特别严重的，处十年以上有期徒刑或者无期徒刑；情节较轻的，处五年以下有期徒刑、拘役、管制或者剥夺政治权利。

实用问答

哪些情形属于本条中的“情节特别严重”？

答：根据《最高人民法院关于审理为境外窃取、刺探、收买、非法提供国家秘密、情报案件具体应用法律若干问题的解释》第2条的规定，为境外窃取、刺探、收买、非法提供国家秘密或者情报，

具有下列情形之一的，属于“情节特别严重”，处10年以上有期徒刑、无期徒刑，可以并处没收财产：（1）为境外窃取、刺探、收买、非法提供绝密级国家秘密的；（2）为境外窃取、刺探、收买、非法提供三项以上机密级国家秘密的；（3）为境外窃取、刺探、收买、非法提供国家秘密或者情报，对国家安全和利益造成其他特别严重损害的。实施前款行为，对国家和人民危害特别严重、情节特别恶劣的，可以判处死刑，并处没收财产。

◆ 第一百一十二条　资敌罪

战时供给敌人武器装备、军用物资资敌的，处十年以上有期徒刑或者无期徒刑；情节较轻的，处三年以上十年以下有期徒刑。

名词解释

战时，是指国家宣布进入战争状态、部队接受作战任务或者遭受敌人突然袭击时。根据《宪法》的规定，在全国人民代表大会闭会期间，如果遇到国家遭受武装侵犯或者必须履行国际共同防止侵略的条约的情况，由全国人大常委会决定战争状态的宣布。

武器装备，主要是指各种武器、弹药、坦克车、飞机、舰艇、军用通信设备等。

军用物资，主要是指武器装备以外的其他军用物品，如医疗用品、军服、军被等。

◆ 第一百一十三条　危害国家安全罪适用死刑、没收财产的规定

本章上述危害国家安全罪行中，除第一百零三条第二款、第一百零五条、第一百零七条、第一百零九条外，对国家和人民危害特别严重、情节特别恶劣的，可以判处死刑。

犯本章之罪的，可以并处没收财产。

第二章　危害公共安全罪

◆ 第一百一十四条　放火罪；决水罪；爆炸罪；投放危险物质罪；以危险方法危害公共安全罪

放火、决水、爆炸以及投放毒害性、放射性、传染病病原体等物质或者以其他危险方法危害公共安全，尚未造成严重后果的，处三年以上十年以下有期徒刑。

名词解释

放火，是指故意纵火焚烧公私财物，严重危害公共安全的行为。

决水，是指故意破坏堤防，大坝，防水、排水设施，制造水患危害公共安全的行为。

爆炸，是指故意引起爆炸物爆炸，危害公共安全的行为。

毒害性物质，是指能对人或者动物产生毒害的有毒物质，包括化学性毒物、生物性毒物和微生物类毒物等。

传染病病原体，是指能在人体或动物体内生长、繁殖，通过空气、饮食、接触等方式传播，能对人体健康造成危害的传染病菌种和毒种。

◆ 第一百一十五条　放火罪；决水罪；爆炸罪；投放危险物质罪；以危险方法危害公共安全罪

放火、决水、爆炸以及投放毒害性、放射性、传染病病原体等物质或者以其他危险方法致人重伤、死亡或者使公私财产遭受重大损失的，处十年以上有期徒刑、无期徒刑或者死刑。

◆ 失火罪；过失决水罪；过失爆炸罪；过失投放危险物质罪；过失以危险方法危害公共安全罪

过失犯前款罪的，处三年以上七年以下有期徒刑；情节较轻的，处三年以下有期徒刑或者拘役。

◆ 第一百一十六条　破坏交通工具罪

破坏火车、汽车、电车、船只、航空器，足以使火车、汽车、电车、船只、航空器发生倾覆、毁坏危险，尚未造成严重后果的，处三年以上十年以下有期徒刑。

◆ 第一百一十七条　破坏交通设施罪

破坏轨道、桥梁、隧道、公路、机场、航道、灯塔、标志或者进行其他破坏活动，足以使火车、汽车、电车、船只、航空器发生倾覆、毁坏危险，尚未造成严重后果的，处三年以上十年以下有期徒刑。

◆ 第一百一十八条　破坏电力设备罪；破坏易燃易爆设备罪

破坏电力、燃气或者其他易燃易爆设备，危害公共安全，尚未造成严重后果的，处三年以上十年以下有期徒刑。

名词解释

电力设备，是指用来发电和供电的公用设备，如发电厂、供电站、高压输电线路等。本条的电力设备，包括处于运行、应急等使用状态中的电力设备；已经通电使用，只是由于枯水季节或电力不足等原因暂停使用的电力设备；已经交付使用但尚未通电的电力设备。不包括尚未安装完毕，或者已经安装完毕但尚未交付使用的电力设备。

燃气设备，是指生产、贮存、输送各种燃气的设备，如煤气管道、煤气罐、天然气管道等。

其他易燃易爆设备，是指除燃气设备以外的生产、贮存和输送易燃易爆物品的设备，如石油管道、汽车加油站、火药及易燃易爆的化学物品的生产、贮存、运输设备等。这里的犯罪对象是易燃易爆设备，而不是易燃易爆物品。

◆ 第一百一十九条　破坏交通工具罪；破坏交通设施罪；破坏电力设备罪；破坏易燃易爆设备罪

破坏交通工具、交通设施、电力设备、燃气设备、易燃易爆设备，造成严重后果的，处十年以上有期徒刑、无期徒刑或者死刑。

◆ 过失损坏交通工具罪；过失损坏交通设施罪；过失损坏电力设备罪；过失损坏易燃易爆设备罪

过失犯前款罪的，处三年以上七年以下有期徒刑；情节较轻的，处三年以下有期徒刑或者拘役。

实用问答

1. 破坏电力设备的哪些情形属于“造成严重后果”？

答：根据《最高人民法院关于审理破坏电力设备刑事案件具体应用法律若干问题的解释》第 1 条的规定，破坏电力设备，具有下列情形之一的，属于《刑法》第 119 条第 1 款规定的“造成严重后果”，以破坏电力设备罪判处十年以上有期徒刑、无期徒刑或者死刑：（1）造成 1 人以上死亡、3 人以上重伤或者 10 人以上轻伤的；（2）造成 1 万以上用户电力供应中断 6 小时以上，致使生产、生活受到严重影响的；（3）造成直接经济损失 100 万元以上的；（4）造成其他危害公共安全严重后果的。

2. 破坏燃气或者其他易燃易爆设备的哪些情形属于“造成严重后果”？

答：根据《最高人民法院、最高人民检察院关于办理盗窃油气、破坏油气设备等刑事案件具体应用法律若干问题的解释》第 2 条的规定，实施破坏燃气或者其他易燃易爆设备的行为，具有下列情形之一的，属于《刑法》第 119 条第 1 款规定的“造成严重后果”，依照《刑法》第 119 条第 1 款的规定定罪处罚：（1）造成 1 人以上死亡、3 人以上重伤或者 10 人以上轻伤的；（2）造成井喷或者重大环境污染事故的；（3）造成直接经济损失数额在 50 万元以上的；（4）造成其他严重后果的。

◆ 第一百二十条　组织、领导、参加恐怖组织罪

组织、领导恐怖活动组织的，处十年以上有期徒刑或者无期徒刑，并处没收财产；积极参加的，处三年以上十年以下有期徒刑，并处罚金；其他参加的，处三年以下有期徒刑、拘役、管制

或者剥夺政治权利，可以并处罚金。

犯前款罪并实施杀人、爆炸、绑架等犯罪的，依照数罪并罚的规定处罚。

实用问答

1. 实践中如何认定本条规定的“组织、领导恐怖活动组织”？

答：根据《最高人民法院、最高人民检察院、公安部、司法部关于办理恐怖活动和极端主义犯罪案件适用法律若干问题的意见》的规定，具有下列情形之一的，应当认定为《刑法》第120条规定的“组织、领导恐怖活动组织”，以组织、领导恐怖组织罪定罪处罚：（1）发起、建立恐怖活动组织的；（2）恐怖活动组织成立后，对组织及其日常运行负责决策、指挥、管理的；（3）恐怖活动组织成立后，组织、策划、指挥该组织成员进行恐怖活动的；（4）其他组织、领导恐怖活动组织的情形。

2. 实践中如何认定本条规定的“积极参加”？

答：根据《最高人民法院、最高人民检察院、公安部、司法部关于办理恐怖活动和极端主义犯罪案件适用法律若干问题的意见》的规定，具有下列情形之一的，应当认定为《刑法》第120条规定的“积极参加”，以参加恐怖组织罪定罪处罚：（1）纠集他人共同参加恐怖活动组织的；（2）多次参加恐怖活动组织的；（3）曾因参加恐怖活动组织、实施恐怖活动被追究刑事责任或者二年内受过行政处罚，又参加恐怖活动组织的；（4）在恐怖活动组织中实施恐怖活动且作用突出的；（5）在恐怖活动组织中积极协助组织、领导者实施组织、领导行为的；（6）其他积极参加恐怖活动组织的情形。

◆ 第一百二十条之一　帮助恐怖活动罪

资助恐怖活动组织、实施恐怖活动的个人的，或者资助恐怖活动培训的，处五年以下有期徒刑、拘役、管制或者剥夺政治权利，并处罚金；情节严重的，处五年以上有期徒刑，并处罚金或者没收财产。

为恐怖活动组织、实施恐怖活动或者恐怖活动培训招募、运送人员的，依照前款的规定处罚。

单位犯前两款罪的，对单位判处罚金，并对其直接负责的主管人员和其他直接责任人员，依照第一款的规定处罚。

实用问答

实践中，哪些情形以帮助恐怖活动罪定罪处罚？

答：根据《最高人民法院、最高人民检察院、公安部、司法部关于办理恐怖活动和极端主义犯罪案件适用法律若干问题的意见》的规定，具有下列情形之一的，依照《刑法》第 120 条之一的规定，以帮助恐怖活动罪定罪处罚：（1）以募捐、变卖房产、转移资金等方式为恐怖活动组织、实施恐怖活动的个人、恐怖活动培训筹集、提供经费，或者提供器材、设备、交通工具、武器装备等物资，或者提供其他物质便利的；（2）以宣传、招收、介绍、输送等方式为恐怖活动组织、实施恐怖活动、恐怖活动培训招募人员的；（3）以帮助非法出入境，或者为非法出入境提供中介服务、中转运送、停留住宿、伪造身份证明材料等便利，或者充当向导、帮助探查偷越国（边）境路线等方式，为恐怖活动组织、实施恐怖活动、恐怖活动培训运送人员的；（4）其他资助恐怖活动组织、实施恐怖活动的个人、恐怖活动培训，或者为恐怖活动组织、实施恐怖活动、恐怖活动培训招募、运送人员的情形。

◆ 第一百二十条之二　准备实施恐怖活动罪

有下列情形之一的，处五年以下有期徒刑、拘役、管制或者剥夺政治权利，并处罚金；情节严重的，处五年以上有期徒刑，并处罚金或者没收财产：

（一）为实施恐怖活动准备凶器、危险物品或者其他工具的；

（二）组织恐怖活动培训或者积极参加恐怖活动培训的；

（三）为实施恐怖活动与境外恐怖活动组织或者人员联络的；

（四）为实施恐怖活动进行策划或者其他准备的。

有前款行为，同时构成其他犯罪的，依照处罚较重的规定定罪处罚。

实用问答

实践中，哪些情形以准备实施恐怖活动罪定罪处罚？

答：根据《最高人民法院、最高人民检察院、公安部、司法部关于办理恐怖活动和极端主义犯罪案件适用法律若干问题的意见》的规定，具有下列情形之一的，依照《刑法》第120条之二的规定，以准备实施恐怖活动罪定罪处罚：（1）为实施恐怖活动制造、购买、储存、运输凶器，易燃易爆、易制爆品，腐蚀性、放射性、传染性、毒害性物品等危险物品，或者其他工具的；（2）以当面传授、开办培训班、组建训练营、开办论坛、组织收听收看音频视频资料等方式，或者利用网站、网页、论坛、博客、微博客、网盘、即时通信、通讯群组、聊天室等网络平台、网络应用服务组织恐怖活动培训的，或者积极参加恐怖活动心理体能培训，传授、学习犯罪技能方法或者进行恐怖活动训练的；（3）为实施恐怖活动，通过拨打电话、发送短信、电子邮件等方式，或者利用网站、网页、论坛、博客、微博客、网盘、即时通信、通讯群组、聊天室等网络平台、网络应用服务与境外恐怖活动组织、人员联络的；（4）为实施恐怖活动出入境或者组织、策划、煽动、拉拢他人出入境的；（5）为实施恐怖活动进行策划或者其他准备的情形。

◆ 第一百二十条之三　宣扬恐怖主义、极端主义、煽动实施恐怖活动罪

以制作、散发宣扬恐怖主义、极端主义的图书、音频视频资料或者其他物品，或者通过讲授、发布信息等方式宣扬恐怖主义、极端主义的，或者煽动实施恐怖活动的，处五年以下有期徒刑、拘役、管制或者剥夺政治权利，并处罚金；情节严重的，处五年以上有期徒刑，并处罚金或者没收财产。

实用问答

实践中，哪些情形以宣扬恐怖主义、极端主义、煽动实施恐怖活动罪定罪处罚？

答：根据《最高人民法院、最高人民检察院、公安部、司法部关于办理恐怖活动和极端主义犯罪案件适用法律若干问题的意见》的规定，实施下列行为之一，宣扬恐怖主义、极端主义或者煽动实施恐怖活动的，依照《刑法》第120条之三的规定，以宣扬恐怖主义、极端主义、煽动实施恐怖活动罪定罪处罚：（1）编写、出版、印刷、复制、发行、散发、播放载有宣扬恐怖主义、极端主义内容的图书、报刊、文稿、图片或者音频视频资料的；（2）设计、生产、制作、销售、租赁、运输、托运、寄递、散发、展示带有宣扬恐怖主义、极端主义内容的标识、标志、服饰、旗帜、徽章、器物、纪

念品等物品的；（3）利用网站、网页、论坛、博客、微博客、网盘、即时通信、通讯群组、聊天室等网络平台、网络应用服务等登载、张贴、复制、发送、播放、演示载有恐怖主义、极端主义内容的图书、报刊、文稿、图片或者音频视频资料的；（4）网站、网页、论坛、博客、微博客、网盘、即时通信、通讯群组，聊天室等网络平台、网络应用服务的建立、开办、经营、管理者，明知他人利用网络平台、网络应用服务散布、宣扬恐怖主义、极端主义内容，经相关行政主管部门处罚后仍允许或者放任他人发布的；（5）利用教经、讲经、解经、学经、婚礼、葬礼、纪念、聚会和文体活动等宣扬恐怖主义、极端主义、煽动实施恐怖活动的；（6）其他宣扬恐怖主义、极端主义、煽动实施恐怖活动的行为。

◆ 第一百二十条之四　利用极端主义破坏法律实施罪

利用极端主义煽动、胁迫群众破坏国家法律确立的婚姻、司法、教育、社会管理等制度实施的，处三年以下有期徒刑、拘役或者管制，并处罚金；情节严重的，处三年以上七年以下有期徒刑，并处罚金；情节特别严重的，处七年以上有期徒刑，并处罚金或者没收财产。

实用问答

实践中，哪些情形以利用极端主义破坏法律实施罪定罪处罚？

答：根据《最高人民法院、最高人民检察院、公安部、司法部关于办理恐怖活动和极端主义犯罪案件适用法律若干问题的意见》的规定，利用极端主义，实施下列行为之一的，依照《刑法》第120条之四的规定，以利用极端主义破坏法律实施罪定罪处罚：（1）煽动、胁迫群众以宗教仪式取代结婚、离婚登记，或者干涉婚姻自由的；（2）煽动、胁迫群众破坏国家法律确立的司法制度实施的；（3）煽动、胁迫群众干涉未成年人接受义务教育，或者破坏学校教育制度、国家教育考试制度等国家法律规定的教育制度的；（4）煽动、胁迫群众抵制人民政府依法管理，或者阻碍国家机关工作人员依法执行职务的；（5）煽动、胁迫群众损毁居民身份证、居民户口簿等国家法定证件以及人民币的；（6）煽动、胁迫群众驱赶其他民族、有其他信仰的人员离开居住地，或者干涉他人生活和生产经营的；（7）其他煽动、胁迫群众破坏国家法律制度实施的行为。

◆ 第一百二十条之五　强制穿戴宣扬恐怖主义、极端主义服饰、标志罪

以暴力、胁迫等方式强制他人在公共场所穿着、佩戴宣扬恐怖主义、极端主义服饰、标志的，处三年以下有期徒刑、拘役或者管制，并处罚金。

实用问答

实践中，哪些情形以强制穿戴宣扬恐怖主义、极端主义服饰、标志罪定罪处罚？

答：根据《最高人民法院、最高人民检察院、公安部、司法部关于办理恐怖活动和极端主义犯罪案件适用法律若干问题的意见》的规定，具有下列情形之一的，依照《刑法》第120条之五的规定，以强制穿戴宣扬恐怖主义、极端主义服饰、标志罪定罪处罚：（1）以暴力、胁迫等方式强制他人在公共场所穿着、佩戴宣扬恐怖主义、极端主义服饰的；（2）以暴力、胁迫等方式强制他人在公共场所穿着、佩戴含有恐怖主义、极端主义的文字、符号、图形、口

号、徽章的服饰、标志的；（3）其他强制他人穿戴宣扬恐怖主义、极端主义服饰、标志的情形。

◆ 第一百二十条之六　非法持有宣扬恐怖主义、极端主义物品罪

明知是宣扬恐怖主义、极端主义的图书、音频视频资料或者其他物品而非法持有，情节严重的，处三年以下有期徒刑、拘役或者管制，并处或者单处罚金。

实用问答

实践中，哪些情形以非法持有宣扬恐怖主义、极端主义物品罪定罪处罚？

答：根据《最高人民法院、最高人民检察院、公安部、司法部关于办理恐怖活动和极端主义犯罪案件适用法律若干问题的意见》的规定，明知是载有宣扬恐怖主义、极端主义内容的图书、报刊、文稿、图片、音频视频资料、服饰、标志或者其他物品而非法持有，达到下列数量标准之一的，依照《刑法》第120条之六的规定，以非法持有宣扬恐怖主义、极端主义物品罪定罪处罚：（1）图书、刊物20册以上，或者电子图书、刊物5册以上的；（2）报纸100份（张）以上，或者电子报纸20份（张）以上的；（3）文稿、图片100篇（张）以上，或者电子文稿、图片20篇（张）以上，或者电子文档50万字符以上的；（4）录音带、录像带等音像制品20个以上，或者电子音频视频资料5个以上，或者电子音频视频资料20分钟以上的；（5）服饰、标志20件以上的。非法持有宣扬恐怖主义、极端主义的物品，虽未达到上述规定的数量标准，但具有多次持有，持有多类物品，造成严重后果或者恶劣社会影响，曾因实施恐怖活动、极端主义违法犯罪被追究刑事责任或者二年内受过行政处罚等情形之一的，也可以定罪处罚。

◆ 第一百二十一条　劫持航空器罪

以暴力、胁迫或者其他方法劫持航空器的，处十年以上有期徒刑或者无期徒刑；致人重伤、死亡或者使航空器遭受严重破坏的，处死刑。

◆ 第一百二十二条　劫持船只、汽车罪

以暴力、胁迫或者其他方法劫持船只、汽车的，处五年以上十年以下有期徒刑；造成严重后果的，处十年以上有期徒刑或者无期徒刑。

◆ 第一百二十三条　暴力危及飞行安全罪

对飞行中的航空器上的人员使用暴力，危及飞行安全，尚未造成严重后果的，处五年以下有期徒刑或者拘役；造成严重后果的，处五年以上有期徒刑。

◆ 第一百二十四条　破坏广播电视设施、公用电信设施罪

破坏广播电视设施、公用电信设施，危害公共安全的，处三年以上七年以下有期徒刑；造成严重后果的，处七年以上有期徒刑。

◆ 过失损坏广播电视设施、公用电信设施罪

过失犯前款罪的，处三年以上七年以下有期徒刑；情节较轻的，处三年以下有期徒刑或者拘役。

实用问答

本条规定的“广播电视设施、公用电信设施”主要指哪些设施?

答:广播设施，包括发射无线电广播信号的发射台站等。电视设施，主要是指传播新闻信息的电视发射台、转播台等。公用电信设施主要包括：(1)通信线路类：包括光(电)缆、电力电缆等；交接箱、分(配)线盒等；管道、槽道、人井(手孔)；电杆、拉线、吊线、挂钩等支撑加固和保护装置；标石、标志标牌、井盖等附属配套设施。(2)通信设备类：包括基站、中继站、微波站、直放站、室内分布系统、无线局域网(WLAN)系统、有线接入设备、公用电话终端等。(3)其他配套设备类：包括通信铁塔、收发信天(馈)线；公用电话亭；用于维系通信设备正常运转的通信机房、空调、蓄电池、开关电源、不间断电源(UPS)、太阳能电池板、油机、变压器、接地铜排、消防设备、安防设备、动力环境设备等附属配套设施。(4)电信主管部门认定的其他电信设施。如国家电信部门的无线电发报设施、设备，包括发射机、天线等；还有电话交换局、交换站以及有关国家重要部门的电话交换台、无线电通信网络，如在航空、航海交通工具及交通设施中使用的无线电通信、导航设施等。总之，电信设施，既包括各种机器设备，也包括其组成部分的线路等。

◆ 第一百二十五条　非法制造、买卖、运输、邮寄、储存枪支、弹药、爆炸物罪

非法制造、买卖、运输、邮寄、储存枪支、弹药、爆炸物的，处三年以上十年以下有期徒刑；情节严重的，处十年以上有期徒刑、无期徒刑或者死刑。

◆ **非法制造、买卖、运输、储存危险物质罪**

非法制造、买卖、运输、储存毒害性、放射性、传染病病原体等物质，危害公共安全的，依照前款的规定处罚。

单位犯前两款罪的，对单位判处罚金，并对其直接负责的主管人员和其他直接责任人员，依照第一款的规定处罚。

名词解释

非法储存，是指明知是他人非法制造、买卖、运输、邮寄的枪支、弹药而为其存放的行为，或者非法存放爆炸物的行为。

实用问答

1. 实践中，哪些行为以非法制造、买卖、运输、邮寄、储存枪支、弹药、爆炸物罪定罪处罚？

答：根据《最高人民法院关于审理非法制造、买卖、运输枪支、弹药、爆炸物等刑事案件具体应用法律若干问题的解释》第1条的规定，个人或者单位非法制造、买卖、运输、邮寄、储存枪支、弹药、爆炸物，具有下列情形之一的，依照《刑法》第125条第1款的规定，以非法制造、买卖、运输、邮寄、储存枪支、弹药、爆炸物罪定罪处罚：（1）非法制造、买卖、运输、邮寄、储存军用枪支1支以上的；（2）非法制造、买卖、运输、邮寄、储存以火药为动力发射枪弹的非军用枪支1支以上或者以压缩气体等为动力的其他非军用枪支2支以上的；（3）非法制造、买卖、运输、邮寄、储存军用子弹10发以上、气枪铅弹500发以上或者其他非军用子弹100发以上的；（4）非法制造、买卖、运输、邮寄、储存手榴弹1枚以上的；（5）非法制造、买卖、运输、邮寄、储存爆炸装置的；（6）非法制造、买卖、运输、邮寄、储存炸药、发射药、黑火药1千克以上或者烟火药3千克以上、雷管30枚以上或者导火索、导爆索30米以上的；（7）具有生产爆炸物品资格的单位不按照规定的品种制造，或者具有销售、使用爆炸物品资格的单位超过限额买卖炸药、发射药、黑火药10千克以上或者烟火药30千克以上、雷管300枚以上或者导火索、导爆索300米以上的；（8）多次非法制造、买卖、运输、邮寄、储存弹药、爆炸物的；（9）虽未达到上述最低数量标准，但具有造成严重后果等其他恶劣情节的。介绍买卖枪支、弹药、爆炸物的，以买卖枪支、弹药、爆炸物罪的共犯论处。

2. 实践中，哪些情形属于本条第1款规定的"情节严重"？

答：根据《最高人民法院关于审理非法制造、买卖、运输枪支、弹药、爆炸物等刑事案件具体应用法律若干问题的解释》第2条的规定，非法制造、买卖、运输、邮寄、储存枪支、弹药、爆炸物，具有下列情形之一的，属于《刑法》第125条第1款规定的"情节严重"：（1）非法制造、买卖、运输、邮寄、储存枪支、弹药、爆炸物的数量达到上述司法解释第1条第1、2、3、6、7项规定的最低数量标准5倍以上的；（2）非法制造、买卖、运输、邮寄、储存手榴弹3枚以上的；（3）非法制造、买卖、运输、邮寄、储存爆炸装置，危害严重的；（4）达到上述司法解释第1条规定的最低数量标准，并具有造成严重后果等其他恶劣情节的。

典型案例

王召成等非法买卖、储存危险物质案[①]

要旨：（1）国家严格监督管理的氰化钠等剧毒化学品，易致人

① 最高人民法院指导案例13号。

中毒或者死亡，对人体、环境具有极大的毒害性和危险性，属于《刑法》第 125 条第 2 款规定的“毒害性”物质。

（2）“非法买卖”毒害性物质，是指违反法律和国家主管部门规定，未经有关主管部门批准许可，擅自购买或者出售毒害性物质的行为，并不需要兼有买进和卖出的行为。

◆ 第一百二十六条　违规制造、销售枪支罪

依法被指定、确定的枪支制造企业、销售企业，违反枪支管理规定，有下列行为之一的，对单位判处罚金，并对其直接负责的主管人员和其他直接责任人员，处五年以下有期徒刑；情节严重的，处五年以上十年以下有期徒刑；情节特别严重的，处十年以上有期徒刑或者无期徒刑：

（一）以非法销售为目的，超过限额或者不按照规定的品种制造、配售枪支的；

（二）以非法销售为目的，制造无号、重号、假号的枪支的；

（三）非法销售枪支或者在境内销售为出口制造的枪支的。

实用问答

1. 实践中，哪些情形以违规制造、销售枪支罪定罪处罚？

答：根据《最高人民法院关于审理非法制造、买卖、运输枪支、弹药、爆炸物等刑事案件具体应用法律若干问题的解释》第 3 条第 1 款的规定，依法被指定或者确定的枪支制造、销售企业，实施《刑法》第 126 条规定的行为，具有下列情形之一的，以违规制造、销售枪支罪定罪处罚：（1）违规制造枪支 5 支以上的；（2）违规销售枪支 2 支以上的；（3）虽未达到上述最低数量标准，但具有造成严

重后果等其他恶劣情节的。

2. 实践中，哪些情形属于本条规定的“情节严重”?

答：根据《最高人民法院关于审理非法制造、买卖、运输枪支、弹药、爆炸物等刑事案件具体应用法律若干问题的解释》第3条第2款的规定，具有下列情形之一的，属于《刑法》第126条规定的“情节严重”：（1）违规制造枪支20支以上的；（2）违规销售枪支10支以上的；（3）达到上述司法解释第3条第1款规定的最低数量标准，并具有造成严重后果等其他恶劣情节的。

3. 实践中，哪些情形属于本条规定的“情节特别严重”?

答：根据《最高人民法院关于审理非法制造、买卖、运输枪支、弹药、爆炸物等刑事案件具体应用法律若干问题的解释》第3条第3款的规定，具有下列情形之一的，属于《刑法》第126条规定的“情节特别严重”：（1）违规制造枪支50支以上的；（2）违规销售枪支30支以上的；（3）达到上述司法解释第3条第2款规定的最低数量标准，并具有造成严重后果等其他恶劣情节的。

◆ 第一百二十七条 盗窃、抢夺枪支、弹药、爆炸物、危险物质罪

盗窃、抢夺枪支、弹药、爆炸物的，或者盗窃、抢夺毒害性、放射性、传染病病原体等物质，危害公共安全的，处三年以上十年以下有期徒刑；情节严重的，处十年以上有期徒刑、无期徒刑或者死刑。

◆ 抢劫枪支、弹药、爆炸物、危险物质罪；盗窃、抢夺枪支、弹药、爆炸物、危险物质罪

抢劫枪支、弹药、爆炸物的，或者抢劫毒害性、放射性、传染病病原体等物质，危害公共安全的，或者盗窃、抢夺国家机关、军警人员、民兵的枪支、弹药、爆炸物的，处十年以上有期徒刑、无期徒刑或者死刑。

实用问答

1. 实践中，哪些情形以盗窃、抢夺枪支、弹药、爆炸物罪定罪处罚？

答：根据《最高人民法院关于审理非法制造、买卖、运输枪支、弹药、爆炸物等刑事案件具体应用法律若干问题的解释》第4条第1款的规定，盗窃、抢夺枪支、弹药、爆炸物，具有下列情形之一的，依照《刑法》第127条第1款的规定，以盗窃、抢夺枪支、弹药、爆炸物罪定罪处罚：（1）盗窃、抢夺以火药为动力的发射枪弹非军用枪支1支以上或者以压缩气体等为动力的其他非军用枪支2支以上的；（2）盗窃、抢夺军用子弹10发以上、气枪铅弹500发以上或者其他非军用子弹100发以上的；（3）盗窃、抢夺爆炸装置的；（4）盗窃、抢夺炸药、发射药、黑火药1千克以上或者烟火药3千克以上、雷管30枚以上或者导火索、导爆索30米以上的；（5）虽未达到上述最低数量标准，但具有造成严重后果等其他恶劣情节的。

2. 实践中，哪些情形属于本条第1款规定的“情节严重”？

答：根据《最高人民法院关于审理非法制造、买卖、运输枪支、弹药、爆炸物等刑事案件具体应用法律若干问题的解释》第4条第2款的规定，具有下列情形之一的，属于《刑法》第127条第1款规定的“情节严重”：（1）盗窃、抢夺枪支、弹药、爆炸物的数量达到上述司法解释第4条第1款规定的最低数量标准5倍以上的；（2）盗窃、抢夺军用枪支的；（3）盗窃、抢夺手榴弹的；（4）盗窃、抢夺爆炸装置，危害严重的；（5）达到上述司法解释第4条第 1 款规定的最低数量标准，并具有造成严重后果等其他恶劣情节的。

◆ 第一百二十八条 非法持有、私藏枪支、弹药罪

违反枪支管理规定，非法持有、私藏枪支、弹药的，处三年以下有期徒刑、拘役或者管制；情节严重的，处三年以上七年以下有期徒刑。

◆ 非法出租、出借枪支罪

依法配备公务用枪的人员，非法出租、出借枪支的，依照前款的规定处罚。

◆ 非法出租、出借枪支罪

依法配置枪支的人员，非法出租、出借枪支，造成严重后果的，依照第一款的规定处罚。

单位犯第二款、第三款罪的，对单位判处罚金，并对其直接负责的主管人员和其他直接责任人员，依照第一款的规定处罚。

名词解释

非法持有，是指不符合配备、配置枪支、弹药条件的人员，违反枪支管理法律、法规的规定，擅自持有枪支、弹药的行为。

私藏，是指依法配备、配置枪支、弹药的人员，在配备、配置枪支、弹药的条件消除后，违反枪支管理法律、法规的规定，私自藏匿所配备、配置的枪支、弹药且拒不交出的行为。

实用问答

1. 实践中，哪些情形以非法持有、私藏枪支、弹药罪定罪处罚?

答：根据《最高人民法院关于审理非法制造、买卖、运输枪支、弹药、爆炸物等刑事案件具体应用法律若干问题的解释》第5条第1款的规定，具有下列情形之一的，依照《刑法》第128条第1款的规定，以非法持有、私藏枪支、弹药罪定罪处罚：（1）非法持有、私藏军用枪支1支的；（2）非法持有、私藏以火药为动力发射枪弹的非军用枪支1支或者以压缩气体等为动力的其他非军用枪支2支以上的；（3）非法持有、私藏军用子弹20发以上，气枪铅弹1000发以上或者其他非军用子弹200发以上的；（4）非法持有、私藏手榴弹1枚以上的；（5）非法持有、私藏的弹药造成人员伤亡、财产损失的。

2. 实践中，哪些情形属于本条第1款规定的"情节严重"?

答：根据《最高人民法院关于审理非法制造、买卖、运输枪支、弹药、爆炸物等刑事案件具体应用法律若干问题的解释》第5条第2款的规定，具有下列情形之一的，属于《刑法》第128条第1款规定的"情节严重"：（1）非法持有、私藏军用枪支2支以上的；（2）非法持有、私藏以火药为动力发射枪弹的非军用枪支2支以上或者以压缩气体等为动力的其他非军用枪支5支以上的；（3）非法持有、私藏军用子弹100发以上，气枪铅弹5000发以上或者其他非军用子弹1000发以上的；（4）非法持有、私藏手榴弹3枚以上的；（5）达到上述司法解释第5条第1款规定的最低数量标准，并具有造成严重后果等其他恶劣情节的。

◆ 第一百二十九条　丢失枪支不报罪

依法配备公务用枪的人员，丢失枪支不及时报告，造成严重后果的，处三年以下有期徒刑或者拘役。

名词解释

依法配备公务用枪的人员，即公安机关、国家安全机关、监狱的人民警察，人民法院、人民检察院的司法警察，以及海关的缉私人员，在依法履行职责时确有必要使用枪支的人员，以及国家重要的军工、金融、仓储、科研等单位的专职守护、押运人员在执行守护、押运任务时确有必要使用枪支的人员。

◆ 第一百三十条　非法携带枪支、弹药、管制刀具、危险物品危及公共安全罪

非法携带枪支、弹药、管制刀具或者爆炸性、易燃性、放射性、毒害性、腐蚀性物品，进入公共场所或者公共交通工具，危及公共安全，情节严重的，处三年以下有期徒刑、拘役或者管制。

名词解释

管制刀具，是指国家依法进行管制，只能由特定人员持有、使用，禁止私自生产、买卖、持有的刀具，如匕首、三棱刮刀、弹簧刀以及类似的单刃刀、双刃刀和三棱尖刀等。管制刀具的具体认定，由有关部门具体规定。2007 年公安部制定了《管制刀具认定标准》，对匕首、三棱刮刀、弹簧刀等规定了认定标准；同时规定，少数民族使用的藏刀、腰刀、靴刀、马刀等刀具的管制范围认定标准，由少数民族自治区（自治州、自治县）人民政府公安机关参照该标准制定。

◆ 第一百三十一条　重大飞行事故罪

航空人员违反规章制度，致使发生重大飞行事故，造成严重后果的，处三年以下有期徒刑或者拘役；造成飞机坠毁或者人员死亡的，处三年以上七年以下有期徒刑。

◆ 第一百三十二条　铁路运营安全事故罪

铁路职工违反规章制度，致使发生铁路运营安全事故，造成严重后果的，处三年以下有期徒刑或者拘役；造成特别严重后果的，处三年以上七年以下有期徒刑。

名词解释

铁路职工，是指从事铁路管理、运输、维修等工作的人员，既包括工人，也包括管理人员。

◆ 第一百三十三条　交通肇事罪

违反交通运输管理法规，因而发生重大事故，致人重伤、死亡或者使公私财产遭受重大损失的，处三年以下有期徒刑或者拘役；交通运输肇事后逃逸或者有其他特别恶劣情节的，处三年以上七年以下有期徒刑；因逃逸致人死亡的，处七年以上有期徒刑。

名词解释

因逃逸致人死亡，是指行为人在交通肇事后为逃避法律追究而逃跑，致使被害人因得不到救助而死亡的情形。

◆ 第一百三十三条之一　危险驾驶罪

在道路上驾驶机动车，有下列情形之一的，处拘役，并处罚金：

（一）追逐竞驶，情节恶劣的；

（二）醉酒驾驶机动车的；

（三）从事校车业务或者旅客运输，严重超过额定乘员载客，或者严重超过规定时速行驶的；

（四）违反危险化学品安全管理规定运输危险化学品，危及公共安全的。

机动车所有人、管理人对前款第三项、第四项行为负有直接责任的，依照前款的规定处罚。

有前两款行为，同时构成其他犯罪的，依照处罚较重的规定定罪处罚。

名词解释

追逐竞驶，就是平常所说的“飙车”，是指在道路上，以在较短的时间内通过某条道路为目标或者以同行的其他车辆为竞争目标，追逐行驶。具体情形包括在道路上进行汽车驾驶“计时赛”，或者若干车辆在同时行进中互相追赶等，既包括超过限定时速的追逐竞驶，也包括未超过限定时速的追逐竞驶。

醉酒驾驶机动车，根据《车辆驾驶人员血液、呼气酒精含量阈值与检验》（GB 19522—2010）的规定，醉酒后驾车是指车辆驾驶人员血液中的酒精含量大于或者等于 80mg/100mL 的驾驶行为。需要注意的是，醉酒驾驶机动车的行为不一定造成交通事故、人员伤亡的严重后果，只要行为人血液中的酒精含量大于或者等于 80mg/

100mL，即构成危险驾驶的行为。

典型案例

1. 张某某、金某危险驾驶案[①]

要旨：（1）机动车驾驶人员出于竞技、追求刺激、斗气或者其他动机，在道路上曲折穿行、快速追赶行驶的，属于《刑法》第133条之一规定的“追逐竞驶”。

（2）追逐竞驶虽未造成人员伤亡或财产损失，但综合考虑超过限速、闯红灯、强行超车、抗拒交通执法等严重违反道路交通安全法的行为，足以威胁他人生命、财产安全的，属于危险驾驶罪中“情节恶劣”的情形。

2. 宋某某危险驾驶二审、再审抗诉案[②]

要旨：人民检察院应当依法规范行使不起诉权，通过备案审查等方式加强对不起诉决定的内部监督制约，着力提高审查起诉工作水平和办案质量。对于就同一专门性问题有两份或者两份以上的司法鉴定意见，且结论不一致时，检察人员要注重从鉴定主体的合规性、鉴定程序的合法性、鉴定方法的科学性、鉴定材料的充分性及分析论证的合理性等方面进行实质化审查。对于提出抗诉的案件，为确保抗诉效果，人民检察院可以通过自行侦查进一步补强证据，充分支持抗诉意见和

---

① 最高人民法院指导案例32号。

② 检例第182号。

理由，通过接续抗诉，持续监督，全面履行刑事审判监督职责，维护司法公正。

◆ 第一百三十三条之二　妨害安全驾驶罪

对行驶中的公共交通工具的驾驶人员使用暴力或者抢控驾驶操纵装置，干扰公共交通工具正常行驶，危及公共安全的，处一年以下有期徒刑、拘役或者管制，并处或者单处罚金。

前款规定的驾驶人员在行驶的公共交通工具上擅离职守，与他人互殴或者殴打他人，危及公共安全的，依照前款的规定处罚。

有前两款行为，同时构成其他犯罪的，依照处罚较重的规定定罪处罚。

名词解释

驾驶操纵装置，主要是指供驾驶人员控制车辆行驶的装置，包括方向盘、离合器踏板、加速踏板、制动踏板、变速杆、驻车制动手柄等。

擅离职守，主要是指驾驶人员未采取任何安全措施控制车辆，擅自离开驾驶位置，或者双手离开方向盘等。

与他人互殴或者殴打他人，是指驾驶人员与乘客等进行互相殴打，或者驾驶人员殴打乘客等行为。

◆ 第一百三十四条　重大责任事故罪

在生产、作业中违反有关安全管理的规定，因而发生重大伤亡事故或者造成其他严重后果的，处三年以下有期徒刑或者拘役；情节特别恶劣的，处三年以上七年以下有期徒刑。

◆ 强令、组织他人违章冒险作业罪

强令他人违章冒险作业，或者明知存在重大事故隐患而不排除，仍冒险组织作业，因而发生重大伤亡事故或者造成其他严重后果的，处五年以下有期徒刑或者拘役；情节特别恶劣的，处五年以上有期徒刑。

实用问答

实践中，如何认定本条第 2 款中的“强令他人违章冒险作业”？

答：根据《最高人民法院、最高人民检察院关于办理危害生产安全刑事案件适用法律若干问题的解释（二）》第 1 条的规定，明知存在事故隐患，继续作业存在危险，仍然违反有关安全管理的规定，有下列情形之一的，属于《刑法》第 134 条第 2 款规定的“强令他人违章冒险作业”：（1）以威逼、胁迫、恐吓等手段，强制他人违章作业的；（2）利用组织、指挥、管理职权，强制他人违章作业的；（3）其他强令他人违章冒险作业的情形。另外，明知存在重大事故隐患，仍然违反有关安全管理的规定，不排除或者故意掩盖重大事故隐患，组织他人作业的，属于《刑法》第 134 条第 2 款规定的“冒险组织作业”。

典型案例

1. 余某某等人重大劳动安全事故重大责任事故案[1]

要旨：办理危害生产安全刑事案件，要根据案发原因及涉案人

---

[1] 检例第 94 号。

员的职责和行为，准确适用重大责任事故罪和重大劳动安全事故罪。要全面审查案件事实证据，依法追诉漏罪漏犯，准确认定责任主体和相关人员责任，并及时移交职务违法犯罪线索。针对事故中暴露出的相关单位安全管理漏洞和监管问题，要及时制发检察建议，督促落实整改。

2. 夏某某等人重大责任事故案[①]

要旨：内河运输中发生的船舶交通事故，相关责任人员可能同时涉嫌交通肇事罪和重大责任事故罪，要根据运输活动是否具有营运性质以及相关人员的具体职责和行为，准确适用罪名。重大责任事故往往涉案人员较多，因果关系复杂，要准确认定涉案单位投资人、管理人员及相关国家工作人员等涉案人员的刑事责任。

◆ 第一百三十四条之一　危险作业罪

在生产、作业中违反有关安全管理的规定，有下列情形之一，具有发生重大伤亡事故或者其他严重后果的现实危险的，处一年以下有期徒刑、拘役或者管制：

（一）关闭、破坏直接关系生产安全的监控、报警、防护、救生设备、设施，或者篡改、隐瞒、销毁其相关数据、信息的；

（二）因存在重大事故隐患被依法责令停产停业、停止施工、停止使用有关设备、设施、场所或者立即采取排除危险的整改措施，而拒不执行的；

---

① 检例第97号。

（三）涉及安全生产的事项未经依法批准或者许可，擅自从事矿山开采、金属冶炼、建筑施工，以及危险物品生产、经营、储存等高度危险的生产作业活动的。

名词解释

直接关系生产安全，是指该设备、设施直接检测安全环境数据，关闭、破坏后可能直接导致事故发生，具有重大危险。

实用问答

本条的犯罪主体包括哪些人员？

答： 根据《最高人民法院、最高人民检察院关于办理危害生产安全刑事案件适用法律若干问题的解释（二）》第 2 条的规定，《刑法》第 134 条之一规定的犯罪主体，包括对生产、作业负有组织、指挥或者管理职责的负责人、管理人员、实际控制人、投资人等人员，以及直接从事生产、作业的人员。

◆ 第一百三十五条　重大劳动安全事故罪

安全生产设施或者安全生产条件不符合国家规定，因而发生重大伤亡事故或者造成其他严重后果的，对直接负责的主管人员和其他直接责任人员，处三年以下有期徒刑或者拘役；情节特别恶劣的，处三年以上七年以下有期徒刑。

名词解释

直接负责的主管人员和其他直接责任人员，是指对安全生产设施或者安全生产条件不符合国家规定负有直接责任的生产经营单位负责人、管理人员、实际控制人、投资人，以及其他对安全生产设施或者安全生产条件负有管理、维护职责的人员。

◆ 第一百三十五条之一　大型群众性活动重大安全事故罪

举办大型群众性活动违反安全管理规定，因而发生重大伤亡事故或者造成其他严重后果的，对直接负责的主管人员和其他直接责任人员，处三年以下有期徒刑或者拘役；情节特别恶劣的，处三年以上七年以下有期徒刑。

名词解释

大型群众性活动，一般是指法人或者其他组织面向社会公众举办的每场次预计参加人数达到1000人以上的各种群众活动，如体育比赛活动，演唱会、音乐会等文艺演出活动，展览、展销活动等。

◆ 第一百三十六条　危险物品肇事罪

违反爆炸性、易燃性、放射性、毒害性、腐蚀性物品的管理规定，在生产、储存、运输、使用中发生重大事故，造成严重后果的，处三年以下有期徒刑或者拘役；后果特别严重的，处三年以上七年以下有期徒刑。

名词解释

爆炸性物品，是指多种具有爆炸性能的物品，如各种炸药、雷管、非电导爆系统、起爆药和爆破剂以及黑火药、烟火剂、信号弹和烟花爆竹等。

易燃性物品，是指汽油、煤油、酒精、丙酮、橡胶水以及各种很容易燃烧的化学物品和液剂。

放射性物品，是指铀、镭以及其他各种具有放射性能，并对人体或牲畜能够造成严重损害的物品。

毒害性物品，是指如氰化钾等其他各种对人体或牲畜能够造成严重毒害的物品。

腐蚀性物品，是指硫酸、盐酸等能够严重毁坏其他物品以及人身的物品。

◆ 第一百三十七条　工程重大安全事故罪

建设单位、设计单位、施工单位、工程监理单位违反国家规定，降低工程质量标准，造成重大安全事故的，对直接责任人员，处五年以下有期徒刑或者拘役，并处罚金；后果特别严重的，处五年以上十年以下有期徒刑，并处罚金。

名词解释

建设单位，是具有开发、建设、经营工程项目的权利或资格的单位。

设计单位，是指专门承担勘察设计任务的勘察设计单位以及其他承担勘察设计任务的勘察设计单位。

施工单位，是指从事土木建筑、线路管道、设备安装和建筑装饰装修等工程新建、扩建、改建活动的建筑业企业，其中包括工程施工总承包企业、施工承包企业。

工程监理单位，是指对建筑工程专门进行监督管理，以保证质量、安全的单位。

重大安全事故，是指该建筑工程在建设中以及交付使用后，由于达不到质量标准或者存在严重问题，导致楼房倒塌、桥梁断裂、铁路塌陷等事故，造成人员伤亡或者火车、汽车等交通工具倾覆等后果。

◆ 第一百三十八条　教育设施重大安全事故罪

明知校舍或者教育教学设施有危险，而不采取措施或者不及时报告，致使发生重大伤亡事故的，对直接责任人员，处三年以下有期徒刑或者拘役；后果特别严重的，处三年以上七年以下有期徒刑。

名词解释

校舍，主要是指各类学校及其他教育机构的教室、教学楼、行政办公室、宿舍、图书阅览室等。

教育教学设施，是指用于教育教学的各类设施、设备，如实验室及实验设备、体育活动场地及器械等。

◆ 第一百三十九条　消防责任事故罪

违反消防管理法规，经消防监督机构通知采取改正措施而拒绝执行，造成严重后果的，对直接责任人员，处三年以下有期徒刑或者拘役；后果特别严重的，处三年以上七年以下有期徒刑。

◆ 第一百三十九条之一　不报、谎报安全事故罪

在安全事故发生后，负有报告职责的人员不报或者谎报事故情况，贻误事故抢救，情节严重的，处三年以下有期徒刑或者拘役；情节特别严重的，处三年以上七年以下有期徒刑。

名词解释

负有报告职责的人员，是指负有组织、指挥或者管理职责的负责人、管理人员、实际控制人、投资人，以及其他负有报告职责的人员。

典型案例

黄某某等人重大责任事故、谎报安全事故案①

要旨：检察机关要充分运用行政执法和刑事司法衔接工作机制，通过积极履职，加强对线索移送和立案的法律监督。认定谎报安全事故罪，要重点审查谎报行为与贻误事故抢救结果之间的因果关系。对同时构成重大责任事故罪和谎报安全事故罪的，应当数罪并罚。应注重督促涉事单位或有关部门及时赔偿被害人损失，有效化解社会矛盾。安全生产事故涉及生态环境污染等公益损害的，刑事检察部门要和公益诉讼检察部门加强协作配合，督促协同行政监管部门，统筹运用法律、行政、经济等手段严格落实企业主体责任，修复受损公益，防控安全风险。

① 检例第96号。

第三章　破坏社会主义市场经济秩序罪

第一节　生产、销售伪劣商品罪

◆ 第一百四十条　生产、销售伪劣产品罪

生产者、销售者在产品中掺杂、掺假，以假充真，以次充好或者以不合格产品冒充合格产品，销售金额五万元以上不满二十万元的，处二年以下有期徒刑或者拘役，并处或者单处销售金额百分之五十以上二倍以下罚金；销售金额二十万元以上不满五十万元的，处二年以上七年以下有期徒刑，并处销售金额百分之五十以上二倍以下罚金；销售金额五十万元以上不满二百万元的，处七年以上有期徒刑，并处销售金额百分之五十以上二倍以下罚金；销售金额二百万元以上的，处十五年有期徒刑或者无期徒刑，并处销售金额百分之五十以上二倍以下罚金或者没收财产。

名词解释

掺杂、掺假，是指在产品中掺入杂质或者异物，致使产品质量不符合国家法律、法规或者产品明示质量标准规定的质量要求，降低、失去其应有使用性能的行为。

以假充真，是指以不具有某种使用性能的产品冒充具有该种使用性能的产品的行为。

以次充好，是指以低等级、低档次产品冒充高等级、高档次产品，或者以残次、废旧零配件组合、拼装后冒充正品或者新产品的行为。

不合格产品，是指不符合《产品质量法》规定的质量要求的产品。

销售金额，是指生产者、销售者出售伪劣产品后所得和应得的全部违法收入。

◆ 第一百四十一条 生产、销售、提供假药罪

生产、销售假药的，处三年以下有期徒刑或者拘役，并处罚金；对人体健康造成严重危害或者有其他严重情节的，处三年以上十年以下有期徒刑，并处罚金；致人死亡或者有其他特别严重情节的，处十年以上有期徒刑、无期徒刑或者死刑，并处罚金或者没收财产。

药品使用单位的人员明知是假药而提供给他人使用的，依照前款的规定处罚。

实用问答

1. 本条规定的“假药”应如何认定？

答：根据《药品管理法》第 98 条第 2 款的规定，有下列情形之一的，为假药：（1）药品所含成份与国家药品标准规定的成份不符；（2）以非药品冒充药品或者以他种药品冒充此种药品；（3）变质的药品；（4）药品所标明的适应症或者功能主治超出规定范围。

2. 实践中，哪些情形应当认定为本条规定的“对人体健康造成严重危害”？

答：根据《最高人民法院、最高人民检察院关于办理危害药品

安全刑事案件适用法律若干问题的解释》第2条的规定，生产、销售、提供假药，具有下列情形之一的，应当认定为《刑法》第141条规定的“对人体健康造成严重危害”：（1）造成轻伤或者重伤的；（2）造成轻度残疾或者中度残疾的；（3）造成器官组织损伤导致一般功能障碍或者严重功能障碍的；（4）其他对人体健康造成严重危害的情形。

3. 实践中，哪些情形应当认定为本条规定的“其他严重情节”？

答：根据《最高人民法院、最高人民检察院关于办理危害药品安全刑事案件适用法律若干问题的解释》第3条的规定，生产、销售、提供假药，具有下列情形之一的，应当认定为《刑法》第141条规定的“其他严重情节”：（1）引发较大突发公共卫生事件的；（2）生产、销售、提供假药的金额20万元以上不满50万元的；（3）生产、销售、提供假药的金额10万元以上不满20万元，并具有上述司法解释第1条规定情形之一的；（4）根据生产、销售、提供的时间、数量、假药种类、对人体健康危害程度等，应当认定为情节严重的。

4. 实践中，哪些情形应当认定为本条规定的“其他特别严重情节”？

答：根据《最高人民法院、最高人民检察院关于办理危害药品安全刑事案件适用法律若干问题的解释》第4条的规定，生产、销售、提供假药，具有下列情形之一的，应当认定为《刑法》第141条规定的“其他特别严重情节”：（1）致人重度残疾以上的；（2）造成3人以上重伤、中度残疾或者器官组织损伤导致严重功能障碍的；（3）造成5人以上轻度残疾或者器官组织损伤导致一般功能障碍的；（4）造成10人以上轻伤的；（5）引发重大、特别重大突发公共卫生事件的；（6）生产、销售、提供假药的金额50万元以上的；（7）生产、销售、提供假药的金额 20 万元以上不满 50 万元，并具有上述司法解释第 1 条规定情形之一的；（8）根据生产、销售、提供的时间、数量、假药种类、对人体健康危害程度等，应当认定为情节特别严重的。

◆ 第一百四十二条　生产、销售、提供劣药罪

生产、销售劣药，对人体健康造成严重危害的，处三年以上十年以下有期徒刑，并处罚金；后果特别严重的，处十年以上有期徒刑或者无期徒刑，并处罚金或者没收财产。

药品使用单位的人员明知是劣药而提供给他人使用的，依照前款的规定处罚。

实用问答

本条中的“劣药”应当如何认定？

答：根据《药品管理法》第 98 条第 3 款的规定，有下列情形之一的，为劣药：（1）药品成份的含量不符合国家药品标准；（2）被污染的药品；（3）未标明或者更改有效期的药品；（4）未注明或者更改产品批号的药品；（5）超过有效期的药品；（6）擅自添加防腐剂、辅料的药品；（7）其他不符合药品标准的药品。

◆ 第一百四十二条之一　妨害药品管理罪

违反药品管理法规，有下列情形之一，足以严重危害人体健康的，处三年以下有期徒刑或者拘役，并处或者单处罚金；对人体健康造成严重危害或者有其他严重情节的，处三年以上七年以下有期徒刑，并处罚金：

（一）生产、销售国务院药品监督管理部门禁止使用的药品的；

（二）未取得药品相关批准证明文件生产、进口药品或者明知是上述药品而销售的；

（三）药品申请注册中提供虚假的证明、数据、资料、样品或者采取其他欺骗手段的；

（四）编造生产、检验记录的。

有前款行为，同时又构成本法第一百四十一条、第一百四十二条规定之罪或者其他犯罪的，依照处罚较重的规定定罪处罚。

名词解释

药品申请注册，是指药品注册申请人依照法定程序和相关要求提出药物临床试验、药品上市许可、再注册等申请以及补充申请的行为。

◆ 第一百四十三条　生产、销售不符合安全标准的食品罪

生产、销售不符合食品安全标准的食品，足以造成严重食物中毒事故或者其他严重食源性疾病的，处三年以下有期徒刑或者拘役，并处罚金；对人体健康造成严重危害或者有其他严重情节的，处三年以上七年以下有期徒刑，并处罚金；后果特别严重的，处七年以上有期徒刑或者无期徒刑，并处罚金或者没收财产。

名词解释

食品，是指各种供人食用或者饮用的成品和原料以及按照传统既是食品又是药品的物品，但是不包括以治疗为目的的物品。

实用问答

1. 实践中，哪些情形应当认定为本条规定的“足以造成严重食物中毒事故或者其他严重食源性疾病”？

答：根据《最高人民法院、最高人民检察院关于办理危害食品安全刑事案件适用法律若干问题的解释》第1条的规定，生产、销售不符合食品安全标准的食品，具有下列情形之一的，应当认定为《刑法》第143条规定的“足以造成严重食物中毒事故或者其他严重食源性疾病”：（1）含有严重超出标准限量的致病性微生物、农药残留、兽药残留、生物毒素、重金属等污染物质以及其他严重危害人体健康的物质的；（2）属于病死、死因不明或者检验检疫不合格的畜、禽、兽、水产动物肉类及其制品的；（3）属于国家为防控疾病等特殊需要明令禁止生产、销售的；（4）特殊医学用途配方食品、专供婴幼儿的主辅食品营养成分严重不符合食品安全标准的；（5）其他足以造成严重食物中毒事故或者严重食源性疾病的情形。

2. 实践中，哪些情形应当认定为本条规定的“对人体健康造成严重危害”？

答：根据《最高人民法院、最高人民检察院关于办理危害食品安全刑事案件适用法律若干问题的解释》第2条的规定，生产、销售不符合食品安全标准的食品，具有下列情形之一的，应当认定为《刑法》第143条规定的“对人体健康造成严重危害”：（1）造成轻伤以上伤害的；（2）造成轻度残疾或者中度残疾的；（3）造成器官组织损伤导致一般功能障碍或者严重功能障碍的；（4）造成10人以上严重食物中毒或者其他严重食源性疾病的；（5）其他对人体健康造成严重危害的情形。

◆ 第一百四十四条　生产、销售有毒、有害食品罪

在生产、销售的食品中掺入有毒、有害的非食品原料的，或者销售明知掺有有毒、有害的非食品原料的食品的，处五年以下有期徒刑，并处罚金；对人体健康造成严重危害或者有其他严重情节的，处五年以上十年以下有期徒刑，并处罚金；致人死亡或者有其他特别严重情节的，依照本法第一百四十一条的规定处罚。

典型案例

1. 柳立国等人生产、销售有毒、有害食品，生产、销售伪劣产品案①

要旨：明知对方是食用油经销者，仍将用餐厨废弃油（俗称“地沟油”）加工而成的劣质油脂销售给对方，导致劣质油脂流入食用油市场供人食用的，构成生产、销售有毒、有害食品罪；明知油脂经销者向饲料生产企业和药品生产企业等单位销售豆油等食用油，仍将用餐厨废弃油加工而成的劣质油脂销售给对方，导致劣质油脂流向饲料生产企业和药品生产企业等单位的，构成生产、销售伪劣产品罪。

2. 徐孝伦等人生产、销售有害食品案②

要旨：在食品加工过程中，使用有毒、有害的非食品原料加工

① 检例第12号。
② 检例第13号。

食品并出售的，应当认定为生产、销售有毒、有害食品罪；明知是他人使用有毒、有害的非食品原料加工出的食品仍然购买并出售的，应当认定为销售有毒、有害食品罪。

3. 孙建亮等人生产、销售有毒、有害食品案①

要旨：明知盐酸克伦特罗（俗称“瘦肉精”）是国家禁止在饲料和动物饮用水中使用的药品，而用以养殖供人食用的动物并出售的，应当认定为生产、销售有毒、有害食品罪。明知盐酸克伦特罗是国家禁止在饲料和动物饮用水中使用的药品，而买卖和代买盐酸克伦特罗片，供他人用以养殖供人食用的动物的，应当认定为生产、销售有毒、有害食品罪的共犯。

4. 胡林贵等人生产、销售有毒、有害食品，行贿，骆梅、刘康素销售伪劣产品，朱伟全、曾伟中生产、销售伪劣产品，黎达文等人受贿、食品监管渎职案②

要旨：实施生产、销售有毒、有害食品犯罪，为逃避查处向负有食品安全监管职责的国家工作人员行贿的，应当以生产、销售有毒、有害食品罪和行贿罪实行数罪并罚。

负有食品安全监督管理职责的国家机关工作人员，

① 检例第14号。
② 检例第15号。

滥用职权，向生产、销售有毒、有害食品的犯罪分子通风报信，帮助逃避处罚的，应当认定为食品监管渎职罪；在渎职过程中受贿的，应当以食品监管渎职罪和受贿罪实行数罪并罚。

5. 北京阳光一佰生物技术开发有限公司、习文有等生产、销售有毒、有害食品案[①]

要旨： 行为人在食品生产经营中添加的虽然不是国务院有关部门公布的《食品中可能违法添加的非食用物质名单》和《保健食品中可能非法添加的物质名单》中的物质，但如果该物质与上述名单中所列物质具有同等属性，并且根据检验报告和专家意见等相关材料能够确定该物质对人体具有同等危害的，应当认定为《刑法》第 144 条规定的“有毒、有害的非食品原料”。

◆ 第一百四十五条　生产、销售不符合标准的医用器材罪

生产不符合保障人体健康的国家标准、行业标准的医疗器械、医用卫生材料，或者销售明知是不符合保障人体健康的国家标准、行业标准的医疗器械、医用卫生材料，足以严重危害人体健康的，处三年以下有期徒刑或者拘役，并处销售金额百分之五十以上二倍以下罚金；对人体健康造成严重危害的，处三年以上十年以下有期徒刑，并处销售金额百分之五十以上二倍以下罚金；后果特别严重的，处十年以上有期徒刑或者无期徒刑，并处销售金额百分之五十以上二倍以下罚金或者没收财产。

---

① 最高人民法院指导案例 70 号。

名词解释

医疗器械，是指用于人体疾病诊断、治疗、预防，调节人体生理功能或者替代人体器官的仪器、设备、材料、植入物和相关物品，如注射器、心脏起搏器、超声波诊断仪等。

医用卫生材料，是指用于诊断、治疗、预防人的疾病，调节人的生理功能的辅助材料，如医用纱布、药棉等。

◆ 第一百四十六条　生产、销售不符合安全标准的产品罪

生产不符合保障人身、财产安全的国家标准、行业标准的电器、压力容器、易燃易爆产品或者其他不符合保障人身、财产安全的国家标准、行业标准的产品，或者销售明知是以上不符合保障人身、财产安全的国家标准、行业标准的产品，造成严重后果的，处五年以下有期徒刑，并处销售金额百分之五十以上二倍以下罚金；后果特别严重的，处五年以上有期徒刑，并处销售金额百分之五十以上二倍以下罚金。

名词解释

电器，包括家用电器，如电视机、电冰箱、电热器、微波炉以及各种电信、电力器材等。

压力容器，是指锅炉、氧气瓶、煤气罐、压力锅等高压容器。

◆ 第一百四十七条　生产、销售伪劣农药、兽药、化肥、种子罪

生产假农药、假兽药、假化肥，销售明知是假的或者失去使用效能的农药、兽药、化肥、种子，或者生产者、销售者以不合

格的农药、兽药、化肥、种子冒充合格的农药、兽药、化肥、种子，使生产遭受较大损失的，处三年以下有期徒刑或者拘役，并处或者单处销售金额百分之五十以上二倍以下罚金；使生产遭受重大损失的，处三年以上七年以下有期徒刑，并处销售金额百分之五十以上二倍以下罚金；使生产遭受特别重大损失的，处七年以上有期徒刑或者无期徒刑，并处销售金额百分之五十以上二倍以下罚金或者没收财产。

名词解释

假农药、假兽药、假化肥，是指所含的成分与国家标准、行业标准不相符合或者以非农药、非化肥、非兽药冒充的农药、化肥、兽药。

典型案例

1. 王敏生产、销售伪劣种子案[①]

要旨：以同一科属的此品种种子冒充彼品种种子，属于刑法上的“假种子”。行为人对假种子进行小包装分装销售，使农业生产遭受较大损失的，应当以生产、销售伪劣种子罪追究刑事责任。

① 检例第61号。

2. 南京百分百公司等生产、销售伪劣农药案①

要旨：（1）未取得农药登记证的企业或者个人，借用他人农药登记证、生产许可证、质量标准证等许可证明文件生产、销售农药，使生产遭受较大损失的，以生产、销售伪劣农药罪追究刑事责任。（2）对于使用伪劣农药造成的农业生产损失，可采取田间试验的方法确定受损原因，并以农作物绝收折损面积、受害地区前三年该类农作物的平均亩产量和平均销售价格为基准，综合计算认定损失金额。

◆ 第一百四十八条　生产、销售不符合卫生标准的化妆品罪

生产不符合卫生标准的化妆品，或者销售明知是不符合卫生标准的化妆品，造成严重后果的，处三年以下有期徒刑或者拘役，并处或者单处销售金额百分之五十以上二倍以下罚金。

名词解释

化妆品，是指以涂擦、喷洒或者其他类似的方法，散布于人体表面的任何部位（皮肤、毛发、指甲、口唇等），以达到清洁、消除不良气味、护肤、美容和装饰作用的日用化学工业品，如护发素、洗发水、护肤霜、美容霜等日用化妆品，也包括染发剂、祛斑霜、脱毛剂等特殊用途的化妆品。

① 检例第62号。

◆ 第一百四十九条　对生产、销售伪劣商品行为的法条适用

生产、销售本节第一百四十一条至第一百四十八条所列产品，不构成各该条规定的犯罪，但是销售金额在五万元以上的，依照本节第一百四十条的规定定罪处罚。

生产、销售本节第一百四十一条至第一百四十八条所列产品，构成各该条规定的犯罪，同时又构成本节第一百四十条规定之罪的，依照处罚较重的规定定罪处罚。

◆ 第一百五十条　单位犯生产、销售伪劣商品罪的处罚规定

单位犯本节第一百四十条至第一百四十八条规定之罪的，对单位判处罚金，并对其直接负责的主管人员和其他直接责任人员，依照各该条的规定处罚。

第二节　走　私　罪

◆ 第一百五十一条　走私武器、弹药罪；走私核材料罪；走私假币罪

走私武器、弹药、核材料或者伪造的货币的，处七年以上有期徒刑，并处罚金或者没收财产；情节特别严重的，处无期徒刑，并处没收财产；情节较轻的，处三年以上七年以下有期徒刑，并处罚金。

◆ **走私文物罪；走私贵重金属罪；走私珍贵动物、珍贵动物制品罪**

走私国家禁止出口的文物、黄金、白银和其他贵重金属或者国家禁止进出口的珍贵动物及其制品的，处五年以上十年以下有期徒刑，并处罚金；情节特别严重的，处十年以上有期徒刑或者无期徒刑，并处没收财产；情节较轻的，处五年以下有期徒刑，并处罚金。

◆ **走私国家禁止进出口的货物、物品罪**

走私珍稀植物及其制品等国家禁止进出口的其他货物、物品的，处五年以下有期徒刑或者拘役，并处或者单处罚金；情节严重的，处五年以上有期徒刑，并处罚金。

单位犯本条规定之罪的，对单位判处罚金，并对其直接负责的主管人员和其他直接责任人员，依照本条各款的规定处罚。

名词解释

武器、弹药，是指各种军用武器、弹药和爆炸物以及其他类似军用武器、弹药和爆炸物等。

伪造的货币，是指伪造可在国内市场流通或者兑换的人民币、境外货币。

国家禁止出口的文物，是指国家馆藏一、二、三级文物及其他国家禁止出口的文物。

其他贵重金属，是指铂、铱、锇、钛等金属以及国家规定禁止出口的其他贵重金属。

◆ 第一百五十二条　走私淫秽物品罪

以牟利或者传播为目的，走私淫秽的影片、录像带、录音带、图片、书刊或者其他淫秽物品的，处三年以上十年以下有期徒刑，并处罚金；情节严重的，处十年以上有期徒刑或者无期徒刑，并处罚金或者没收财产；情节较轻的，处三年以下有期徒刑、拘役或者管制，并处罚金。

◆ 走私废物罪

逃避海关监管将境外固体废物、液态废物和气态废物运输进境，情节严重的，处五年以下有期徒刑，并处或者单处罚金；情节特别严重的，处五年以上有期徒刑，并处罚金。

单位犯前两款罪的，对单位判处罚金，并对其直接负责的主管人员和其他直接责任人员，依照前两款的规定处罚。

名词解释

以牟利为目的，是指行为人走私淫秽物品是为了出卖、出租或者通过其他方式牟取非法利益。

以传播为目的，是指行为人走私淫秽物品是为了在社会上传播、扩散。

◆ 第一百五十三条　走私普通货物、物品罪

走私本法第一百五十一条、第一百五十二条、第三百四十七条规定以外的货物、物品的，根据情节轻重，分别依照下列规定处罚：

（一）走私货物、物品偷逃应缴税额较大或者一年内曾因走

私被给予二次行政处罚后又走私的，处三年以下有期徒刑或者拘役，并处偷逃应缴税额一倍以上五倍以下罚金。

（二）走私货物、物品偷逃应缴税额巨大或者有其他严重情节的，处三年以上十年以下有期徒刑，并处偷逃应缴税额一倍以上五倍以下罚金。

（三）走私货物、物品偷逃应缴税额特别巨大或者有其他特别严重情节的，处十年以上有期徒刑或者无期徒刑，并处偷逃应缴税额一倍以上五倍以下罚金或者没收财产。

单位犯前款罪的，对单位判处罚金，并对其直接负责的主管人员和其他直接责任人员，处三年以下有期徒刑或者拘役；情节严重的，处三年以上十年以下有期徒刑；情节特别严重的，处十年以上有期徒刑。

对多次走私未经处理的，按照累计走私货物、物品的偷逃应缴税额处罚。

名词解释

应缴税额，包括进出口货物、物品应当缴纳的进出口关税和进口环节海关代征税的税额。应缴税额以走私行为实施时的税则、税率、汇率和完税价格计算；多次走私的，以每次走私行为实施时的税则、税率、汇率和完税价格逐票计算；走私行为实施时间不能确定的，以案发时的税则、税率、汇率和完税价格计算。

多次走私未经处理，包括未经行政处理和刑事处理。

实用问答

1. 如何认定本条规定的"偷逃应缴税额较大"？

答：根据《最高人民法院、最高人民检察院关于办理走私刑事案件适用法律若干问题的解释》第16条的规定，走私普通货物、物品，偷逃应缴税额在10万元以上不满50万元的，应当认定为"偷逃应缴税额较大"。

2. 如何认定本条规定的"偷逃应缴税额巨大"？

答：根据《最高人民法院、最高人民检察院关于办理走私刑事案件适用法律若干问题的解释》第16条的规定，偷逃应缴税额在50万元以上不满250万元的，应当认定为"偷逃应缴税额巨大"。

3. 如何认定本条规定的"偷逃应缴税额特别巨大"？

答：答：根据《最高人民法院、最高人民检察院关于办理走私刑事案件适用法律若干问题的解释》第16条的规定，偷逃应缴税额在250万元以上的，应当认定为"偷逃应缴税额特别巨大"。

◆ 第一百五十四条　走私普通货物、物品罪

下列走私行为，根据本节规定构成犯罪的，依照本法第一百五十三条的规定定罪处罚：

（一）未经海关许可并且未补缴应缴税额，擅自将批准进口的来料加工、来件装配、补偿贸易的原材料、零件、制成品、设备等保税货物，在境内销售牟利的；

（二）未经海关许可并且未补缴应缴税额，擅自将特定减税、免税进口的货物、物品，在境内销售牟利的。

名词解释

保税货物，是指经海关批准，未办理纳税手续进境，在境内储存、加工、装配后应予复运出境的货物，包括通过加工贸易、补偿贸易等方式进口的货物，以及在保税仓库、保税工厂、保税区或者免税商店内等储存、加工、寄售的货物。

销售牟利，是指行为人主观上为了牟取非法利益而擅自销售海关监管的保税货物、特定减免税货物。

◆ 第一百五十五条　以走私罪论处的间接走私行为

下列行为，以走私罪论处，依照本节的有关规定处罚：

（一）直接向走私人非法收购国家禁止进口物品的，或者直接向走私人非法收购走私进口的其他货物、物品，数额较大的；

（二）在内海、领海、界河、界湖运输、收购、贩卖国家禁止进出口物品的，或者运输、收购、贩卖国家限制进出口货物、物品，数额较大，没有合法证明的。

◆ 第一百五十六条　走私共犯

与走私罪犯通谋，为其提供贷款、资金、帐号、发票、证明，或者为其提供运输、保管、邮寄或者其他方便的，以走私罪的共犯论处。

◆ 第一百五十七条　武装掩护走私、抗拒缉私的处罚规定

武装掩护走私的，依照本法第一百五十一条第一款的规定从重处罚。

以暴力、威胁方法抗拒缉私的，以走私罪和本法第二百七十

七条规定的阻碍国家机关工作人员依法执行职务罪，依照数罪并罚的规定处罚。

名词解释

武装掩护走私，是指行为人携带武器用以保护走私活动的行为。其是最严重的走私行为之一，社会危害性极大。

第三节　妨害对公司、企业的管理秩序罪

◆ 第一百五十八条　虚报注册资本罪

申请公司登记使用虚假证明文件或者采取其他欺诈手段虚报注册资本，欺骗公司登记主管部门，取得公司登记，虚报注册资本数额巨大、后果严重或者有其他严重情节的，处三年以下有期徒刑或者拘役，并处或者单处虚报注册资本金额百分之一以上百分之五以下罚金。

单位犯前款罪的，对单位判处罚金，并对其直接负责的主管人员和其他直接责任人员，处三年以下有期徒刑或者拘役。

名词解释

证明文件，主要是指依法设立的注册会计师事务所和审计师事务所等法定验资机构依法对申请公司登记的人的出资所出具的验资报告、资产评估报告、验资证明等材料。

其他欺诈手段，主要是指采取贿赂等非法手段收买有关机关和

部门的工作人员，恶意串通，虚报注册资本，或者采用其他隐瞒事实真相的方法欺骗公司登记主管部门的行为。

公司登记主管部门，是指市场监督管理机关。

取得公司登记，是指经市场监督管理部门核准并发给“企业法人营业执照”，也包括取得公司设立登记和变更登记的情况。

◆ 第一百五十九条　虚假出资、抽逃出资罪

公司发起人、股东违反公司法的规定未交付货币、实物或者未转移财产权，虚假出资，或者在公司成立后又抽逃其出资，数额巨大、后果严重或者有其他严重情节的，处五年以下有期徒刑或者拘役，并处或者单处虚假出资金额或者抽逃出资金额百分之二以上百分之十以下罚金。

单位犯前款罪的，对单位判处罚金，并对其直接负责的主管人员和其他直接责任人员，处五年以下有期徒刑或者拘役。

◆ 第一百六十条　欺诈发行证券罪

在招股说明书、认股书、公司、企业债券募集办法等发行文件中隐瞒重要事实或者编造重大虚假内容，发行股票或者公司、企业债券、存托凭证或者国务院依法认定的其他证券，数额巨大、后果严重或者有其他严重情节的，处五年以下有期徒刑或者拘役，并处或者单处罚金；数额特别巨大、后果特别严重或者有其他特别严重情节的，处五年以上有期徒刑，并处罚金。

控股股东、实际控制人组织、指使实施前款行为的，处五年以下有期徒刑或者拘役，并处或者单处非法募集资金金额百分之二十以上一倍以下罚金；数额特别巨大、后果特别严重或者有其

他特别严重情节的，处五年以上有期徒刑，并处非法募集资金金额百分之二十以上一倍以下罚金。

单位犯前两款罪的，对单位判处非法募集资金金额百分之二十以上一倍以下罚金，并对其直接负责的主管人员和其他直接责任人员，依照第一款的规定处罚。

名词解释

隐瞒重要事实或者编造重大虚假内容，是指违反《公司法》《证券法》及其他有关法律、法规的规定，制作的招股说明书、认股书、公司、企业债券募集办法等发行文件的内容全部是虚构的，或者对其中重要的事项和部分内容作虚假的陈述或记载，或者对某些重要事实进行夸大或者隐瞒，或者故意遗漏有关的重要事项等。例如，虚构发起人认购股份数额；故意夸大公司、企业生产经营利润和公司、企业净资产额；对所筹资金的使用提出虚假的计划和虚假的经营生产项目；故意隐瞒公司、企业所负债务和正在进行的重大诉讼；故意遗漏公司、企业签订的重要合同等。

◆ 第一百六十一条　违规披露、不披露重要信息罪

依法负有信息披露义务的公司、企业向股东和社会公众提供虚假的或者隐瞒重要事实的财务会计报告，或者对依法应当披露的其他重要信息不按照规定披露，严重损害股东或者其他人利益，或者有其他严重情节的，对其直接负责的主管人员和其他直接责任人员，处五年以下有期徒刑或者拘役，并处或者单处罚金；情节特别严重的，处五年以上十年以下有期徒刑，并处罚金。

前款规定的公司、企业的控股股东、实际控制人实施或者组

织、指使实施前款行为的，或者隐瞒相关事项导致前款规定的情形发生的，依照前款的规定处罚。

犯前款罪的控股股东、实际控制人是单位的，对单位判处罚金，并对其直接负责的主管人员和其他直接责任人员，依照第一款的规定处罚。

实用问答

本条第 1 款规定的“依法应当披露的其他重要信息”包括哪些内容？

答：根据《公司法》《证券法》《银行业监督管理法》《证券投资基金法》等法律、法规的规定，“依法应当披露的其他重要信息”包括：招股说明书、债券募集办法、财务会计报告、上市报告等文件，上市公司年度报告、中期报告、临时报告及其他信息披露资料；金融机构的财务会计报告、风险管理状况、董事和高级管理人员变更以及其他重大事项等信息及基金信息、实际控制人、控股股东应当依法披露的重要信息等。

◆ 第一百六十二条　妨害清算罪

公司、企业进行清算时，隐匿财产，对资产负债表或者财产清单作虚伪记载或者在未清偿债务前分配公司、企业财产，严重损害债权人或者其他人利益的，对其直接负责的主管人员和其他直接责任人员，处五年以下有期徒刑或者拘役，并处或者单处二万元以上二十万元以下罚金。

名词解释

隐匿财产，是指将公司、企业财产予以转移、隐藏。公司、企业的财产既包括资金，也包括工具、设备、产品、货物等各种财物。

对资产负债表或者财产清单作虚伪记载，是指公司、企业在制作资产负债表或者财产清单时，故意采取隐瞒或者欺骗等方法，对资产负债或者财产清单进行虚报，以达到逃避公司、企业债务的目的。虚报公司、企业的财产，有时可能采用少报、低报的手段，故意隐瞒或者缩小公司、企业的实际财产的数额；有时也可能采取夸大的手段，多报公司、企业的实际资产，如将公司、企业的厂房、设备、产品的实际价值高估高报，用以抵销或者偿还债务；也有的对公司、企业现有债务状况进行夸张或不实记载，等等。

◆ 第一百六十二条之一　隐匿、故意销毁会计凭证、会计账簿、财务会计报告罪

隐匿或者故意销毁依法应当保存的会计凭证、会计帐簿、财务会计报告，情节严重的，处五年以下有期徒刑或者拘役，并处或者单处二万元以上二十万元以下罚金。

单位犯前款罪的，对单位判处罚金，并对其直接负责的主管人员和其他直接责任人员，依照前款的规定处罚。

名词解释

故意销毁，是指故意将应当依法保存的会计凭证、会计账簿、财务会计报告予以毁灭、损毁的行为。

会计凭证，是指记录经济业务发生和完成情况，明确经济责任，作为记账依据的书面证明。会计凭证包括原始凭证和记账凭证。

会计帐簿，是指由一定格式、相互联系的账页组成，以会计凭证为依据，用以序时地、分类地、全面地、系统地记录、反映和监督一个单位经济业务活动情况的会计簿籍。

财务会计报告，是指根据会计账簿记录和有关会计核算资料编制的反映单位财务状况和经营成果的报告文书。

◆ 第一百六十二条之二　虚假破产罪

公司、企业通过隐匿财产、承担虚构的债务或者以其他方法转移、处分财产，实施虚假破产，严重损害债权人或者其他人利益的，对其直接负责的主管人员和其他直接责任人员，处五年以下有期徒刑或者拘役，并处或者单处二万元以上二十万元以下罚金。

名词解释

隐匿财产，是指将公司、企业的财产予以转移、隐藏，或者对公司、企业的财产清单和资产负债表作虚假记载，或者采用少报、低报的手段，故意隐瞒、缩小公司、企业财产的实际数额。

承担虚构的债务，是指夸大公司、企业的负债状况，目的是造成公司资不抵债的假象。

以其他方法转移、处分财产，是指以隐匿财产、承担虚构的债务以外的方法转移、处分公司、企业的财产，如将公司、企业财产无偿或者以明显不合理的低价转让，以明显高于市场的价格受让财产，放弃公司、企业的债权等。

实施虚假破产，是“隐匿财产、承担虚构的债务或者以其他方法转移、处分财产”的目的，是本罪行为的本质特征，是指通过上述转移、处分财产的行为，造成本不符合法律规定的破产条件的公司、企业不能清偿到期债务或者资不抵债的假象，从而向人民法院申请宣告破产或者被债权人申请宣告破产，致使公司、企业进入有关法律规定的破产程序，实际上公司、企业并不符合法定破产条件，制造假象，欺骗人民法院实施虚假破产。

◆ 第一百六十三条　非国家工作人员受贿罪

公司、企业或者其他单位的工作人员，利用职务上的便利，索取他人财物或者非法收受他人财物，为他人谋取利益，数额较大的，处三年以下有期徒刑或者拘役，并处罚金；数额巨大或者有其他严重情节的，处三年以上十年以下有期徒刑，并处罚金；数额特别巨大或者有其他特别严重情节的，处十年以上有期徒刑或者无期徒刑，并处罚金。

公司、企业或者其他单位的工作人员在经济往来中，利用职务上的便利，违反国家规定，收受各种名义的回扣、手续费，归个人所有的，依照前款的规定处罚。

国有公司、企业或者其他国有单位中从事公务的人员和国有公司、企业或者其他国有单位委派到非国有公司、企业以及其他单位从事公务的人员有前两款行为的，依照本法第三百八十五条、第三百八十六条的规定定罪处罚。

名词解释

利用职务上的便利，是指公司、企业或者其他单位的工作人员利用自己职务上组织、领导、监管、主管、经管、负责某项工作的便利条件。

索取他人财物，主要是指公司、企业或者其他单位的工作人员以为他人谋取利益为条件，向他人索取财物。

非法收受他人财物，主要是指公司、企业或者其他单位的工作人员利用其职务上的便利或权力，接受他人主动送予的财物。

为他人谋取利益，从谋取利益的性质来看，既包括他人应当得到的合法的、正当的利益，也包括他人不应当得到的非法的、不正当的利益；从利益的实现方面看，包括已为他人谋取的利益、意图谋取或者正在谋取，但尚未谋取到的利益。

实用问答

实践中，哪些情形应当认定为“为他人谋取利益”？

答：根据《最高人民法院、最高人民检察院关于办理贪污贿赂刑事案件适用法律若干问题的解释》第13条的规定，具有下列情形之一的，应当认定为“为他人谋取利益”，构成犯罪的，应当依照《刑法》关于受贿犯罪的规定定罪处罚：（1）实际或者承诺为他人谋取利益的；（2）明知他人有具体请托事项的；（3）履职时未被请托，但事后基于该履职事由收受他人财物的。国家工作人员索取、收受具有上下级关系的下属或者具有行政管理关系的被管理人员的财物价值3万元以上，可能影响职权行使的，视为承诺为他人谋取利益。

◆ 第一百六十四条　对非国家工作人员行贿罪

为谋取不正当利益，给予公司、企业或者其他单位的工作人员以财物，数额较大的，处三年以下有期徒刑或者拘役，并处罚金；数额巨大的，处三年以上十年以下有期徒刑，并处罚金。

◆ 对外国公职人员、国际公共组织官员行贿罪

为谋取不正当商业利益，给予外国公职人员或者国际公共组织官员以财物的，依照前款的规定处罚。

单位犯前两款罪的，对单位判处罚金，并对其直接负责的主管人员和其他直接责任人员，依照第一款的规定处罚。

行贿人在被追诉前主动交待行贿行为的，可以减轻处罚或者免除处罚。

名词解释

谋取不正当利益，是指行贿人谋取违反法律、法规、规章或者政策规定的利益，或者要求对方违反法律、法规、规章、政策、行业规范的规定提供帮助或者方便条件。另外，在招标投标、政府采购等商业活动中，违背公平原则，给予相关人员财物以谋取竞争优势的，也属于“谋取不正当利益”。

财物，包括货币、物品和财产性利益。财产性利益包括可以折算为货币的物质利益如房屋装修、债务免除等，以及需要支付货币的其他利益如会员服务、旅游等。

为谋取不正当商业利益，是指行为人谋取违反法律、法规、规章或者政策规定的利益，或者要求对方违反法律、法规等提供帮助或者各种便利条件，以获取私利的情况。

外国公职人员，是指外国经任命或选举担任立法、行政、行政管理或者司法职务的人员，以及为外国国家及公共机构或者公营企业行使公共职能的人员。

国际公共组织官员，是指国际公务人员或者经国际组织授权代表该组织行事的人员。

主动交待，是指行贿人主动向司法机关或者其他有关部门如实交待其行贿事实。因司法机关调查或者其他有关部门查询而不得不交待的，或者为了避重就轻不如实交待的，均不属于本条中的“主动交待”。

实用问答

贿赂犯罪中的“财物”，具体指哪些内容？

答：根据《最高人民法院、最高人民检察院关于办理贪污贿赂刑事案件适用法律若干问题的解释》第12条的规定，贿赂犯罪中的“财物”，包括货币、物品和财产性利益。财产性利益包括可以折算为货币的物质利益如房屋装修、债务免除等，以及需要支付货币的其他利益如会员服务、旅游等。后者的犯罪数额，以实际支付或者应当支付的数额计算。

◆ 第一百六十五条　非法经营同类营业罪

国有公司、企业的董事、监事、高级管理人员，利用职务便利，自己经营或者为他人经营与其所任职公司、企业同类的营业，获取非法利益，数额巨大的，处三年以下有期徒刑或者拘役，并处或者单处罚金；数额特别巨大的，处三年以上七年以下有期徒刑，并处罚金。

其他公司、企业的董事、监事、高级管理人员违反法律、行政法规规定，实施前款行为，致使公司、企业利益遭受重大损失的，依照前款的规定处罚。

◆ 第一百六十六条　为亲友非法牟利罪

国有公司、企业、事业单位的工作人员，利用职务便利，有下列情形之一，致使国家利益遭受重大损失的，处三年以下有期徒刑或者拘役，并处或者单处罚金；致使国家利益遭受特别重大损失的，处三年以上七年以下有期徒刑，并处罚金：

（一）将本单位的盈利业务交由自己的亲友进行经营的；

（二）以明显高于市场的价格从自己的亲友经营管理的单位采购商品、接受服务或者以明显低于市场的价格向自己的亲友经营管理的单位销售商品、提供服务的；

（三）从自己的亲友经营管理的单位采购、接受不合格商品、服务的。

其他公司、企业的工作人员违反法律、行政法规规定，实施前款行为，致使公司、企业利益遭受重大损失的，依照前款的规定处罚。

◆ 第一百六十七条　签订、履行合同失职被骗罪

国有公司、企业、事业单位直接负责的主管人员，在签订、履行合同过程中，因严重不负责任被诈骗，致使国家利益遭受重大损失的，处三年以下有期徒刑或者拘役；致使国家利益遭受特别重大损失的，处三年以上七年以下有期徒刑。

◆ 第一百六十八条　国有公司、企业、事业单位人员失职罪；国有公司、企业、事业单位人员滥用职权罪

国有公司、企业的工作人员，由于严重不负责任或者滥用职权，造成国有公司、企业破产或者严重损失，致使国家利益遭受重大损失的，处三年以下有期徒刑或者拘役；致使国家利益遭受特别重大损失的，处三年以上七年以下有期徒刑。

国有事业单位的工作人员有前款行为，致使国家利益遭受重大损失的，依照前款的规定处罚。

国有公司、企业、事业单位的工作人员，徇私舞弊，犯前两款罪的，依照第一款的规定从重处罚。

名词解释

徇私舞弊，是指行为人徇个人私情、私利的行为。

典型案例

桑某受贿、国有公司人员滥用职权、利用未公开信息交易案①

要旨：检察机关在办理投融资领域受贿犯罪案件时，要准确认定利益输送行为的性质，着重审查投融资的背景、投融资方式、融资需求的真实性、行为人是否需要承担风险、风险与所获收益是否相符等证据。在办理国有公司人员滥用职权犯罪案件时，要客观认定行为造成公共财产损失的范围，对于国有公司应得而未获得的预期收益，可以认定为损失数额。在办理利用未公开信息交易犯罪案件时，对于内幕信息、未公开信息的范围、趋同性交易盈利数额等关键要件的认定，要调取证券监督管理部门、证券交易所等专业机构出具的认定意见，综合全案证据审查判断。

① 检例第188号。

◆ 第一百六十九条　徇私舞弊低价折股、出售国有资产罪

国有公司、企业或者其上级主管部门直接负责的主管人员，徇私舞弊，将国有资产低价折股或者低价出售，致使国家利益遭受重大损失的，处三年以下有期徒刑或者拘役；致使国家利益遭受特别重大损失的，处三年以上七年以下有期徒刑。

其他公司、企业直接负责的主管人员，徇私舞弊，将公司、企业资产低价折股或者低价出售，致使公司、企业利益遭受重大损失的，依照前款的规定处罚。

◆ 第一百六十九条之一　背信损害上市公司利益罪

上市公司的董事、监事、高级管理人员违背对公司的忠实义务，利用职务便利，操纵上市公司从事下列行为之一，致使上市公司利益遭受重大损失的，处三年以下有期徒刑或者拘役，并处或者单处罚金；致使上市公司利益遭受特别重大损失的，处三年以上七年以下有期徒刑，并处罚金：

（一）无偿向其他单位或者个人提供资金、商品、服务或者其他资产的；

（二）以明显不公平的条件，提供或者接受资金、商品、服务或者其他资产的；

（三）向明显不具有清偿能力的单位或者个人提供资金、商品、服务或者其他资产的；

（四）为明显不具有清偿能力的单位或者个人提供担保，或者无正当理由为其他单位或者个人提供担保的；

（五）无正当理由放弃债权、承担债务的；

（六）采用其他方式损害上市公司利益的。

上市公司的控股股东或者实际控制人，指使上市公司董事、

监事、高级管理人员实施前款行为的，依照前款的规定处罚。

犯前款罪的上市公司的控股股东或者实际控制人是单位的，对单位判处罚金，并对其直接负责的主管人员和其他直接责任人员，依照第一款的规定处罚。

第四节　破坏金融管理秩序罪

◆ 第一百七十条　伪造货币罪

伪造货币的，处三年以上十年以下有期徒刑，并处罚金；有下列情形之一的，处十年以上有期徒刑或者无期徒刑，并处罚金或者没收财产：

（一）伪造货币集团的首要分子；

（二）伪造货币数额特别巨大的；

（三）有其他特别严重情节的。

名词解释

伪造货币，是指仿照人民币或者外币的图案、色彩、形状等，使用印刷、复印、描绘、拓印等各种制作方法，将非货币的物质非法制造为假货币，冒充真货币的行为。同时，还包括实践中出现的制造货币版样的行为。

典型案例

郭四记、徐维伦等人伪造货币案①

要旨： 行为人为直接实施伪造货币人员提供专门用于伪造货币的技术或者物资的，应当认定其具有伪造货币的共同犯罪故意。通过网络积极宣传、主动为直接实施伪造货币人员提供伪造货币的关键技术、物资，或者明知他人有伪造货币意图，仍积极提供专门从事伪造货币相关技术、物资等，应当认定其在共同伪造货币犯罪中起主要作用，系主犯，对其实际参与的伪造货币犯罪总额负责。对于通过网络联络、分工负责、共同实施伪造货币犯罪案件，检察机关应当注重对伪造货币犯罪全链条依法追诉。

◆ 第一百七十一条　出售、购买、运输假币罪

出售、购买伪造的货币或者明知是伪造的货币而运输，数额较大的，处三年以下有期徒刑或者拘役，并处二万元以上二十万元以下罚金；数额巨大的，处三年以上十年以下有期徒刑，并处五万元以上五十万元以下罚金；数额特别巨大的，处十年以上有期徒刑或者无期徒刑，并处五万元以上五十万元以下罚金或者没收财产。

◆ 金融工作人员购买假币、以假币换取货币罪

银行或者其他金融机构的工作人员购买伪造的货币或者利用

① 检例第176号。

职务上的便利，以伪造的货币换取货币的，处三年以上十年以下有期徒刑，并处二万元以上二十万元以下罚金；数额巨大或者有其他严重情节的，处十年以上有期徒刑或者无期徒刑，并处二万元以上二十万元以下罚金或者没收财产；情节较轻的，处三年以下有期徒刑或者拘役，并处或者单处一万元以上十万元以下罚金。

伪造货币并出售或者运输伪造的货币的，依照本法第一百七十条的规定定罪从重处罚。

名词解释

银行，是指开发性金融机构（国家开发银行）、住房储蓄银行、政策性银行、商业银行、农村合作银行、村镇银行、农村和城市的信用合作社、农村资金互助社等。

其他金融机构，是指除银行以外的信托公司、证券公司、期货经纪公司、保险公司、金融资产管理公司、企业集团财务公司、金融租赁公司、汽车金融公司、货币经纪公司、消费金融公司、境外非银行金融机构驻华代表处等金融机构。

◆ 第一百七十二条　持有、使用假币罪

明知是伪造的货币而持有、使用，数额较大的，处三年以下有期徒刑或者拘役，并处或者单处一万元以上十万元以下罚金；数额巨大的，处三年以上十年以下有期徒刑，并处二万元以上二十万元以下罚金；数额特别巨大的，处十年以上有期徒刑，并处五万元以上五十万元以下罚金或者没收财产。

◆ 第一百七十三条　变造货币罪

变造货币，数额较大的，处三年以下有期徒刑或者拘役，并处或者单处一万元以上十万元以下罚金；数额巨大的，处三年以上十年以下有期徒刑，并处二万元以上二十万元以下罚金。

名词解释

变造货币，是指行为人在真人民币或外币的基础上或者以真货币为基本材料，通过挖补、剪接、涂改、揭层等加工处理，使原货币改变数量、形态和面值的行为。

◆ 第一百七十四条　擅自设立金融机构罪

未经国家有关主管部门批准，擅自设立商业银行、证券交易所、期货交易所、证券公司、期货经纪公司、保险公司或者其他金融机构的，处三年以下有期徒刑或者拘役，并处或者单处二万元以上二十万元以下罚金；情节严重的，处三年以上十年以下有期徒刑，并处五万元以上五十万元以下罚金。

◆ 伪造、变造、转让金融机构经营许可证、批准文件罪

伪造、变造、转让商业银行、证券交易所、期货交易所、证券公司、期货经纪公司、保险公司或者其他金融机构的经营许可证或者批准文件的，依照前款的规定处罚。

单位犯前两款罪的，对单位判处罚金，并对其直接负责的主管人员和其他直接责任人员，依照第一款的规定处罚。

◆ 第一百七十五条　高利转贷罪

以转贷牟利为目的，套取金融机构信贷资金高利转贷他人，违法所得数额较大的，处三年以下有期徒刑或者拘役，并处违法所得一倍以上五倍以下罚金；数额巨大的，处三年以上七年以下有期徒刑，并处违法所得一倍以上五倍以下罚金。

单位犯前款罪的，对单位判处罚金，并对其直接负责的主管人员和其他直接责任人员，处三年以下有期徒刑或者拘役。

名词解释

高利转贷他人，是指行为人以比金融机构贷款利率高的利率将套取的金融机构的信贷资金转贷他人，从中获取不法利益。

◆ 第一百七十五条之一　骗取贷款、票据承兑、金融票证罪

以欺骗手段取得银行或者其他金融机构贷款、票据承兑、信用证、保函等，给银行或者其他金融机构造成重大损失的，处三年以下有期徒刑或者拘役，并处或者单处罚金；给银行或者其他金融机构造成特别重大损失或者有其他特别严重情节的，处三年以上七年以下有期徒刑，并处罚金。

单位犯前款罪的，对单位判处罚金，并对其直接负责的主管人员和其他直接责任人员，依照前款的规定处罚。

名词解释

欺骗手段，是指行为人在取得银行或者其他金融机构的贷款、票据承兑、信用证、保函等信贷资金、信用时，采用的是虚构事实、

隐瞒真相等手段，掩盖了客观事实，骗取了银行或者其他金融机构的信任。比如，申请人在申请贷款的过程中有虚构事实、掩盖真相的情节，或者提供假证明、假材料。

贷款，是指贷款人向借款人提供的、按照借款合同的约定还本付息的货币资金。

票据承兑，是指汇票付款人承诺在汇票到期日支付汇票金额的票据行为，其目的在于使承兑人依票据载明的义务承担支付票据金额的义务。

信用证，是指开证银行根据客户（申请开证人）的请求或者自己主动向一方（受益人）所签发的一种书面约定，如果受益人满足了该书面约定的各项条款，开证银行即向受益人支付该书面约定的款项的凭证。实际上，信用证就是开证银行有条件地向受益人付款的书面凭证。

保函，是指银行以自身的信用为他人承担责任的担保文件，是重要的银行资信文件。

实用问答

高利转贷罪与贷款诈骗罪的区别有哪些？

答：高利转贷罪与贷款诈骗罪的区别在于：（1）犯罪的主观方面不同。前者主观上是以转贷牟利为目的，后者主观上是以非法占有为目的。（2）犯罪的客观方面不同。前者是套取金融机构信贷资金转贷他人，后者是采取《刑法》第193条明确规定的五种诈骗贷款的方式之一骗取金融机构的贷款的行为。

◆ 第一百七十六条　非法吸收公众存款罪

非法吸收公众存款或者变相吸收公众存款，扰乱金融秩序的，处三年以下有期徒刑或者拘役，并处或者单处罚金；数额巨大或者有其他严重情节的，处三年以上十年以下有期徒刑，并处罚金；数额特别巨大或者有其他特别严重情节的，处十年以上有期徒刑，并处罚金。

单位犯前款罪的，对单位判处罚金，并对其直接负责的主管人员和其他直接责任人员，依照前款的规定处罚。

有前两款行为，在提起公诉前积极退赃退赔，减少损害结果发生的，可以从轻或者减轻处罚。

名词解释

非法吸收公众存款，是指行为人违反国家法律、法规的规定在社会上以存款的形式公开吸收公众资金的行为。广义的非法吸收公众存款，包含两种情况：一是行为人不具有吸收存款的主体资格而吸收公众存款，破坏金融秩序；二是行为人具有吸收存款的主体资格，但是，其吸收公众存款所采用的方法是违法的。

存款，是指存款人将资金存入银行或者其他金融机构，银行或者其他金融机构向存款人支付利息，使其得到收益的一种经济活动。

公众存款，指的是存款人是不特定的群体的存款，如果存款人只是少数个人或者属于特定的范围，如仅限本单位的人员等，不能认为是公众存款。

变相吸收公众存款，是指行为人不以存款的名义而是通过其他形式吸收公众资金，从而达到吸收公众存款的目的的行为。

提起公诉，是指人民检察院对公安机关移送起诉的非法吸收公众存款案件，经全面审查，对事实清楚、证据确实充分、依法应当判处刑罚的，提交人民法院审判的诉讼活动。

退赃，是指将非法吸收的存款退回原所有人。

退赔，是指在非法吸收的存款无法直接退回的情况下，赔偿等值财产。

典型案例

杨卫国等人非法吸收公众存款案[①]

要旨：单位或个人假借开展网络借贷信息中介业务之名，未经依法批准，归集不特定公众的资金设立资金池，控制、支配资金池中的资金，并承诺还本付息的，构成非法吸收公众存款罪。

◆ 第一百七十七条　伪造、变造金融票证罪

有下列情形之一，伪造、变造金融票证的，处五年以下有期徒刑或者拘役，并处或者单处二万元以上二十万元以下罚金；情节严重的，处五年以上十年以下有期徒刑，并处五万元以上五十万元以下罚金；情节特别严重的，处十年以上有期徒刑或者无期徒刑，并处五万元以上五十万元以下罚金或者没收财产：

（一）伪造、变造汇票、本票、支票的；

（二）伪造、变造委托收款凭证、汇款凭证、银行存单等其他银行结算凭证的；

（三）伪造、变造信用证或者附随的单据、文件的；

① 检例第64号。

（四）伪造信用卡的。

单位犯前款罪的，对单位判处罚金，并对其直接负责的主管人员和其他直接责任人员，依照前款的规定处罚。

名词解释

汇票，是指出票人签发的，委托付款人在见票时或者在指定日期无条件支付确定的金额给收款人或者持票人的票据。汇票分为银行汇票和商业汇票。其中，“银行汇票”，是指汇款人将款项交存银行，由银行签发给汇款人持往异地办理转账结算或者支取现金的票据；“商业汇票”，是指由企业、事业、机关、团体等单位签发的汇票。

本票，是指出票人签发的，承诺自己在见票时无条件支付确定的金额给收款人或者持票人的票据。

支票，是指出票人签发的，委托办理支票存款业务的银行或者其他金融机构在见票时无条件支付确定的金额给收款人或者持票人的票据。

银行结算凭证，是指银行办理支付结算过程中用以表明结算法律关系的各种凭据和证明，主要分为有价单证、重要空白凭证和一般结算凭证，包括汇票、本票、支票以及委托收款凭证、汇款凭证、进账单等银行、单位和个人填写的各种结算凭证。

委托收款凭证，是指收款人在委托银行向付款人收取款项时，所填写提供的凭据和证明。委托收款凭证分为邮寄和电报划回两种，由收款人选择。

汇款凭证，是指汇款人委托银行将款项汇给收款人时，所填写的凭据和证明。

信用卡，是指由商业银行或者其他金融机构发行的具有消费支付、信用贷款、转账结算、存取现金等全部功能或者部分功能的电子支付卡。

实用问答

金融票证主要包括哪些凭证？

答：金融票证，主要包括汇票、本票、支票、信用证、信用卡或者附随的单据、文件，以及委托收款凭证、汇款凭证、银行存单等其他银行结算凭证等。

◆ 第一百七十七条之一　妨害信用卡管理罪

有下列情形之一，妨害信用卡管理的，处三年以下有期徒刑或者拘役，并处或者单处一万元以上十万元以下罚金；数量巨大或者有其他严重情节的，处三年以上十年以下有期徒刑，并处二万元以上二十万元以下罚金：

（一）明知是伪造的信用卡而持有、运输的，或者明知是伪造的空白信用卡而持有、运输，数量较大的；

（二）非法持有他人信用卡，数量较大的；

（三）使用虚假的身份证明骗领信用卡的；

（四）出售、购买、为他人提供伪造的信用卡或者以虚假的身份证明骗领的信用卡的。

◆ 窃取、收买、非法提供信用卡信息罪

窃取、收买或者非法提供他人信用卡信息资料的，依照前款规定处罚。

银行或者其他金融机构的工作人员利用职务上的便利，犯第二款罪的，从重处罚。

名词解释

虚假的身份证明，是指不能反映信用卡申领人真实身份信息的居民身份证、护照、军官证等身份证件，既包括伪造的假身份证明，也包括与信用卡申领人真实身份不符的其他人的身份证明。

实用问答

根据本条规定，构成妨害信用卡管理的犯罪，必须符合哪些构成要件？

答：构成妨害信用卡管理的犯罪，必须符合以下构成要件：（1）行为人主观上为故意，即明知自己的行为会发生妨害信用卡管理的后果，并希望这种结果发生。（2）行为人客观上实施了妨害信用卡管理的行为。

◆ 第一百七十八条　伪造、变造国家有价证券罪

伪造、变造国库券或者国家发行的其他有价证券，数额较大的，处三年以下有期徒刑或者拘役，并处或者单处二万元以上二十万元以下罚金；数额巨大的，处三年以上十年以下有期徒刑，并处五万元以上五十万元以下罚金；数额特别巨大的，处十年以上有期徒刑或者无期徒刑，并处五万元以上五十万元以下罚金或者没收财产。

◆ 伪造、变造股票、公司、企业债券罪

伪造、变造股票或者公司、企业债券，数额较大的，处三年以下有期徒刑或者拘役，并处或者单处一万元以上十万元以下罚金；数额巨大的，处三年以上十年以下有期徒刑，并处二万元以

上二十万元以下罚金。

单位犯前两款罪的，对单位判处罚金，并对其直接负责的主管人员和其他直接责任人员，依照前两款的规定处罚。

名词解释

股票，是股份有限公司为筹集资金发给股东的入股凭证，是代表股份资本所有权的证书和股东借以取得股息和红利的一种有价证券。

公司、企业债券，是指公司、企业依照法定程序发行的、约定在一定期限还本付息的有价证券。随着资本市场的发展，公司、企业债券的类型还在不断丰富。

◆ 第一百七十九条　擅自发行股票、公司、企业债券罪

未经国家有关主管部门批准，擅自发行股票或者公司、企业债券，数额巨大、后果严重或者有其他严重情节的，处五年以下有期徒刑或者拘役，并处或者单处非法募集资金金额百分之一以上百分之五以下罚金。

单位犯前款罪的，对单位判处罚金，并对其直接负责的主管人员和其他直接责任人员，处五年以下有期徒刑或者拘役。

◆ 第一百八十条　内幕交易、泄露内幕信息罪

证券、期货交易内幕信息的知情人员或者非法获取证券、期货交易内幕信息的人员，在涉及证券的发行，证券、期货交易或者其他对证券、期货交易价格有重大影响的信息尚未公开前，买

入或者卖出该证券，或者从事与该内幕信息有关的期货交易，或者泄露该信息，或者明示、暗示他人从事上述交易活动，情节严重的，处五年以下有期徒刑或者拘役，并处或者单处违法所得一倍以上五倍以下罚金；情节特别严重的，处五年以上十年以下有期徒刑，并处违法所得一倍以上五倍以下罚金。

单位犯前款罪的，对单位判处罚金，并对其直接负责的主管人员和其他直接责任人员，处五年以下有期徒刑或者拘役。

内幕信息、知情人员的范围，依照法律、行政法规的规定确定。

◆ 利用未公开信息交易罪

证券交易所、期货交易所、证券公司、期货经纪公司、基金管理公司、商业银行、保险公司等金融机构的从业人员以及有关监管部门或者行业协会的工作人员，利用因职务便利获取的内幕信息以外的其他未公开的信息，违反规定，从事与该信息相关的证券、期货交易活动，或者明示、暗示他人从事相关交易活动，情节严重的，依照第一款的规定处罚。

名词解释

内幕信息，是指可能对期货交易价格产生重大影响的尚未公开的信息，包括：国务院期货监督管理机构以及其他相关部门制定的对期货交易价格可能发生重大影响的政策，期货交易所作出的可能对期货交易价格发生重大影响的决定，期货交易所会员、客户的资金和交易动向以及国务院期货监督管理机构认定的对期货交易价格有显著影响的其他重要信息。

内幕信息的知情人员，是指由于其管理地位、监督地位或者职业地位，或者作为雇员、专业顾问履行职务，能够接触或者获得内幕信息的人员，包括：期货交易所的管理人员以及其他由于任职可获取内幕信息的从业人员，国务院期货监督管理机构和其他有关部门的工作人员以及国务院期货监督管理机构规定的其他人员。

非法获取证券、期货交易内幕信息的人员，是指利用骗取、套取、偷听、监听或者私下交易等手段获取证券、期货交易内幕信息的人员。

典型案例

1. 马乐利用未公开信息交易案[①]

要旨：《刑法》第180条第4款利用未公开信息交易罪为援引法定刑的情形，应当是对第1款法定刑的全部援引。其中，“情节严重”是入罪标准，在处罚上应当依照本条第1款内幕交易、泄露内幕信息罪的全部法定刑处罚，即区分不同情形分别依照第1款规定的“情节严重”和“情节特别严重”两个量刑档次处罚。

2. 王鹏等人利用未公开信息交易案[②]

要旨：具有获取未公开信息职务便利条件的金融机构从业人员及其近亲属从事相关证券交易行为明显异常，且与未公开信息相关

① 检例第24号。
② 检例第65号。

交易高度趋同，即使其拒不供述未公开信息传递过程等犯罪事实，但其他证据之间相互印证，能够形成证明利用未公开信息犯罪的完整证明体系，足以排除其他可能的，可以依法认定犯罪事实。

◆ 第一百八十一条　编造并传播证券、期货交易虚假信息罪

编造并且传播影响证券、期货交易的虚假信息，扰乱证券、期货交易市场，造成严重后果的，处五年以下有期徒刑或者拘役，并处或者单处一万元以上十万元以下罚金。

◆ 诱骗投资者买卖证券、期货合约罪

证券交易所、期货交易所、证券公司、期货经纪公司的从业人员，证券业协会、期货业协会或者证券期货监督管理部门的工作人员，故意提供虚假信息或者伪造、变造、销毁交易记录，诱骗投资者买卖证券、期货合约，造成严重后果的，处五年以下有期徒刑或者拘役，并处或者单处一万元以上十万元以下罚金；情节特别恶劣的，处五年以上十年以下有期徒刑，并处二万元以上二十万元以下罚金。

单位犯前两款罪的，对单位判处罚金，并对其直接负责的主管人员和其他直接责任人员，处五年以下有期徒刑或者拘役。

◆ 第一百八十二条　操纵证券、期货市场罪

有下列情形之一，操纵证券、期货市场，影响证券、期货交易价格或者证券、期货交易量，情节严重的，处五年以下有期徒刑或者拘役，并处或者单处罚金；情节特别严重的，处五年以上十年以下有期徒刑，并处罚金：

（一）单独或者合谋，集中资金优势、持股或者持仓优势或者利用信息优势联合或者连续买卖的；

（二）与他人串通，以事先约定的时间、价格和方式相互进行证券、期货交易的；

（三）在自己实际控制的帐户之间进行证券交易，或者以自己为交易对象，自买自卖期货合约的；

（四）不以成交为目的，频繁或者大量申报买入、卖出证券、期货合约并撤销申报的；

（五）利用虚假或者不确定的重大信息，诱导投资者进行证券、期货交易的；

（六）对证券、证券发行人、期货交易标的公开作出评价、预测或者投资建议，同时进行反向证券交易或者相关期货交易的；

（七）以其他方法操纵证券、期货市场的。

单位犯前款罪的，对单位判处罚金，并对其直接负责的主管人员和其他直接责任人员，依照前款的规定处罚。

名词解释

期货合约，是指由期货交易所统一制定的、规定在将来某一特定的时间和地点交割一定数量和质量商品的标准化合约。

◆ 第一百八十三条　保险公司工作人员虚假理赔的犯罪及处罚

保险公司的工作人员利用职务上的便利，故意编造未曾发生的保险事故进行虚假理赔，骗取保险金归自己所有的，依照本法第二百七十一条的规定定罪处罚。

国有保险公司工作人员和国有保险公司委派到非国有保险公司从事公务的人员有前款行为的，依照本法第三百八十二条、第三百八十三条的规定定罪处罚。

名词解释

保险，是指投保人根据合同约定，向保险人支付保险费，保险人对于合同约定的可能发生的事故因其发生所造成的财产损失承担赔偿保险金责任，或者当被保险人死亡、伤残、疾病或者达到合同约定的年龄、期限等条件时承担给付保险金责任的商业保险行为。

保险公司，是指与投保人订立保险合同，并承担赔偿或者给付保险金责任的保险人。

保险事故，是指保险合同约定的保险责任范围内的事故。

◆ 第一百八十四条　非国家工作人员受贿罪

银行或者其他金融机构的工作人员在金融业务活动中索取他人财物或者非法收受他人财物，为他人谋取利益的，或者违反国家规定，收受各种名义的回扣、手续费，归个人所有的，依照本法第一百六十三条的规定定罪处罚。

◆ 受贿罪

国有金融机构工作人员和国有金融机构委派到非国有金融机构从事公务的人员有前款行为的，依照本法第三百八十五条、第三百八十六条的规定定罪处罚。

名词解释

金融业务活动，是指银行办理的吸收公众存款，发放短期、中期和长期贷款，办理国内外结算，办理票据贴现，发行金融债券，代理发行、代理兑付、承销政府债券，买卖政府债券，从事同业拆借，买卖、代理外汇，提供信用证服务及担保，代理收付款项及代理保险业务，提供保管箱服务等业务，以及其他金融机构办理的保险、信托、证券、外汇、期货、金融租赁等业务。

索取他人财物，是指行为人向他人索要财物及财产性利益，或者以各种方式提示对方行贿。

非法收受他人财物，是指行为人接受对方给予的财物及财产性利益。

◆ 第一百八十五条　挪用资金罪

商业银行、证券交易所、期货交易所、证券公司、期货经纪公司、保险公司或者其他金融机构的工作人员利用职务上的便利，挪用本单位或者客户资金的，依照本法第二百七十二条的规定定罪处罚。

◆ 挪用公款罪

国有商业银行、证券交易所、期货交易所、证券公司、期货经纪公司、保险公司或者其他国有金融机构的工作人员和国有商业银行、证券交易所、期货交易所、证券公司、期货经纪公司、保险公司或者其他国有金融机构委派到前款规定中的非国有机构从事公务的人员有前款行为的，依照本法第三百八十四条的规定定罪处罚。

◆ 第一百八十五条之一　背信运用受托财产罪

商业银行、证券交易所、期货交易所、证券公司、期货经纪公司、保险公司或者其他金融机构，违背受托义务，擅自运用客户资金或者其他委托、信托的财产，情节严重的，对单位判处罚金，并对其直接负责的主管人员和其他直接责任人员，处三年以下有期徒刑或者拘役，并处三万元以上三十万元以下罚金；情节特别严重的，处三年以上十年以下有期徒刑，并处五万元以上五十万元以下罚金。

◆ 违法运用资金罪

社会保障基金管理机构、住房公积金管理机构等公众资金管理机构，以及保险公司、保险资产管理公司、证券投资基金管理公司，违反国家规定运用资金的，对其直接负责的主管人员和其他直接责任人员，依照前款的规定处罚。

◆ 第一百八十六条　违法发放贷款罪

银行或者其他金融机构的工作人员违反国家规定发放贷款，数额巨大或者造成重大损失的，处五年以下有期徒刑或者拘役，并处一万元以上十万元以下罚金；数额特别巨大或者造成特别重大损失的，处五年以上有期徒刑，并处二万元以上二十万元以下罚金。

银行或者其他金融机构的工作人员违反国家规定，向关系人发放贷款的，依照前款的规定从重处罚。

单位犯前两款罪的，对单位判处罚金，并对其直接负责的主管人员和其他直接责任人员，依照前两款的规定处罚。

关系人的范围，依照《中华人民共和国商业银行法》和有关金融法规确定。

名词解释

贷款，是银行或者其他金融机构通过一定的程序将资金附条件地借给单位和个人使用的一种金融活动。根据贷款用途，贷款可分为：经营性贷款、消费性贷款等；根据贷款的偿还期限，贷款可分为：活期贷款、定期贷款、透支等；根据贷款的保障程度，贷款可分为：抵押贷款、信用贷款等。

◆ 第一百八十七条　吸收客户资金不入账罪

银行或者其他金融机构的工作人员吸收客户资金不入帐，数额巨大或者造成重大损失的，处五年以下有期徒刑或者拘役，并处二万元以上二十万元以下罚金；数额特别巨大或者造成特别重大损失的，处五年以上有期徒刑，并处五万元以上五十万元以下罚金。

单位犯前款罪的，对单位判处罚金，并对其直接负责的主管人员和其他直接责任人员，依照前款的规定处罚。

名词解释

吸收客户资金不入帐，是指违反金融法律、法规，对收受客户的存款资金不如实记入银行或者其他金融机构存款账目，账目上反映不出这笔新增款项业务，或者账目上的记载与出具给储户的存单、存折上的记载不相符。

◆ 第一百八十八条　违规出具金融票证罪

银行或者其他金融机构的工作人员违反规定，为他人出具信用证或者其他保函、票据、存单、资信证明，情节严重的，处五年以下有期徒刑或者拘役；情节特别严重的，处五年以上有期徒刑。

单位犯前款罪的，对单位判处罚金，并对其直接负责的主管人员和其他直接责任人员，依照前款的规定处罚。

名词解释

资信证明，是指证明个人或者单位经济实力的文件，广义的资信证明包括票据、银行存单、房契、地契以及其他各种产权证明等，此外，还包括由银行出具的有关财产方面的委托书、协议书等。

◆ 第一百八十九条　对违法票据承兑、付款、保证罪

银行或者其他金融机构的工作人员在票据业务中，对违反票据法规定的票据予以承兑、付款或者保证，造成重大损失的，处五年以下有期徒刑或者拘役；造成特别重大损失的，处五年以上有期徒刑。

单位犯前款罪的，对单位判处罚金，并对其直接负责的主管人员和其他直接责任人员，依照前款的规定处罚。

名词解释

承兑，是指汇票付款人承诺在汇票到期日支付汇票金额的票据行为，承兑系汇票所特有的一种法律制度，仅适用于汇票，其目的

在于使承兑人依票据载明的义务承担支付票据金额的义务。

付款，是指汇票的付款人或者代理付款人支付汇票金额以消灭票据关系的附属票据行为。

◆ 第一百九十条　逃汇罪

公司、企业或者其他单位，违反国家规定，擅自将外汇存放境外，或者将境内的外汇非法转移到境外，数额较大的，对单位判处逃汇数额百分之五以上百分之三十以下罚金，并对其直接负责的主管人员和其他直接责任人员，处五年以下有期徒刑或者拘役；数额巨大或者有其他严重情节的，对单位判处逃汇数额百分之五以上百分之三十以下罚金，并对其直接负责的主管人员和其他直接责任人员，处五年以上有期徒刑。

◆ 第一百九十一条　洗钱罪

为掩饰、隐瞒毒品犯罪、黑社会性质的组织犯罪、恐怖活动犯罪、走私犯罪、贪污贿赂犯罪、破坏金融管理秩序犯罪、金融诈骗犯罪的所得及其产生的收益的来源和性质，有下列行为之一的，没收实施以上犯罪的所得及其产生的收益，处五年以下有期徒刑或者拘役，并处或者单处罚金；情节严重的，处五年以上十年以下有期徒刑，并处罚金：

（一）提供资金帐户的；

（二）将财产转换为现金、金融票据、有价证券的；

（三）通过转帐或者其他支付结算方式转移资金的；

（四）跨境转移资产的；

（五）以其他方法掩饰、隐瞒犯罪所得及其收益的来源和性质的。

单位犯前款罪的，对单位判处罚金，并对其直接负责的主管人员和其他直接责任人员，依照前款的规定处罚。

名词解释

跨境转移资产，是指以各种方式将犯罪所得的资产转移到境外的国家或地区，兑换成外币、动产、不动产等；或者将犯罪所得的资产从境外转移到境内，兑换成人民币、动产、不动产等。

典型案例

彭旭峰受贿，贾斯语受贿、洗钱违法所得没收案[1]

要旨：对于跨境转移贪污贿赂所得的洗钱犯罪案件，检察机关应当依法适用特别程序追缴贪污贿赂违法所得。对于犯罪嫌疑人、被告人转移至境外的财产，如果有证据证明具有高度可能属于违法所得及其他涉案财产的，可以依法申请予以没收。对于共同犯罪的主犯逃匿境外，其他共同犯罪人已经在境内依照普通刑事诉讼程序处理的案件，应当充分考虑主犯应对全案事实负责以及国际刑事司法协助等因素，依法审慎适用特别程序追缴违法所得。

① 检例第128号。

第五节　金融诈骗罪

◆ 第一百九十二条　集资诈骗罪

以非法占有为目的，使用诈骗方法非法集资，数额较大的，处三年以上七年以下有期徒刑，并处罚金；数额巨大或者有其他严重情节的，处七年以上有期徒刑或者无期徒刑，并处罚金或者没收财产。

单位犯前款罪的，对单位判处罚金，并对其直接负责的主管人员和其他直接责任人员，依照前款的规定处罚。

名词解释

非法集资，是指违反国家金融管理法规，向社会公众（包括单位和个人）吸收资金的行为。

典型案例

1. 周辉集资诈骗案[①]

要旨： 网络借贷信息中介机构或其控制人，利用网络借贷平台发布虚假信息，非法建立资金池募集资金，所得资金大部分未用于生产经营活动，主要用于借新还旧和个人挥霍，无法归还所募资金数额巨大，应认定为

---

① 检例第40号。

具有非法占有目的，以集资诈骗罪追究刑事责任。

2. 张业强等人非法集资案[1]

要旨： 违反私募基金管理有关规定，以发行销售私募基金形式公开宣传，向社会公众吸收资金，并承诺还本付息的，属于变相非法集资。向私募基金投资者隐瞒未将募集资金用于约定项目的事实，虚构投资项目经营情况，应当认定为使用诈骗方法。非法集资人虽然将部分集资款投入生产经营活动，但投资随意，明知经营活动盈利能力不具有支付本息的现实可能性，仍然向社会公众大规模吸收资金，还本付息主要通过募新还旧实现，致使集资款不能返还的，应当认定其具有非法占有目的。在共同犯罪或者单位犯罪中，应当根据非法集资人是否具有非法占有目的，认定其构成集资诈骗罪还是非法吸收公众存款罪。检察机关应当围绕私募基金宣传推介方式、收益分配规则、投资人信息、资金实际去向等重点判断非法集资人是否具有非法占有目的，针对性开展指控证明工作。

◆ 第一百九十三条　贷款诈骗罪

有下列情形之一，以非法占有为目的，诈骗银行或者其他金融机构的贷款，数额较大的，处五年以下有期徒刑或者拘役，并处二万元以上二十万元以下罚金；数额巨大或者有其他严重情节的，处五年以上十年以下有期徒刑，并处五万元以上五十万元以下罚金；数额特别巨大或者有其他特别严重情节的，处十年以上

① 检例第175号。

有期徒刑或者无期徒刑，并处五万元以上五十万元以下罚金或者没收财产：

（一）编造引进资金、项目等虚假理由的；

（二）使用虚假的经济合同的；

（三）使用虚假的证明文件的；

（四）使用虚假的产权证明作担保或者超出抵押物价值重复担保的；

（五）以其他方法诈骗贷款的。

实用问答

实践中，使用诈骗方法非法集资，哪些情形可以认定为“以非法占有为目的”？

答：根据《最高人民法院关于审理非法集资刑事案件具体应用法律若干问题的解释》第7条第2款的规定，使用诈骗方法非法集资，具有下列情形之一的，可以认定为“以非法占有为目的”：（1）集资后不用于生产经营活动或者用于生产经营活动与筹集资金规模明显不成比例，致使集资款不能返还的；（2）肆意挥霍集资款，致使集资款不能返还的；（3）携带集资款逃匿的；（4）将集资款用于违法犯罪活动的；（5）抽逃、转移资金、隐匿财产，逃避返还资金的；（6）隐匿、销毁账目，或者搞假破产、假倒闭，逃避返还资金的；（7）拒不交代资金去向，逃避返还资金的；（8）其他可以认定非法占有目的的情形。

◆ 第一百九十四条　票据诈骗罪

有下列情形之一，进行金融票据诈骗活动，数额较大的，处五年以下有期徒刑或者拘役，并处二万元以上二十万元以下罚金；数额巨大或者有其他严重情节的，处五年以上十年以下有期徒刑，并处五万元以上五十万元以下罚金；数额特别巨大或者有其他特别严重情节的，处十年以上有期徒刑或者无期徒刑，并处五万元以上五十万元以下罚金或者没收财产：

（一）明知是伪造、变造的汇票、本票、支票而使用的；

（二）明知是作废的汇票、本票、支票而使用的；

（三）冒用他人的汇票、本票、支票的；

（四）签发空头支票或者与其预留印鉴不符的支票，骗取财物的；

（五）汇票、本票的出票人签发无资金保证的汇票、本票或者在出票时作虚假记载，骗取财物的。

◆ 金融凭证诈骗罪

使用伪造、变造的委托收款凭证、汇款凭证、银行存单等其他银行结算凭证的，依照前款的规定处罚。

名词解释

空头支票，是指出票人所签发的支票金额超过其付款时在付款人处实有的存款金额的支票。

出票人，是指依法定方式制作汇票、本票并在这些票据上签章，将汇票、本票交付给收款人的人。

◆ 第一百九十五条　信用证诈骗罪

有下列情形之一，进行信用证诈骗活动的，处五年以下有期徒刑或者拘役，并处二万元以上二十万元以下罚金；数额巨大或者有其他严重情节的，处五年以上十年以下有期徒刑，并处五万元以上五十万元以下罚金；数额特别巨大或者有其他特别严重情节的，处十年以上有期徒刑或者无期徒刑，并处五万元以上五十万元以下罚金或者没收财产：

（一）使用伪造、变造的信用证或者附随的单据、文件的；

（二）使用作废的信用证的；

（三）骗取信用证的；

（四）以其他方法进行信用证诈骗活动的。

名词解释

伪造的信用证，是指行为人采用描绘、复制、印刷等方法仿照信用证的格式、内容制造假信用证的行为或以其编造、冒用的某银行的名义开出假信用证的行为。

变造的信用证，是指行为人在原信用证的基础上，采用涂改、剪贴、挖补等方法改变原信用证的内容和主要条款使其成为虚假的信用证的行为。

作废的信用证，一般是指失去效用的、银行不再负有承兑义务的信用证。在本条应当作广义理解，包括如已过到期日或交单日的信用证，不具备有效条件的信用证，已经撤销或注销的信用证等。

骗取信用证，是指行为人编造虚假的事实或隐瞒事实真相，欺骗银行为其开具信用证的行为。包括行为人编造虚假的不存在的交易事实，欺骗开证银行为其开立信用证，或者行为人根本无货或没有符合要求的货物、隐瞒企业经营不佳状况或以投资为名等，诱使他人向银行开立以其本人为受益人的信用证的情形。

◆ 第一百九十六条　信用卡诈骗罪

有下列情形之一，进行信用卡诈骗活动，数额较大的，处五年以下有期徒刑或者拘役，并处二万元以上二十万元以下罚金；数额巨大或者有其他严重情节的，处五年以上十年以下有期徒刑，并处五万元以上五十万元以下罚金；数额特别巨大或者有其他特别严重情节的，处十年以上有期徒刑或者无期徒刑，并处五万元以上五十万元以下罚金或者没收财产：

（一）使用伪造的信用卡，或者使用以虚假的身份证明骗领的信用卡的；

（二）使用作废的信用卡的；

（三）冒用他人信用卡的；

（四）恶意透支的。

前款所称恶意透支，是指持卡人以非法占有为目的，超过规定限额或者规定期限透支，并且经发卡银行催收后仍不归还的行为。

◆ 盗窃罪

盗窃信用卡并使用的，依照本法第二百六十四条的规定定罪处罚。

名词解释

规定限额或者规定期限，是指有关主管部门规章和发卡银行规定中规定的透支限额或者透支期限。

催收，是指发卡银行以函件、电话、电子邮件等各种方式催促持卡人归还透支款项的行为。

◆ 第一百九十七条　有价证券诈骗罪

使用伪造、变造的国库券或者国家发行的其他有价证券，进行诈骗活动，数额较大的，处五年以下有期徒刑或者拘役，并处二万元以上二十万元以下罚金；数额巨大或者有其他严重情节的，处五年以上十年以下有期徒刑，并处五万元以上五十万元以下罚金；数额特别巨大或者有其他特别严重情节的，处十年以上有期徒刑或者无期徒刑，并处五万元以上五十万元以下罚金或者没收财产。

◆ 第一百九十八条　保险诈骗罪

有下列情形之一，进行保险诈骗活动，数额较大的，处五年以下有期徒刑或者拘役，并处一万元以上十万元以下罚金；数额巨大或者有其他严重情节的，处五年以上十年以下有期徒刑，并处二万元以上二十万元以下罚金；数额特别巨大或者有其他特别严重情节的，处十年以上有期徒刑，并处二万元以上二十万元以下罚金或者没收财产：

（一）投保人故意虚构保险标的，骗取保险金的；

（二）投保人、被保险人或者受益人对发生的保险事故编造虚假的原因或者夸大损失的程度，骗取保险金的；

（三）投保人、被保险人或者受益人编造未曾发生的保险事故，骗取保险金的；

（四）投保人、被保险人故意造成财产损失的保险事故，骗取保险金的；

（五）投保人、受益人故意造成被保险人死亡、伤残或者疾病，骗取保险金的。

有前款第四项、第五项所列行为，同时构成其他犯罪的，依照数罪并罚的规定处罚。

单位犯第一款罪的，对单位判处罚金，并对其直接负责的主管人员和其他直接责任人员，处五年以下有期徒刑或者拘役；数额巨大或者有其他严重情节的，处五年以上十年以下有期徒刑；数额特别巨大或者有其他特别严重情节的，处十年以上有期徒刑。

保险事故的鉴定人、证明人、财产评估人故意提供虚假的证明文件，为他人诈骗提供条件的，以保险诈骗的共犯论处。

◆ 第一百九十九条[①] 金融诈骗罪适用死刑和没收财产的规定

~~犯本节第一百九十二条规定之罪，数额特别巨大并且给国家和人民利益造成特别重大损失的，处无期徒刑或者死刑，并处没收财产。~~

◆ 第二百条 单位犯金融诈骗罪的处罚规定

单位犯本节第一百九十四条、第一百九十五条规定之罪的，对单位判处罚金，并对其直接负责的主管人员和其他直接责任人员，处五年以下有期徒刑或者拘役，可以并处罚金；数额巨大或者有其他严重情节的，处五年以上十年以下有期徒刑，并处罚金；数额特别巨大或者有其他特别严重情节的，处十年以上有期徒刑或者无期徒刑，并处罚金。

---

① 本条根据2015年8月29日《刑法修正案（九）》删除。

名词解释

直接负责的主管人员，是在单位实施的犯罪中起决定、批准、授意、指挥等作用的人员，一般是单位的主管负责人，包括法定代表人。

其他直接责任人员，是在单位犯罪中具体实施犯罪并起较大作用的人员。

第六节　危害税收征管罪

◆ 第二百零一条　逃税罪

纳税人采取欺骗、隐瞒手段进行虚假纳税申报或者不申报，逃避缴纳税款数额较大并且占应纳税额百分之十以上的，处三年以下有期徒刑或者拘役，并处罚金；数额巨大并且占应纳税额百分之三十以上的，处三年以上七年以下有期徒刑，并处罚金。

扣缴义务人采取前款所列手段，不缴或者少缴已扣、已收税款，数额较大的，依照前款的规定处罚。

对多次实施前两款行为，未经处理的，按照累计数额计算。

有第一款行为，经税务机关依法下达追缴通知后，补缴应纳税款，缴纳滞纳金，已受行政处罚的，不予追究刑事责任；但是，五年内因逃避缴纳税款受过刑事处罚或者被税务机关给予二次以上行政处罚的除外。

名词解释

纳税人，是指根据法律和行政法规的规定负有纳税义务的单位和个人，包括未按照规定办理税务登记的从事生产、经营的纳税人以及临时从事经营的纳税人。

虚假纳税申报，是指纳税人或者扣缴义务人向税务机关报送虚假的纳税申报表、财务报表、代扣代缴、代收代缴税款报告表或者其他纳税申报资料，如提供虚假申请，编造减税、免税、抵税、先征收后退还税款等虚假资料等。

应纳税额，是指某一法定纳税期限或者税务机关依法核定的纳税期间内应纳税额的总和。

◆ 第二百零二条　抗税罪

以暴力、威胁方法拒不缴纳税款的，处三年以下有期徒刑或者拘役，并处拒缴税款一倍以上五倍以下罚金；情节严重的，处三年以上七年以下有期徒刑，并处拒缴税款一倍以上五倍以下罚金。

实用问答

实践中，实施抗税行为的哪些情形可以认定为本条规定的“情节严重”？

答：根据《最高人民法院关于审理偷税抗税刑事案件具体应用法律若干问题的解释》第5条的规定，实施抗税行为具有下列情形之一的，属于《刑法》第202条规定的“情节严重”：（1）聚众抗税的首要分子；（2）抗税数额在10万元以上的；（3）多次抗税的；（4）故意伤害致人轻伤的；（5）具有其他严重情节。

◆ 第二百零三条　逃避追缴欠税罪

纳税人欠缴应纳税款，采取转移或者隐匿财产的手段，致使税务机关无法追缴欠缴的税款，数额在一万元以上不满十万元的，处三年以下有期徒刑或者拘役，并处或者单处欠缴税款一倍以上五倍以下罚金；数额在十万元以上的，处三年以上七年以下有期徒刑，并处欠缴税款一倍以上五倍以下罚金。

名词解释

欠缴应纳税款，是指纳税单位或个人超过税务机关核定的纳税期限，没有按时缴纳、拖欠税款的行为。欠缴应纳税款是行为人明知未纳税或未纳足税款而故意拖欠的行为。

采取转移或者隐匿财产的手段，是指负有纳税义务的单位或个人在欠缴应纳税款的情况下将其财产转移或隐藏起来，使税务机关无法根据法律、行政法规的有关规定，对其采取相应的行政强制措施而追缴其欠缴的税款的行为。

◆ 第二百零四条　骗取出口退税罪

以假报出口或者其他欺骗手段，骗取国家出口退税款，数额较大的，处五年以下有期徒刑或者拘役，并处骗取税款一倍以上五倍以下罚金；数额巨大或者有其他严重情节的，处五年以上十年以下有期徒刑，并处骗取税款一倍以上五倍以下罚金；数额特别巨大或者有其他特别严重情节的，处十年以上有期徒刑或者无期徒刑，并处骗取税款一倍以上五倍以下罚金或者没收财产。

◆ **逃税罪**

纳税人缴纳税款后，采取前款规定的欺骗方法，骗取所缴纳的税款的，依照本法第二百零一条的规定定罪处罚；骗取税款超过所缴纳的税款部分，依照前款的规定处罚。

名词解释

假报出口，是指以虚构已税货物出口事实为目的，具有下列情形之一的行为：（1）伪造或者签订虚假的买卖合同；（2）以伪造、变造或者其他非法手段取得出口货物报关单、出口收汇核销单、出口货物专用缴款书等有关出口退税单据、凭证；（3）虚开、伪造、非法购买增值税专用发票或者其他可以用于出口退税的发票；（4）其他虚构已税货物出口事实的行为。

实用问答

1. 实践中，哪些情形可以认定为本条规定的“其他欺骗手段”？

答：根据《最高人民法院关于审理骗取出口退税刑事案件具体应用法律若干问题的解释》第2条的规定，具有下列情形之一的，应当认定为《刑法》第204条规定的“其他欺骗手段”：（1）骗取出口货物退税资格的；（2）将未纳税或者免税货物作为已税货物出口的；（3）虽有货物出口，但虚构该出口货物的品名、数量、单价等要素，骗取未实际纳税部分出口退税款的；（4）以其他手段骗取出口退税款的。

2. 实践中，哪些情形可以认定为本条规定的“其他严重情节”？

答：根据《最高人民法院关于审理骗取出口退税刑事案件具体应用法律若干问题的解释》第4条的规定，具有下列情形之一的，属于《刑法》第204条规定的“其他严重情节”：（1）造成国家税款损失30万元以上并且在第一审判决宣告前无法追回的；（2）因骗取国家出口退税行为受过行政处罚，两年内又骗取国家出口退税款数额在30万元以上的；（3）情节严重的其他情形。

3. 实践中，哪些情形可以认定为本条规定的“其他特别严重情节”？

答：根据《最高人民法院关于审理骗取出口退税刑事案件具体应用法律若干问题的解释》第5条的规定，具有下列情形之一的，属于《刑法》第204条规定的“其他特别严重情节”：（1）造成国家税款损失150万元以上并且在第一审判决宣告前无法追回的；（2）因骗取国家出口退税行为受过行政处罚，两年内又骗取国家出口退税款数额在150万元以上的；（3）情节特别严重的其他情形。

◆ 第二百零五条　虚开增值税专用发票、用于骗取出口退税、抵扣税款发票罪

虚开增值税专用发票或者虚开用于骗取出口退税、抵扣税款的其他发票的，处三年以下有期徒刑或者拘役，并处二万元以上二十万元以下罚金；虚开的税款数额较大或者有其他严重情节的，处三年以上十年以下有期徒刑，并处五万元以上五十万元以下罚金；虚开的税款数额巨大或者有其他特别严重情节的，处十年以上有期徒刑或者无期徒刑，并处五万元以上五十万元以下罚金或者没收财产。

~~有前款行为骗取国家税款，数额特别巨大，情节特别严重，给国家利益造成特别重大损失的，处无期徒刑或者死刑，并处没收财产。~~①

① 本款根据2011年2月25日《刑法修正案（八）》删除。

单位犯本条规定之罪的，对单位判处罚金，并对其直接负责的主管人员和其他直接责任人员，处三年以下有期徒刑或者拘役；虚开的税款数额较大或者有其他严重情节的，处三年以上十年以下有期徒刑；虚开的税款数额巨大或者有其他特别严重情节的，处十年以上有期徒刑或者无期徒刑。

虚开增值税专用发票或者虚开用于骗取出口退税、抵扣税款的其他发票，是指有为他人虚开、为自己虚开、让他人为自己虚开、介绍他人虚开行为之一的。

名词解释

增值税专用发票，是指国家税务部门根据增值税征收管理需要，兼记货物或劳务所负担的增值税税额而设定的一种专用发票。

出口退税、抵扣税款的其他发票，是指除增值税专用发票以外的，具有出口退税、抵扣税款功能的收付款凭证或者完税凭证。

◆ 第二百零五条之一　虚开发票罪

虚开本法第二百零五条规定以外的其他发票，情节严重的，处二年以下有期徒刑、拘役或者管制，并处罚金；情节特别严重的，处二年以上七年以下有期徒刑，并处罚金。

单位犯前款罪的，对单位判处罚金，并对其直接负责的主管人员和其他直接责任人员，依照前款的规定处罚。

◆ 第二百零六条　伪造、出售伪造的增值税专用发票罪

伪造或者出售伪造的增值税专用发票的，处三年以下有期徒刑、拘役或者管制，并处二万元以上二十万元以下罚金；数量较大或者有其他严重情节的，处三年以上十年以下有期徒刑，并处五万元以上五十万元以下罚金；数量巨大或者有其他特别严重情节的，处十年以上有期徒刑或者无期徒刑，并处五万元以上五十万元以下罚金或者没收财产。

~~伪造并出售伪造的增值税专用发票，数量特别巨大，情节特别严重，严重破坏经济秩序的，处无期徒刑或者死刑，并处没收财产。~~①

单位犯本条规定之罪的，对单位判处罚金，并对其直接负责的主管人员和其他直接责任人员，处三年以下有期徒刑、拘役或者管制；数量较大或者有其他严重情节的，处三年以上十年以下有期徒刑；数量巨大或者有其他特别严重情节的，处十年以上有期徒刑或者无期徒刑。

名词解释

伪造增值税专用发票，是指仿照增值税专用发票的形状、样式、色彩、图案等，使用各种仿制方法制造假增值税专用发票的行为。

出售伪造的增值税专用发票，是指将个人或单位通过各种方法将伪造的增值税专用发票出售、进行牟利的行为，既包括以票换取金钱的典型出卖行为，同时也包括以票换取其他财物或者其他财产性利益与报酬的非典型出卖行为。

① 本款根据2011年2月25日《刑法修正案（八）》删除。

◆ 第二百零七条　非法出售增值税专用发票罪

非法出售增值税专用发票的，处三年以下有期徒刑、拘役或者管制，并处二万元以上二十万元以下罚金；数量较大的，处三年以上十年以下有期徒刑，并处五万元以上五十万元以下罚金；数量巨大的，处十年以上有期徒刑或者无期徒刑，并处五万元以上五十万元以下罚金或者没收财产。

名词解释

非法出售，是指行为人非法将增值税专用发票提供给他人，并收取一定价款的行为。本条规定的“非法出售”是广义的，既包括税务机关及其工作人员故意违反法律、法规的规定进行出售的行为，也包括其他任何人非法出售增值税专用发票的行为。

◆ 第二百零八条　非法购买增值税专用发票、购买伪造的增值税专用发票罪

非法购买增值税专用发票或者购买伪造的增值税专用发票的，处五年以下有期徒刑或者拘役，并处或者单处二万元以上二十万元以下罚金。

◆ 虚开增值税专用发票、用于骗取出口退税、抵扣税款发票罪；伪造、出售伪造的增值税专用发票罪；非法出售增值税专用发票罪

非法购买增值税专用发票或者购买伪造的增值税专用发票又虚开或者出售的，分别依照本法第二百零五条、第二百零六条、第二百零七条的规定定罪处罚。

名词解释

又虚开或者出售的，是指在非法购买增值税专用发票或者购买伪造的增值税专用发票后，又从事虚开或者出售的犯罪活动的情况。

◆ 第二百零九条　非法制造、出售非法制造的用于骗取出口退税、抵扣税款发票罪

伪造、擅自制造或者出售伪造、擅自制造的可以用于骗取出口退税、抵扣税款的其他发票的，处三年以下有期徒刑、拘役或者管制，并处二万元以上二十万元以下罚金；数量巨大的，处三年以上七年以下有期徒刑，并处五万元以上五十万元以下罚金；数量特别巨大的，处七年以上有期徒刑，并处五万元以上五十万元以下罚金或者没收财产。

◆ 非法制造、出售非法制造的发票罪

伪造、擅自制造或者出售伪造、擅自制造的前款规定以外的其他发票的，处二年以下有期徒刑、拘役或者管制，并处或者单处一万元以上五万元以下罚金；情节严重的，处二年以上七年以下有期徒刑，并处五万元以上五十万元以下罚金。

◆ 非法出售用于骗取出口退税、抵扣税款发票罪

非法出售可以用于骗取出口退税、抵扣税款的其他发票的，依照第一款的规定处罚。

◆ 非法出售发票罪

非法出售第三款规定以外的其他发票的，依照第二款的规定处罚。

名词解释

擅自制造，是指被税务机关指定印制发票的企业，未按照税务机关规定的数量和规模，擅自超额印制的行为。

◆ 第二百一十条　盗窃罪

盗窃增值税专用发票或者可以用于骗取出口退税、抵扣税款的其他发票的，依照本法第二百六十四条的规定定罪处罚。

◆ 诈骗罪

使用欺骗手段骗取增值税专用发票或者可以用于骗取出口退税、抵扣税款的其他发票的，依照本法第二百六十六条的规定定罪处罚。

◆ 第二百一十条之一　持有伪造的发票罪

明知是伪造的发票而持有，数量较大的，处二年以下有期徒刑、拘役或者管制，并处罚金；数量巨大的，处二年以上七年以下有期徒刑，并处罚金。

单位犯前款罪的，对单位判处罚金，并对其直接负责的主管人员和其他直接责任人员，依照前款的规定处罚。

◆ 第二百一十一条　单位犯危害税收征管罪的处罚规定

单位犯本节第二百零一条、第二百零三条、第二百零四条、第二百零七条、第二百零八条、第二百零九条规定之罪的，对单位判处罚金，并对其直接负责的主管人员和其他直接责任人员，依照各该条的规定处罚。

◆ 第二百一十二条　税务机关征缴优先原则

犯本节第二百零一条至第二百零五条规定之罪，被判处罚金、没收财产的，在执行前，应当先由税务机关追缴税款和所骗取的出口退税款。

第七节　侵犯知识产权罪

◆ 第二百一十三条　假冒注册商标罪

未经注册商标所有人许可，在同一种商品、服务上使用与其注册商标相同的商标，情节严重的，处三年以下有期徒刑，并处或者单处罚金；情节特别严重的，处三年以上十年以下有期徒刑，并处罚金。

名词解释

注册商标所有人，即商标注册人。在我国，凡依法提出商标注册申请，并经商标局核准的商标注册申请人即成为注册商标所有人。

未经注册商标所有人许可，是指行为人使用他人注册商标时，没有经过注册商标所有人同意。

同一种商品、服务，是指与注册商标核定使用的商品、服务相同的商品、服务。

相同的商标，是指违法行为人使用的商标与权利人注册商标高度一致。

实用问答

实践中，哪些情形可以认定为本条规定的“与其注册商标相同的商标”？

答：根据《最高人民法院、最高人民检察院关于办理侵犯知识产权刑事案件具体应用法律若干问题的解释（三）》第1条的规定，具有下列情形之一的，可以认定为《刑法》第213条规定的“与其注册商标相同的商标”：（1）改变注册商标的字体、字母大小写或者文字横竖排列，与注册商标之间基本无差别的；（2）改变注册商标的文字、字母、数字等之间的间距，与注册商标之间基本无差别的；（3）改变注册商标颜色，不影响体现注册商标显著特征的；（4）在注册商标上仅增加商品通用名称、型号等缺乏显著特征要素，不影响体现注册商标显著特征的；（5）与立体注册商标的三维标志及平面要素基本无差别的；（6）其他与注册商标基本无差别、足以对公众产生误导的商标。

典型案例

1. 郭明升、郭明锋、孙淑标假冒注册商标案①

要旨：假冒注册商标犯罪的非法经营数额、违法所得数额，应当综合被告人供述、证人证言、被害人陈述、网络销售电子数据、被告人银行账户往来记录、送货单、快递公司电脑系统记录、被告人等所作记账等证据认定。被告人辩解称网络销售记录存在刷信誉的不真实交易，但

① 最高人民法院指导案例87号。

无证据证实的，对其辩解不予采纳。

2. 邓秋城、双善食品（厦门）有限公司等销售假冒注册商标的商品案[①]

要旨：办理侵犯注册商标类犯罪案件，应注意结合被告人销售假冒商品数量、扩散范围、非法获利数额及在上下游犯罪中的地位、作用等因素，综合判断犯罪行为的社会危害性，确保罪责刑相适应。在认定犯罪的主观明知时，不仅考虑被告人供述，还应综合考虑交易场所、交易时间、交易价格等客观行为，坚持主客观相一致。对侵害众多消费者利益的情形，可以建议相关社会组织或自行提起公益诉讼。

◆ 第二百一十四条　销售假冒注册商标的商品罪

销售明知是假冒注册商标的商品，违法所得数额较大或者有其他严重情节的，处三年以下有期徒刑，并处或者单处罚金；违法所得数额巨大或者有其他特别严重情节的，处三年以上十年以下有期徒刑，并处罚金。

名词解释

假冒注册商标，是指假冒他人已经注册了的商标。如果将还未有人注册过的商标冒充已经注册的商标在商品上使用，不构成本条规定的犯罪，是属于违反注册商标管理的行为。

---

① 检例第98号。

实用问答

实践中，哪些情形可以认定为本条规定的“明知”？

答：根据《最高人民法院、最高人民检察院关于办理侵犯知识产权刑事案件具体应用法律若干问题的解释》第9条第2款的规定，具有下列情形之一的，应当认定为属于《刑法》第214条规定的“明知”：（1）知道自己销售的商品上的注册商标被涂改、调换或者覆盖的；（2）因销售假冒注册商标的商品受到过行政处罚或者承担过民事责任、又销售同一种假冒注册商标的商品的；（3）伪造、涂改商标注册人授权文件或者知道该文件被伪造、涂改的；（4）其他知道或者应当知道是假冒注册商标的商品的情形。

◆ 第二百一十五条　非法制造、销售非法制造的注册商标标识罪

伪造、擅自制造他人注册商标标识或者销售伪造、擅自制造的注册商标标识，情节严重的，处三年以下有期徒刑，并处或者单处罚金；情节特别严重的，处三年以上十年以下有期徒刑，并处罚金。

名词解释

商标标识，是指在商品、商品的包装上，或者在服务场所、招牌、广告及其他宣传用品中使用的附有商标图案的物质实体，具体包括带有商标的包装物、标签、封签、说明书、合格证等物品。

◆ 第二百一十六条　假冒专利罪

假冒他人专利，情节严重的，处三年以下有期徒刑或者拘役，并处或者单处罚金。

名词解释

假冒他人专利，是指侵权人在自己产品上加上他人的专利标记和专利号，或使其与专利产品相类似，使公众认为该产品是他人的专利产品，以假乱真，侵害他人合法权利的行为。

实用问答

实践中，哪些情形属于本条规定的“假冒他人专利”行为？

答：根据《最高人民法院、最高人民检察院关于办理侵犯知识产权刑事案件具体应用法律若干问题的解释》第 10 条的规定，实施下列行为之一的，属于《刑法》第 216 条规定的“假冒他人专利”的行为：(1) 未经许可，在其制造或者销售的产品、产品的包装上标注他人专利号的；(2) 未经许可，在广告或者其他宣传材料中使用他人的专利号，使人将所涉及的技术误认为是他人专利技术的；(3) 未经许可，在合同中使用他人的专利号，使人将合同涉及的技术误认为是他人专利技术的；(4) 伪造或者变造他人的专利证书、专利文件或者专利申请文件的。

◆ 第二百一十七条　侵犯著作权罪

以营利为目的，有下列侵犯著作权或者与著作权有关的权利的情形之一，违法所得数额较大或者有其他严重情节的，处三年以下有期徒刑，并处或者单处罚金；违法所得数额巨大或者有其他特别严重情节的，处三年以上十年以下有期徒刑，并处罚金：

（一）未经著作权人许可，复制发行、通过信息网络向公众传播其文字作品、音乐、美术、视听作品、计算机软件及法律、行政法规规定的其他作品的；

（二）出版他人享有专有出版权的图书的；

（三）未经录音录像制作者许可，复制发行、通过信息网络向公众传播其制作的录音录像的；

（四）未经表演者许可，复制发行录有其表演的录音录像制品，或者通过信息网络向公众传播其表演的；

（五）制作、出售假冒他人署名的美术作品的；

（六）未经著作权人或者与著作权有关的权利人许可，故意避开或者破坏权利人为其作品、录音录像制品等采取的保护著作权或者与著作权有关的权利的技术措施的。

名词解释

复制，是指以印刷、复印、拓印、录音、录像、翻录、翻拍等方式将作品制作一份或多份的行为。

发行，是指以出售或者赠与方式向公众提供作品的原件或者复制件的行为。

复制发行，包括复制、发行或者既复制又发行的行为。随着侵权行为网络化，通过信息网络向公众传播作品也成为侵犯著作权的重要途径和方式。

作品，是指法律、行政法规规定的所有作品类型，包括《著作权法》第3条规定的文字作品，口述作品，音乐、戏剧、曲艺、舞蹈、杂技艺术作品，美术、建筑作品，摄影作品，视听作品，工程设计图、产品设计图、地图、示意图等图形作品和模型作品，计算机软件，符合作品特征的其他智力成果等。

出版，是指将作品编辑加工后，通过复制向公众发行。

专有出版权，是指图书出版者依据其与著作权人订立的出版合同而享有的独家出版权。

美术作品，是指以线条、色彩或其他方式构成的有审美意义的平面或立体的造型艺术作品，包括绘画、书法、雕塑、工艺美术等。

典型案例

1. 陈力等八人侵犯著作权案①

要旨：办理网络侵犯视听作品著作权犯罪案件，应注意及时提取、固定和保全相关电子数据，并围绕客观性、合法性、关联性要求对电子数据进行全面审查。对涉及众多作品的案件，在认定“未经著作权人许可”时，应围绕涉案复制品是否系非法出版、复制发行且被告人能否提供获得著作权人许可的相关证明材料进行审查。

2. 梁永平、王正航等十五人侵犯著作权案②

要旨：办理网络侵犯著作权刑事案件，应当准确理解把握“避风港规则”适用条件，通过审查网络服务提供者是否明知侵权，认定其无罪辩解是否成立。涉案侵权视听作品数量较大的，可通过鉴

① 检例第100号。
② 检例第193号。

定机构抽样鉴定的方式，结合权利人鉴别意见，综合认定作品是否构成实质性相似。对于涉案人员众多的网络知识产权案件，应根据涉案人员在案件中的地位、作用、参与程度以及主观恶性等因素，按照宽严相济刑事政策分层分类处理。

3. 上海某公司、许林、陶伟侵犯著作权案①

要旨：通过反向工程获取芯片中二进制代码后，未经许可以复制二进制代码方式制售权利人芯片的，应认定为复制发行计算机软件行为，违法所得数额较大或有其他严重情节的，以侵犯著作权罪追究刑事责任。对于以复制二进制代码方式制售权利人芯片的，应以二进制代码作为比对客体，综合全案证据认定计算机软件是否构成实质性相似。办案中应完善涉商业秘密证据的取证、鉴定、审查、质证方法，避免知识产权遭受“二次侵害”。

◆ 第二百一十八条　销售侵权复制品罪

以营利为目的，销售明知是本法第二百一十七条规定的侵权复制品，违法所得数额巨大或者有其他严重情节的，处五年以下有期徒刑，并处或者单处罚金。

① 检例第194号。

◆ 第二百一十九条　侵犯商业秘密罪

有下列侵犯商业秘密行为之一，情节严重的，处三年以下有期徒刑，并处或者单处罚金；情节特别严重的，处三年以上十年以下有期徒刑，并处罚金：

（一）以盗窃、贿赂、欺诈、胁迫、电子侵入或者其他不正当手段获取权利人的商业秘密的；

（二）披露、使用或者允许他人使用以前项手段获取的权利人的商业秘密的；

（三）违反保密义务或者违反权利人有关保守商业秘密的要求，披露、使用或者允许他人使用其所掌握的商业秘密的。

明知前款所列行为，获取、披露、使用或者允许他人使用该商业秘密的，以侵犯商业秘密论。

本条所称权利人，是指商业秘密的所有人和经商业秘密所有人许可的商业秘密使用人。

名词解释

商业秘密，是指不为公众所知悉、具有商业价值并经权利人采取相应保密措施的技术信息、经营信息等商业信息。

电子侵入，是指通过技术手段侵入计算机网络等信息系统，非法获取他人的商业秘密的行为。

实用问答

商业秘密有哪些特点？

答：商业秘密有以下特点：（1）商业秘密不为公众所知悉，具有秘密性，只限于一部分人知道。如果通过公开的或者其他类似渠道可以获得的信息，不能认为是商业秘密。（2）商业秘密应当具有商业价值，该秘密信息能够给经营者带来经济利益或者竞争优势，可以是能够带来直接的、现实的经济利益或者竞争优势的信息，如产品配方、技术改良方案；也可以是能够带来间接的、潜在的经济利益或者竞争优势的信息，如客户资料信息等。甚至包括一些有关技术开发或者生产经营过程中经验教训的总结和积累的资料，如企业技术改造过程中一些能够证明某些工艺等不可行的科研资料。因为这些资料可以帮助经营者调整研发思路、缩短研发周期、降低研发成本。（3）权利人对商业秘密采取了相应的保密措施，以防止他人未经授权获取。具体的保密措施可以是多种多样的，如制定保密规则，向员工提出保密要求，签订保密协议，对涉密信息采取加密、加锁、限定知悉范围、控制接触人群等措施。一般来说，企业对商业秘密采取的保密措施与该商业秘密的商业价值具有相称性，商业秘密的价值越大，经营者可能采取的保密措施越严格。（4）商业秘密是指技术信息、经营信息等商业信息。“技术信息”包括产品配方、设计方案、技术诀窍、工艺流程等信息；“经营信息”包括有关经营的重要决策、产销策略、客户信息、货源情报、招投标中的标底等信息。

典型案例

金义盈侵犯商业秘密案[①]

要旨：办理侵犯商业秘密犯罪案件，被告人作无罪辩解的，既要注意审查商业秘密的成立及侵犯商业秘密的证据，又要依法排除

① 检例第102号。

被告人取得商业秘密的合法来源，形成指控犯罪的证据链。对鉴定意见的审查，必要时可聘请或指派有专门知识的人辅助办案。

◆ 第二百一十九条之一　为境外窃取、刺探、收买、非法提供商业秘密罪

为境外的机构、组织、人员窃取、刺探、收买、非法提供商业秘密的，处五年以下有期徒刑，并处或者单处罚金；情节严重的，处五年以上有期徒刑，并处罚金。

名词解释

窃取，是指行为人采用各种秘密手段非法获取，如通过盗窃、偷拍、偷录等行为而取得商业秘密的行为。

刺探，是指行为人通过各种途径和手段非法探知商业秘密的行为。

收买，是指行为人以给予财物或者其他财产性利益等好处，或者通过提供工作机会、拉拢人心等手段非法取得商业秘密的行为。

非法提供，是指知悉、保管、持有商业秘密的人，将自己知悉、管理、持有的商业秘密非法出售、交付、披露给其他不应知悉该秘密的境外机构、组织、人员的行为。

◆ 第二百二十条　单位犯侵犯知识产权罪的处罚规定

单位犯本节第二百一十三条至第二百一十九条之一规定之罪的，对单位判处罚金，并对其直接负责的主管人员和其他直接责任人员，依照本节各该条的规定处罚。

第八节 扰乱市场秩序罪

◆ 第二百二十一条 损害商业信誉、商品声誉罪

捏造并散布虚伪事实，损害他人的商业信誉、商品声誉，给他人造成重大损失或者有其他严重情节的，处二年以下有期徒刑或者拘役，并处或者单处罚金。

◆ 第二百二十二条 虚假广告罪

广告主、广告经营者、广告发布者违反国家规定，利用广告对商品或者服务作虚假宣传，情节严重的，处二年以下有期徒刑或者拘役，并处或者单处罚金。

名词解释

广告主，是指为推销商品或者服务，自行或者委托他人设计、制作、发布广告的自然人、法人或者其他组织。

广告经营者，是指接受委托提供广告设计、制作、代理服务的自然人、法人或者其他组织。

广告发布者，是指为广告主或者广告主委托的广告经营者发布广告的自然人、法人或者其他组织。

◆ 第二百二十三条 串通投标罪

投标人相互串通投标报价，损害招标人或者其他投标人利益，情节严重的，处三年以下有期徒刑或者拘役，并处或者单处

罚金。

投标人与招标人串通投标，损害国家、集体、公民的合法利益的，依照前款的规定处罚。

名词解释

投标人，是指响应招标、参加投标竞争的法人或者其他组织。

相互串通投标报价，是指投标人在投标中，包括投标前和投标过程中，串通一气，商量好采取抬高标价或者压低标价等行为。

招标人，是指依照《招标投标法》规定提出招标项目、进行招标的法人或者其他组织。

典型案例

许某某、包某某串通投标立案监督案[①]

要旨：《刑法》规定了串通投标罪，但未规定串通拍卖行为构成犯罪。对于串通拍卖行为，不能以串通投标罪予以追诉。公安机关对串通竞拍国有资产行为以涉嫌串通投标罪刑事立案的，检察机关应当通过立案监督，依法通知公安机关撤销案件。

① 检例第90号。

◆ 第二百二十四条　合同诈骗罪

有下列情形之一，以非法占有为目的，在签订、履行合同过程中，骗取对方当事人财物，数额较大的，处三年以下有期徒刑或者拘役，并处或者单处罚金；数额巨大或者有其他严重情节的，处三年以上十年以下有期徒刑，并处罚金；数额特别巨大或者有其他特别严重情节的，处十年以上有期徒刑或者无期徒刑，并处罚金或者没收财产：

（一）以虚构的单位或者冒用他人名义签订合同的；

（二）以伪造、变造、作废的票据或者其他虚假的产权证明作担保的；

（三）没有实际履行能力，以先履行小额合同或者部分履行合同的方法，诱骗对方当事人继续签订和履行合同的；

（四）收受对方当事人给付的货物、货款、预付款或者担保财产后逃匿的；

（五）以其他方法骗取对方当事人财物的。

名词解释

冒用他人名义，是指未经他人允许或委托而采用他人的名义，即冒名订立合同的行为。

典型案例

温某某合同诈骗立案监督案[1]

要旨：检察机关办理涉企业合同诈骗犯罪案件，应当严格区分合同诈骗与民事违约行为。要注意审查涉案企业在签订、履行合同过程中是否具有非法占有目的和虚构事实、隐瞒真相的行为，准确认定是否具有诈骗故意。发现公安机关对企业之间的合同纠纷以合同诈骗进行刑事立案的，应当依法监督撤销案件。对于立案后久侦不结的“挂案”，检察机关应当向公安机关提出纠正意见。

◆ 第二百二十四条之一　组织、领导传销活动罪

组织、领导以推销商品、提供服务等经营活动为名，要求参加者以缴纳费用或者购买商品、服务等方式获得加入资格，并按照一定顺序组成层级，直接或者间接以发展人员的数量作为计酬或者返利依据，引诱、胁迫参加者继续发展他人参加，骗取财物，扰乱经济社会秩序的传销活动的，处五年以下有期徒刑或者拘役，并处罚金；情节严重的，处五年以上有期徒刑，并处罚金。

---

① 检例第91号。

典型案例

叶经生等组织、领导传销活动案①

要旨：组织者或者经营者利用网络发展会员，要求被发展人员以缴纳或者变相缴纳“入门费”为条件，获得提成和发展下线的资格。通过发展人员组成层级关系，并以直接或者间接发展的人员数量作为计酬或者返利的依据，引诱被发展人员继续发展他人参加，骗取财物，扰乱经济社会秩序的，以组织、领导传销活动罪追究刑事责任。

◆ 第二百二十五条　非法经营罪

违反国家规定，有下列非法经营行为之一，扰乱市场秩序，情节严重的，处五年以下有期徒刑或者拘役，并处或者单处违法所得一倍以上五倍以下罚金；情节特别严重的，处五年以上有期徒刑，并处违法所得一倍以上五倍以下罚金或者没收财产：

（一）未经许可经营法律、行政法规规定的专营、专卖物品或者其他限制买卖的物品的；

（二）买卖进出口许可证、进出口原产地证明以及其他法律、行政法规规定的经营许可证或者批准文件的；

（三）未经国家有关主管部门批准非法经营证券、期货、保险业务的，或者非法从事资金支付结算业务的；

（四）其他严重扰乱市场秩序的非法经营行为。

① 检例第41号。

典型案例

1. 王力军非法经营再审改判无罪案[①]

要旨：（1）对于《刑法》第225条第4项规定的“其他严重扰乱市场秩序的非法经营行为”的适用，应当根据相关行为是否具有与《刑法》第225条前三项规定的非法经营行为相当的社会危害性、刑事违法性和刑事处罚必要性进行判断。

（2）判断违反行政管理有关规定的经营行为是否构成非法经营罪，应当考虑该经营行为是否严重扰乱市场秩序。对于虽然违反行政管理有关规定，但尚未严重扰乱市场秩序的经营行为，不应当认定为非法经营罪。

2. 孙旭东非法经营案[②]

要旨：对于为恶意透支的信用卡持卡人非法套现的行为，应当根据其与信用卡持卡人有无犯意联络、是否具有非法占有目的等，区分非法经营罪与信用卡诈骗罪。经二次退回补充侦查仍未达到起诉条件，但根据已查清的事实认为犯罪嫌疑人仍然有遗漏犯罪重大嫌疑的，检察机关依法可以自行侦查。应当结合相关类型犯罪的特点，对在案证据、需要补充的证据和可能的侦查方向进行分析研判，明确自行侦查的

---

① 最高人民法院指导案例97号。
② 检例第177号。

可行性和路径。检察机关办理信用卡诈骗案件时，发现涉及上下游非法经营金融业务等犯罪线索的，应当通过履行立案监督等职责，依法追诉遗漏犯罪嫌疑人和遗漏犯罪事实。

◆ 第二百二十六条　强迫交易罪

以暴力、威胁手段，实施下列行为之一，情节严重的，处三年以下有期徒刑或者拘役，并处或者单处罚金；情节特别严重的，处三年以上七年以下有期徒刑，并处罚金：

（一）强买强卖商品的；

（二）强迫他人提供或者接受服务的；

（三）强迫他人参与或者退出投标、拍卖的；

（四）强迫他人转让或者收购公司、企业的股份、债券或者其他资产的；

（五）强迫他人参与或者退出特定的经营活动的。

名词解释

强买强卖商品，是指在商品交易中违反法律、法规和商品交易规则，不顾交易对方是否同意，以暴力、威胁手段强行买进或者强行卖出的行为。

强迫他人提供服务，主要是指行为人在享受服务消费时，不遵守公平自愿的原则，不顾提供服务方是否同意，以暴力、威胁手段，强迫对方提供某种服务的行为。

强迫他人接受服务，主要是指餐饮业、旅游业、娱乐业、美容服务业、维修业等服务性质的行业在营业中，违反法律、法规、商业道德及公平自愿的原则，不顾消费者是否同意，以暴力、威胁手段强迫消费者接受其服务的行为。

◆ 第二百二十七条　伪造、倒卖伪造的有价票证罪

伪造或者倒卖伪造的车票、船票、邮票或者其他有价票证，数额较大的，处二年以下有期徒刑、拘役或者管制，并处或者单处票证价额一倍以上五倍以下罚金；数额巨大的，处二年以上七年以下有期徒刑，并处票证价额一倍以上五倍以下罚金。

◆ 倒卖车票、船票罪

倒卖车票、船票，情节严重的，处三年以下有期徒刑、拘役或者管制，并处或者单处票证价额一倍以上五倍以下罚金。

◆ 第二百二十八条　非法转让、倒卖土地使用权罪

以牟利为目的，违反土地管理法规，非法转让、倒卖土地使用权，情节严重的，处三年以下有期徒刑或者拘役，并处或者单处非法转让、倒卖土地使用权价额百分之五以上百分之二十以下罚金；情节特别严重的，处三年以上七年以下有期徒刑，并处非法转让、倒卖土地使用权价额百分之五以上百分之二十以下罚金。

名词解释

非法转让土地使用权，是指将依法管理和持有的土地使用权违反相关法律、行政法规的规定，擅自转让给他人的行为。

非法倒卖土地使用权，是指违反相关法律、行政法规的规定，将土地使用权进行倒卖，从而进行牟利的行为。

◆ 第二百二十九条　提供虚假证明文件罪

承担资产评估、验资、验证、会计、审计、法律服务、保荐、安全评价、环境影响评价、环境监测等职责的中介组织的人员故意提供虚假证明文件，情节严重的，处五年以下有期徒刑或者拘役，并处罚金；有下列情形之一的，处五年以上十年以下有期徒刑，并处罚金：

（一）提供与证券发行相关的虚假的资产评估、会计、审计、法律服务、保荐等证明文件，情节特别严重的；

（二）提供与重大资产交易相关的虚假的资产评估、会计、审计等证明文件，情节特别严重的；

（三）在涉及公共安全的重大工程、项目中提供虚假的安全评价、环境影响评价等证明文件，致使公共财产、国家和人民利益遭受特别重大损失的。

有前款行为，同时索取他人财物或者非法收受他人财物构成犯罪的，依照处罚较重的规定定罪处罚。

◆ 出具证明文件重大失实罪

第一款规定的人员，严重不负责任，出具的证明文件有重大失实，造成严重后果的，处三年以下有期徒刑或者拘役，并处或者单处罚金。

◆ 第二百三十条　逃避商检罪

违反进出口商品检验法的规定，逃避商品检验，将必须经商检机构检验的进口商品未报经检验而擅自销售、使用，或者将必须经商检机构检验的出口商品未报经检验合格而擅自出口，情节严重的，处三年以下有期徒刑或者拘役，并处或者单处罚金。

◆ 第二百三十一条　单位犯扰乱市场秩序罪的处罚规定

单位犯本节第二百二十一条至第二百三十条规定之罪的，对单位判处罚金，并对其直接负责的主管人员和其他直接责任人员，依照本节各该条的规定处罚。

第四章　侵犯公民人身权利、民主权利罪

◆ 第二百三十二条　故意杀人罪

故意杀人的，处死刑、无期徒刑或者十年以上有期徒刑；情节较轻的，处三年以上十年以下有期徒刑。

名词解释

故意杀人，是指故意非法剥夺他人生命的行为，是一种最严重的侵犯公民人身权利的犯罪行为。

典型案例

王志才故意杀人案①

要旨：因恋爱、婚姻矛盾激化引发的故意杀人案件，被告人犯罪手段残忍，论罪应当判处死刑，但被告人具有坦白悔罪、积极赔偿等从轻处罚情节，同时被害人亲属要求严惩的，人民法院根据案件性质、犯罪情节、危害后果和被告人的主观恶性及人身危险性，可以依法判处被

① 最高人民法院指导案例4号。

告人死刑，缓期二年执行，同时决定限制减刑，以有效化解社会矛盾，促进社会和谐。

◆ 第二百三十三条　过失致人死亡罪

过失致人死亡的，处三年以上七年以下有期徒刑；情节较轻的，处三年以下有期徒刑。本法另有规定的，依照规定。

◆ 第二百三十四条　故意伤害罪

故意伤害他人身体的，处三年以下有期徒刑、拘役或者管制。

犯前款罪，致人重伤的，处三年以上十年以下有期徒刑；致人死亡或者以特别残忍手段致人重伤造成严重残疾的，处十年以上有期徒刑、无期徒刑或者死刑。本法另有规定的，依照规定。

典型案例

钱某故意伤害案[①]

要旨：检察机关应当健全量刑协商机制，规范认罪认罚案件量刑建议的形成过程。依法听取犯罪嫌疑人、辩护人或者值班律师的意见，通过出示有关证据、释法说理等方式，结合案件事实和情节开展量刑协商，促进协商一致。注重运用司法救助等制度措施化解矛盾，提升办案质效。

① 检例第82号。

◆ 第二百三十四条之一　组织出卖人体器官罪

组织他人出卖人体器官的，处五年以下有期徒刑，并处罚金；情节严重的，处五年以上有期徒刑，并处罚金或者没收财产。

◆ 故意伤害罪；故意杀人罪

未经本人同意摘取其器官，或者摘取不满十八周岁的人的器官，或者强迫、欺骗他人捐献器官的，依照本法第二百三十四条、第二百三十二条的规定定罪处罚。

◆ 盗窃、侮辱、故意毁坏尸体、尸骨、骨灰罪

违背本人生前意愿摘取其尸体器官，或者本人生前未表示同意，违反国家规定，违背其近亲属意愿摘取其尸体器官的，依照本法第三百零二条的规定定罪处罚。

名词解释

未经本人同意摘取其器官，是指在没有得到被摘取器官的本人的同意的情况下，就摘取其器官的行为，包括在本人不明真相的情况下摘取其器官，以及未经本人同意采取强制手段摘取其器官两种情况。

◆ 第二百三十五条　过失致人重伤罪

过失伤害他人致人重伤的，处三年以下有期徒刑或者拘役。本法另有规定的，依照规定。

◆ 第二百三十六条　强奸罪

以暴力、胁迫或者其他手段强奸妇女的，处三年以上十年以下有期徒刑。

奸淫不满十四周岁的幼女的，以强奸论，从重处罚。

强奸妇女、奸淫幼女，有下列情形之一的，处十年以上有期徒刑、无期徒刑或者死刑：

（一）强奸妇女、奸淫幼女情节恶劣的；

（二）强奸妇女、奸淫幼女多人的；

（三）在公共场所当众强奸妇女、奸淫幼女的；

（四）二人以上轮奸的；

（五）奸淫不满十周岁的幼女或者造成幼女伤害的；

（六）致使被害人重伤、死亡或者造成其他严重后果的。

名词解释

奸淫幼女，是指与不满 14 周岁的幼女发生性关系的行为。奸淫幼女的，无论幼女是否“同意”，均构成强奸罪。

典型案例

阻断性侵犯罪未成年被害人感染艾滋病风险综合司法保护案[①]

要旨：检察机关办理性侵害未成年人案件，在受邀介入侦查时，

① 检例第 172 号。

应当及时协同做好取证和未成年被害人保护救助工作。对于遭受艾滋病病人或感染者性侵的未成年被害人，应当立即开展艾滋病暴露后预防并进行心理干预、司法救助，最大限度降低犯罪给其造成的危害后果和长期影响。行为人明知自己系艾滋病病人或感染者，奸淫幼女，造成艾滋病传播重大现实风险的，应当认定为奸淫幼女“情节恶劣”。对于犯罪情节恶劣，社会危害严重，主观恶性大的成年人性侵害未成年人案件，即使认罪认罚也不足以从宽处罚的，依法不予从宽。发现类案风险和社会治理漏洞，应当积极推动风险防控和相关领域制度完善。

◆ 第二百三十六条之一　负有照护职责人员性侵罪

对已满十四周岁不满十六周岁的未成年女性负有监护、收养、看护、教育、医疗等特殊职责的人员，与该未成年女性发生性关系的，处三年以下有期徒刑；情节恶劣的，处三年以上十年以下有期徒刑。

有前款行为，同时又构成本法第二百三十六条规定之罪的，依照处罚较重的规定定罪处罚。

实用问答

实践中，如何区分负有照护职责人员性侵罪与强奸罪？

答：实际执行中，负有照护职责人员性侵罪与强奸罪的主要区别是：（1）犯罪主体范围不同。强奸罪是一般主体，而负有照护职责人员性侵罪是特殊主体，即限于对已满 14 周岁不满 16 周岁的女性未成年人负有监护、收养、看护、教育、医疗等特殊职责的人员，不负有上述职责的人员与已满 14 周岁不满 16 周岁的女性未成年人发生性关系的，不构成负有照护职责人员性侵罪。（2）客观表现不同。负有照护职责人员性侵罪一般表现为行为人未采用暴力、胁迫等手段；而强奸罪表现为违背妇女意志，以暴力、胁迫或者其他手段强行与女性发生性关系。但需要指出的是，如果对已满14周岁不满16周岁的女性未成年人负有监护、收养、看护、教育、医疗等特殊职责的人员，利用其优势地位或者被害人孤立无援的境地，违背其意愿，迫使被害人就范，而与其发生性关系的，构成强奸罪。

◆ 第二百三十七条 强制猥亵、侮辱罪

以暴力、胁迫或者其他方法强制猥亵他人或者侮辱妇女的，处五年以下有期徒刑或者拘役。

聚众或者在公共场所当众犯前款罪的，或者有其他恶劣情节的，处五年以上有期徒刑。

◆ 猥亵儿童罪

猥亵儿童的，处五年以下有期徒刑；有下列情形之一的，处五年以上有期徒刑：

（一）猥亵儿童多人或者多次的；

（二）聚众猥亵儿童的，或者在公共场所当众猥亵儿童，情节恶劣的；

（三）造成儿童伤害或者其他严重后果的；

（四）猥亵手段恶劣或者有其他恶劣情节的。

名词解释

强制猥亵，主要是指违背他人的意愿，以搂抱、抠摸等淫秽下流的手段侵犯他人性权利的行为。

侮辱妇女，主要是指对妇女实施猥亵行为以外的、损害妇女人格尊严的淫秽下流、伤风败俗的行为。例如，以多次偷剪妇女的发辫、衣服，向妇女身上泼洒腐蚀物、涂抹污物，故意向妇女显露生殖器，追逐、堵截妇女等手段侮辱妇女的行为。

典型案例

骆某猥亵儿童案[①]

要旨： 行为人以满足性刺激为目的，以诱骗、强迫或者其他方法要求儿童拍摄裸体、敏感部位照片、视频等供其观看，严重侵害儿童人格尊严和心理健康的，构成猥亵儿童罪。

◆ 第二百三十八条　非法拘禁罪

非法拘禁他人或者以其他方法非法剥夺他人人身自由的，处三年以下有期徒刑、拘役、管制或者剥夺政治权利。具有殴打、侮辱情节的，从重处罚。

犯前款罪，致人重伤的，处三年以上十年以下有期徒刑；致人死亡的，处十年以上有期徒刑。使用暴力致人伤残、死亡的，依照本法第二百三十四条、第二百三十二条的规定定罪处罚。

为索取债务非法扣押、拘禁他人的，依照前两款的规定处罚。

国家机关工作人员利用职权犯前三款罪的，依照前三款的规定从重处罚。

---

① 检例第43号。

名词解释

非法拘禁，是一种持续行为，该行为在一定时间内处于继续状态，使他人在一定时间内失去身体自由。

为索取债务非法扣押、拘禁他人，是指为了胁迫他人履行合法的债务，而将他人非法扣留，剥夺其人身自由的行为。这种行为在特征上与一般的非法拘禁不同，其目的不在于剥夺他人的人身自由，而是以剥夺他人人身自由为手段，来胁迫他人履行债务。

◆ 第二百三十九条　绑架罪

以勒索财物为目的绑架他人的，或者绑架他人作为人质的，处十年以上有期徒刑或者无期徒刑，并处罚金或者没收财产；情节较轻的，处五年以上十年以下有期徒刑，并处罚金。

犯前款罪，杀害被绑架人的，或者故意伤害被绑架人，致人重伤、死亡的，处无期徒刑或者死刑，并处没收财产。

以勒索财物为目的偷盗婴幼儿的，依照前两款的规定处罚。

名词解释

勒索财物，是指行为人在绑架他人以后，以不答应要求就杀害或伤害人质相威胁，勒令与人质有特殊关系的人于指定时间，以特定方式，在指定地点交付一定数量的金钱或财物。

杀害被绑架人，即通常说的“撕票”，是指以剥夺被绑架人生命为目的实施的各种行为。“杀害”只需要行为人有故意杀人的故意及行为，并不要求有“杀死”被绑架人的结果。“杀害”既可以是积极作为也可以是消极不作为。积极作为，如以杀害为目的，将被绑架人抛入深潭或水库中让其溺毙等情形；消极不作为，如以杀害为目的，将被绑架人抛入人迹罕至的地方等待其冻饿死等情形。

◆ 第二百四十条　拐卖妇女、儿童罪

拐卖妇女、儿童的，处五年以上十年以下有期徒刑，并处罚金；有下列情形之一的，处十年以上有期徒刑或者无期徒刑，并处罚金或者没收财产；情节特别严重的，处死刑，并处没收财产：

（一）拐卖妇女、儿童集团的首要分子；

（二）拐卖妇女、儿童三人以上的；

（三）奸淫被拐卖的妇女的；

（四）诱骗、强迫被拐卖的妇女卖淫或者将被拐卖的妇女卖给他人迫使其卖淫的；

（五）以出卖为目的，使用暴力、胁迫或者麻醉方法绑架妇女、儿童的；

（六）以出卖为目的，偷盗婴幼儿的；

（七）造成被拐卖的妇女、儿童或者其亲属重伤、死亡或者其他严重后果的；

（八）将妇女、儿童卖往境外的。

拐卖妇女、儿童是指以出卖为目的，有拐骗、绑架、收买、贩卖、接送、中转妇女、儿童的行为之一的。

名词解释

奸淫被拐卖的妇女，是指犯罪分子在拐卖妇女的过程中与被害妇女发生性关系的行为，既包括犯罪分子利用被害妇女处于孤立无援的境地和不敢反抗的心理与其发生性关系的行为，也包括以暴力、胁迫或者其他手段强奸被害妇女的行为。只要犯罪分子在拐卖过程中与被害妇女发生了性关系，无论其是否使用了暴力或者胁迫手段，

也无论被害人是否有反抗的表示或行为，都应按照《刑法》第 240 条第 1 款第 3 项的规定追究刑事责任。

将被拐卖的妇女卖给他人迫使其卖淫，是指犯罪分子明知收买人收买被拐卖的妇女后将迫使其卖淫，但出于营利等目的，仍将该妇女出卖的行为。

境外，是指国境外和边境外，既包括中华人民共和国领土以外的其他国家、地区，也包括边境外的我国香港特别行政区、我国澳门特别行政区和我国台湾地区。

◆ 第二百四十一条　收买被拐卖的妇女、儿童罪

收买被拐卖的妇女、儿童的，处三年以下有期徒刑、拘役或者管制。

◆ 强奸罪

收买被拐卖的妇女，强行与其发生性关系的，依照本法第二百三十六条的规定定罪处罚。

收买被拐卖的妇女、儿童，非法剥夺、限制其人身自由或者有伤害、侮辱等犯罪行为的，依照本法的有关规定定罪处罚。

收买被拐卖的妇女、儿童，并有第二款、第三款规定的犯罪行为的，依照数罪并罚的规定处罚。

◆ 拐卖妇女、儿童罪

收买被拐卖的妇女、儿童又出卖的，依照本法第二百四十条的规定定罪处罚。

收买被拐卖的妇女、儿童，对被买儿童没有虐待行为，不阻碍对其进行解救的，可以从轻处罚；按照被买妇女的意愿，不阻碍其返回原居住地的，可以从轻或者减轻处罚。

名词解释

不阻碍对其进行解救，是指在国家机关工作人员、被害人家属对被买儿童进行解救时，收买人未采取任何方法阻止、妨碍国家机关工作人员、被害儿童家属的解救工作。

不阻碍其返回原居住地，是指收买人提供路费或者交通工具，也包括不提任何要求，而让被买妇女返回其原居住地。

◆ 第二百四十二条　妨害公务罪

以暴力、威胁方法阻碍国家机关工作人员解救被收买的妇女、儿童的，依照本法第二百七十七条的规定定罪处罚。

◆ 聚众阻碍解救被收买的妇女、儿童罪

聚众阻碍国家机关工作人员解救被收买的妇女、儿童的首要分子，处五年以下有期徒刑或者拘役；其他参与者使用暴力、威胁方法的，依照前款的规定处罚。

名词解释

首要分子，是指在聚众阻碍国家机关工作人员解救被收买的妇女、儿童的犯罪活动中起组织、策划、指挥、煽动等作用的犯罪分子，可能是一人，也可能是多人。

其他参与者，是指首要分子以外的其他参与聚众阻碍国家机关工作人员解救被拐卖、绑架的妇女、儿童的人。

◆ 第二百四十三条　诬告陷害罪

捏造事实诬告陷害他人，意图使他人受刑事追究，情节严重的，处三年以下有期徒刑、拘役或者管制；造成严重后果的，处三年以上十年以下有期徒刑。

国家机关工作人员犯前款罪的，从重处罚。

不是有意诬陷，而是错告，或者检举失实的，不适用前两款的规定。

实用问答

实践中，如何区分诬告陷害罪与诽谤罪？

答：诬告陷害罪与诽谤罪的区别体现在：（1）诽谤罪的目的是损害他人的人格和名誉，而诬告陷害罪的目的是使被诬陷人受刑事追究；（2）诽谤罪捏造的事实不一定是他人犯罪的事实，而诬告陷害罪捏造的事实必须是他人犯罪的事实；（3）诽谤罪行为人的手段是散布其捏造的事实，诬告陷害罪行为人的手段是向有关机关告发其捏造的他人的犯罪事实；（4）诽谤罪属于亲告罪，即告诉的才处理，但是严重危害社会秩序和国家利益的除外，而诬告陷害罪不是亲告罪，属于国家公诉案件。

◆ 第二百四十四条　强迫劳动罪

以暴力、威胁或者限制人身自由的方法强迫他人劳动的，处三年以下有期徒刑或者拘役，并处罚金；情节严重的，处三年以上十年以下有期徒刑，并处罚金。

明知他人实施前款行为，为其招募、运送人员或者有其他协助强迫他人劳动行为的，依照前款的规定处罚。

单位犯前两款罪的，对单位判处罚金，并对其直接负责的主管人员和其他直接责任人员，依照第一款的规定处罚。

名词解释

招募，是指通过所谓“合法”或非法途径，面向特定或者不特定的群体募集人员的行为。

◆ 第二百四十四条之一　雇用童工从事危重劳动罪

违反劳动管理法规，雇用未满十六周岁的未成年人从事超强度体力劳动的，或者从事高空、井下作业的，或者在爆炸性、易燃性、放射性、毒害性等危险环境下从事劳动，情节严重的，对直接责任人员，处三年以下有期徒刑或者拘役，并处罚金；情节特别严重的，处三年以上七年以下有期徒刑，并处罚金。

有前款行为，造成事故，又构成其他犯罪的，依照数罪并罚的规定处罚。

◆ 第二百四十五条　非法搜查罪；非法侵入住宅罪

非法搜查他人身体、住宅，或者非法侵入他人住宅的，处三年以下有期徒刑或者拘役。

司法工作人员滥用职权，犯前款罪的，从重处罚。

名词解释

非法搜查，包括两层意思：一是指无权进行搜查的机关、团体、单位的工作人员或者个人，非法对他人人身、住宅进行搜查；二是指有搜查权的国家机关工作人员，滥用职权，非法对他人的人身、住宅进行搜查或者搜查的程序和手续不符合法律规定。具有其中之一的，即为非法搜查。

住宅，是指他人生活的与外界相对隔离的住所，包括封闭的院落、牧民的帐篷、渔民作为家庭生活场所的渔船、为生活租用的房屋等。

滥用职权，是指司法工作人员超越职权或者违背职责行使职权，非法搜查他人身体、住宅，或者非法侵入他人住宅的行为。

◆ 第二百四十六条 侮辱罪；诽谤罪

以暴力或者其他方法公然侮辱他人或者捏造事实诽谤他人，情节严重的，处三年以下有期徒刑、拘役、管制或者剥夺政治权利。

前款罪，告诉的才处理，但是严重危害社会秩序和国家利益的除外。

通过信息网络实施第一款规定的行为，被害人向人民法院告诉，但提供证据确有困难的，人民法院可以要求公安机关提供协助。

名词解释

公然侮辱他人，是指当众或者利用能够使多人听到或看到的方式，对他人进行侮辱。公然侮辱并不一定要求被害人在场。

诽谤，是指故意捏造事实，并且进行散播。

捏造事实，是指无中生有，凭空制造虚假的事实，而且这些内容已经或足以给被害人的人格、名誉造成损害。

提供证据确有困难，是指被害人通过正常的途径难以查明犯罪嫌疑人身份，难以收集、固定相应的犯罪证据。

典型案例

1. 岳某侮辱案①

要旨： 利用信息网络散布被害人的裸体视频、照片及带有侮辱性的文字，公然侮辱他人，贬损他人人格、破坏他人名誉，导致出现被害人自杀等后果，严重危害社会秩序的，应当按照公诉程序，以侮辱罪依法追究刑事责任。

2. 郎某、何某诽谤案②

要旨： 利用信息网络诽谤他人，破坏公众安全感，严重扰乱网络社会秩序，符合《刑法》第246条第2款“严重危害社会秩序”的，检察机关应当依法履行追诉职责，作为公诉案件办理。公安机关未立案侦查，被害人已提出自诉的，检察机关应当处理好由自诉向公诉程序的转换。

◆ 第二百四十七条　刑讯逼供罪；暴力取证罪

司法工作人员对犯罪嫌疑人、被告人实行刑讯逼供或者使用暴力逼取证人证言的，处三年以下有期徒刑或者拘役。致人伤残、死亡的，依照本法第二百三十四条、第二百三十二条的规定定罪从重处罚。

---

① 检例第138号。
② 检例第137号。

实用问答

实践中，如何区分刑讯逼供罪、暴力取证罪与非法拘禁罪?

答：刑讯逼供罪、暴力取证罪与非法拘禁罪的区别体现在：(1) 主体不同。刑讯逼供罪、暴力取证罪的犯罪主体必须是司法工作人员；非法拘禁罪的主体是一般主体，非司法工作人员也可成为犯罪主体。(2) 刑讯逼供罪、暴力取证罪所侵害的对象只限于被指控有犯罪行为的犯罪嫌疑人、被告人和刑事诉讼中的证人；非法拘禁罪侵害的对象则是依法享有人身自由权利的任何公民。(3) 刑讯逼供罪、暴力取证罪在客观上表现为对犯罪嫌疑人、被告人使用肉刑、变相肉刑或者使用暴力逼取口供或者证人证言的行为；非法拘禁罪在客观上表现为以拘禁或者其他强制方法非法剥夺他人人身自由的行为。(4) 刑讯逼供罪、暴力取证罪要求行为人具有逼取口供、证人证言的目的；非法拘禁罪则没有这一要求。

◆ 第二百四十八条　虐待被监管人罪

监狱、拘留所、看守所等监管机构的监管人员对被监管人进行殴打或者体罚虐待，情节严重的，处三年以下有期徒刑或者拘役；情节特别严重的，处三年以上十年以下有期徒刑。致人伤残、死亡的，依照本法第二百三十四条、第二百三十二条的规定定罪从重处罚。

监管人员指使被监管人殴打或者体罚虐待其他被监管人的，依照前款的规定处罚。

名词解释

监管人员，是指在监狱、拘留所、看守所等监管机构中行使监管职责的工作人员。

体罚虐待，是指监管人员违反监管法规规定，对被监管人实施任意殴打、捆绑、冻饿、强迫从事过度劳动、侮辱人格、滥施械具等行为。

被监管人，是指在监狱等刑罚执行场所服刑的罪犯、在看守所中被监管的犯罪嫌疑人和被告人、在拘留所中被执行行政拘留处罚的人，以及其他依法被监管的人。

◆ 第二百四十九条　煽动民族仇恨、民族歧视罪

煽动民族仇恨、民族歧视，情节严重的，处三年以下有期徒刑、拘役、管制或者剥夺政治权利；情节特别严重的，处三年以上十年以下有期徒刑。

◆ 第二百五十条　出版歧视、侮辱少数民族作品罪

在出版物中刊载歧视、侮辱少数民族的内容，情节恶劣，造成严重后果的，对直接责任人员，处三年以下有期徒刑、拘役或者管制。

名词解释

出版物，包括报纸、期刊、图书、音像制品和电子出版物等。

◆ 第二百五十一条　非法剥夺公民宗教信仰自由罪；侵犯少数民族风俗习惯罪

国家机关工作人员非法剥夺公民的宗教信仰自由和侵犯少数民族风俗习惯，情节严重的，处二年以下有期徒刑或者拘役。

名词解释

宗教信仰自由，即公民既有信仰宗教的自由，也有不信仰宗教的自由；既有信仰这种宗教的自由，也有信仰那种宗教的自由；既有过去不信教、现在信教的自由，也有过去信教、现在不信教的自由。

◆ 第二百五十二条　侵犯通信自由罪

隐匿、毁弃或者非法开拆他人信件，侵犯公民通信自由权利，情节严重的，处一年以下有期徒刑或者拘役。

◆ 第二百五十三条　私自开拆、隐匿、毁弃邮件、电报罪

邮政工作人员私自开拆或者隐匿、毁弃邮件、电报的，处二年以下有期徒刑或者拘役。

◆ 盗窃罪

犯前款罪而窃取财物的，依照本法第二百六十四条的规定定罪从重处罚。

◆ 第二百五十三条之一　侵犯公民个人信息罪

违反国家有关规定，向他人出售或者提供公民个人信息，情节严重的，处三年以下有期徒刑或者拘役，并处或者单处罚金；情节特别严重的，处三年以上七年以下有期徒刑，并处罚金。

违反国家有关规定，将在履行职责或者提供服务过程中获得的公民个人信息，出售或者提供给他人的，依照前款的规定从重处罚。

窃取或者以其他方法非法获取公民个人信息的，依照第一款的规定处罚。

单位犯前三款罪的，对单位判处罚金，并对其直接负责的主管人员和其他直接责任人员，依照各该款的规定处罚。

名词解释

公民个人信息，主要是指以电子或者其他方式记录的能够单独或者与其他信息结合识别特定自然人身份或者反映特定自然人活动情况的各种信息，包括姓名、身份证件号码、通信通讯联系方式、住址、账号密码、财产状况、行踪轨迹等。

典型案例

柯某侵犯公民个人信息案[①]

要旨： 业主房源信息是房产交易信息和身份识别信息的组合，

① 检例第140号。

包含姓名、通信通讯联系方式、住址、交易价格等内容，属于法律保护的公民个人信息。未经信息主体另行授权，非法获取、出售限定使用范围的业主房源信息，系侵犯公民个人信息的行为，情节严重、构成犯罪的，应当依法追究刑事责任。检察机关办理案件时应当对涉案公民个人信息具体甄别，筛除模糊、无效及重复信息，准确认定侵犯公民个人信息数量。

◆ 第二百五十四条　报复陷害罪

国家机关工作人员滥用职权、假公济私，对控告人、申诉人、批评人、举报人实行报复陷害的，处二年以下有期徒刑或者拘役；情节严重的，处二年以上七年以下有期徒刑。

名词解释

滥用职权，是指国家机关工作人员违背职责而行使职权。

假公济私，是指国家机关工作人员以工作为名，为徇私情或者实现个人目的而利用职务上的便利。

报复陷害，主要是指利用手中的权力，以种种借口进行政治上或者经济上的迫害，如降职，降级，调离岗位，经济处罚，开除公职，捏造事实诬陷其经济、生活作风上有问题等。

控告人，是指由于受到侵害而向司法机关或者其他机关、团体、单位告发他人违法犯罪或者违纪违章活动的人。

申诉人，是指对司法机关已经发生法律效力的判决、裁定或者决定不服，对国家行政机关处罚的决定不服或者对其他纪律处分的决定不服而提出申诉意见的人。

批评人，是指对他人包括国家机关的错误做法提出批评意见的人。

举报人，是指向司法机关检举、揭发犯罪嫌疑人的犯罪事实或者犯罪嫌疑人线索的人。

◆ 第二百五十五条　打击报复会计、统计人员罪

公司、企业、事业单位、机关、团体的领导人，对依法履行职责、抵制违反会计法、统计法行为的会计、统计人员实行打击报复，情节恶劣的，处三年以下有期徒刑或者拘役。

◆ 第二百五十六条　破坏选举罪

在选举各级人民代表大会代表和国家机关领导人员时，以暴力、威胁、欺骗、贿赂、伪造选举文件、虚报选举票数等手段破坏选举或者妨害选民和代表自由行使选举权和被选举权，情节严重的，处三年以下有期徒刑、拘役或者剥夺政治权利。

名词解释

妨害选民行使选举权和被选举权，是指非法阻止选民参加登记或者投票，迫使、诱骗选民违背自己的意志进行投票，以及使选民放弃自己的被选举权等。

◆ 第二百五十七条　暴力干涉婚姻自由罪

以暴力干涉他人婚姻自由的，处二年以下有期徒刑或者拘役。

犯前款罪，致使被害人死亡的，处二年以上七年以下有期徒刑。

第一款罪，告诉的才处理。

◆ 第二百五十八条　重婚罪

有配偶而重婚的，或者明知他人有配偶而与之结婚的，处二年以下有期徒刑或者拘役。

名词解释

结婚，在本条中既包括骗取合法手续登记结婚，又包括虽未登记结婚，但以夫妻名义共同生活。只要是有配偶而又结婚，或者是明知他人有配偶而与之结婚的，无论是骗取合法手续登记结婚，还是未登记结婚，但以夫妻名义共同生活的，都构成重婚罪。

◆ 第二百五十九条　破坏军婚罪

明知是现役军人的配偶而与之同居或者结婚的，处三年以下有期徒刑或者拘役。

◆ 强奸罪

利用职权、从属关系，以胁迫手段奸淫现役军人的妻子的，依照本法第二百三十六条的规定定罪处罚。

名词解释

现役军人，是指中国人民解放军或者人民武装警察部队的现役军官、警官、文职干部、士兵及具有军籍的学员等。在军事部门或者人民武装警察部队中工作，但没有取得军籍的人员，以及复员退伍军人、转业军人、残疾军人等，都不属于现役军人。

现役军人的配偶，是指依法与现役军人存续婚姻关系的妻子或者丈夫。

同居，是指虽没有办理结婚登记手续，但以夫妻名义共同生活，或者在较长时间内共同生活。

◆ 第二百六十条　虐待罪

虐待家庭成员，情节恶劣的，处二年以下有期徒刑、拘役或者管制。

犯前款罪，致使被害人重伤、死亡的，处二年以上七年以下有期徒刑。

第一款罪，告诉的才处理，但被害人没有能力告诉，或者因受到强制、威吓无法告诉的除外。

名词解释

家庭成员，是指在同一家庭中共同生活的成员，如夫妻、父母、子女、兄弟、姐妹等。根据我国有关法律的规定，家庭成员关系主要有以下四种情形：（1）由婚姻关系形成的家庭成员关系，如丈夫和妻子。夫妻关系是父母、子女关系产生的前提和基础。（2）由血缘关系形成的家庭成员关系，既包括由直系血亲关系而联系起来的父母、子女、孙子女、曾孙子女以及祖父母、曾祖父母、外祖父母等，也包括由旁系血亲关系而联系起来的兄、弟、姐、妹、叔、伯、姑、姨、舅等。（3）由收养关系而形成的家庭成员关系，即养父母和养子女之间的关系。（4）由其他关系形成的家庭成员关系。现实生活中还存在区别于前三种情形而形成的非法定义务的扶养关系，如同居关系、对孤寡老人的自愿赡养关系等。

典型案例

于某虐待案[①]

要旨：（1）被虐待的未成年人，因年幼无法行使告诉权利的，属于《刑法》第260条第3款规定的“被害人没有能力告诉”的情形，应当按照公诉案件处理，由检察机关提起公诉，并可以依法提出适用禁止令的建议。

（2）抚养人对未成年人未尽抚养义务，实施虐待或者其他严重侵害未成年人合法权益的行为，不适宜继续担任抚养人的，检察机关可以支持未成年人或者其他监护人向人民法院提起变更抚养权诉讼。

◆ 第二百六十条之一　虐待被监护、看护人罪

对未成年人、老年人、患病的人、残疾人等负有监护、看护职责的人虐待被监护、看护的人，情节恶劣的，处三年以下有期徒刑或者拘役。

单位犯前款罪的，对单位判处罚金，并对其直接负责的主管人员和其他直接责任人员，依照前款的规定处罚。

有第一款行为，同时构成其他犯罪的，依照处罚较重的规定定罪处罚。

---

① 检例第44号。

◆ 第二百六十一条　遗弃罪

对于年老、年幼、患病或者其他没有独立生活能力的人，负有扶养义务而拒绝扶养，情节恶劣的，处五年以下有期徒刑、拘役或者管制。

名词解释

没有独立生活能力，是指自然人不具备或者丧失劳动能力，无生活来源而需要他人在经济上予以供给扶养，或者虽有经济收入，但生活不能自理而需要他人照顾等情况。

负有扶养义务，是指行为人对于年老、年幼、患病或者其他没有独立生活能力的人，依法负有的对上述被扶养人在经济、生活等方面予以供给、照顾、帮助，以维护其正常的生活的义务。扶养关系主要包括以下几个方面：夫妻间有相互扶养的义务；父母对子女有抚养、教育和保护的义务；子女对父母有赡养、扶助和保护的义务；养父母与养子女、继父母与继子女之间有相互扶养的义务；有负担能力的祖父母、外祖父母对父母已经死亡的未成年的孙子女、外孙子女有抚养的义务；有负担能力的孙子女、外孙子女，对于子女已经死亡的祖父母、外祖父母有赡养的义务；有负担能力的兄姐对父母已经死亡或者父母无力抚养的未成年弟妹有抚养的义务，等等。

◆ 第二百六十二条　拐骗儿童罪

拐骗不满十四周岁的未成年人，脱离家庭或者监护人的，处五年以下有期徒刑或者拘役。

名词解释

脱离家庭或者监护人，是指使不满14周岁的未成年人脱离家庭或者离开父母或其他监护人，致使不满14周岁的未成年人的父母或者监护人不能继续对该未成年人行使监护权。

◆ 第二百六十二条之一　组织残疾人、儿童乞讨罪

以暴力、胁迫手段组织残疾人或者不满十四周岁的未成年人乞讨的，处三年以下有期徒刑或者拘役，并处罚金；情节严重的，处三年以上七年以下有期徒刑，并处罚金。

◆ 第二百六十二条之二　组织未成年人进行违反治安管理活动罪

组织未成年人进行盗窃、诈骗、抢夺、敲诈勒索等违反治安管理活动的，处三年以下有期徒刑或者拘役，并处罚金；情节严重的，处三年以上七年以下有期徒刑，并处罚金。

典型案例

惩治组织未成年人进行违反治安管理活动犯罪综合司法保护案[1]

要旨：组织未成年人在KTV等娱乐场所进行有偿陪侍的，检察机关应当以组织未成年人进行违反治安管理活动罪进行追诉，并可

① 检例第173号。

以从被组织人数、持续时间、组织手段、陪侍情节、危害后果等方面综合认定本罪是否达到“情节严重”的程度。检察机关应当针对案件背后的家庭监护缺失、监护不力问题开展督促监护工作，综合评估监护履责中存在的具体问题，制发个性化督促监护令，并跟踪落实。检察机关应当坚持未成年人保护治罪与治理并重，针对个案发生的原因开展诉源治理。

第五章　侵犯财产罪

◆ 第二百六十三条　抢劫罪

以暴力、胁迫或者其他方法抢劫公私财物的，处三年以上十年以下有期徒刑，并处罚金；有下列情形之一的，处十年以上有期徒刑、无期徒刑或者死刑，并处罚金或者没收财产：

（一）入户抢劫的；

（二）在公共交通工具上抢劫的；

（三）抢劫银行或者其他金融机构的；

（四）多次抢劫或者抢劫数额巨大的；

（五）抢劫致人重伤、死亡的；

（六）冒充军警人员抢劫的；

（七）持枪抢劫的；

（八）抢劫军用物资或者抢险、救灾、救济物资的。

名词解释

抢劫，是指以非法占有为目的，当场使用暴力、胁迫或者其他方法强行劫取公私财物的行为。

实用问答

构成本条规定的“抢劫罪”，应具备哪些条件？

答：构成抢劫罪，必须具备以下几个条件：（1）行为人具有非法占有公私财物的目的，并且实施了非法占有或者意图非法占有的行为。（2）行为人对被害人当场使用暴力、胁迫或者其他方法。暴力、胁迫或者其他方法，必须是犯罪分子当场使用的。如果犯罪分子没有使用暴力或者胁迫的方法就取得了财物，除《刑法》第267条第2款规定的携带凶器抢夺的情形外，不能以抢劫罪论处。反之，如果犯罪分子事先只是准备盗窃或者抢夺，但在实施盗窃或者抢夺的过程中遭到反抗或者阻拦，于是当场使用暴力或者以暴力相威胁强取财物，其行为就由盗窃或者抢夺转化为了抢劫，应以抢劫罪定罪处罚。

典型案例

1. 陈邓昌抢劫、盗窃，付志强盗窃案①

要旨：（1）对于入户盗窃，因被发现而当场使用暴力或者以暴力相威胁的行为，应当认定为“入户抢劫”。

（2）在人民法院宣告判决前，人民检察院发现被告人有遗漏的罪行可以一并起诉和审理的，可以补充起诉。

（3）人民检察院认为同级人民法院第一审判决重罪轻判，适用刑罚明显不当的，应当提出抗诉。

① 检例第17号。

2. 李某抢劫、强奸、强制猥亵二审抗诉案[①]

要旨：对于认定事实、适用法律存在争议的抗诉案件，人民检察院要全面收集、审查判断和综合运用证据，充分利用技术手段收集电子数据，注重运用间接证据完善证据链条，确保准确认定犯罪事实和适用法律。如果在二审抗诉案件办理过程中，发现漏罪线索，应当及时移送公安机关侦查，经查证属实的，建议人民法院发回重审，由人民检察院对新的犯罪事实补充起诉，依法保障被告人的上诉权。人民检察院要加强反向审视，通过办理抗诉案件，发现和改进审查逮捕、审查起诉工作中存在的问题和不足。

◆ 第二百六十四条　盗窃罪

盗窃公私财物，数额较大的，或者多次盗窃、入户盗窃、携带凶器盗窃、扒窃的，处三年以下有期徒刑、拘役或者管制，并处或者单处罚金；数额巨大或者有其他严重情节的，处三年以上十年以下有期徒刑，并处罚金；数额特别巨大或者有其他特别严重情节的，处十年以上有期徒刑或者无期徒刑，并处罚金或者没收财产。

名词解释

盗窃，是指以非法占有为目的，秘密窃取公私财物的行为。

① 检例第180号。

实用问答

行为人盗窃未遂，是否会追究其刑事责任？

答：盗窃未遂是否会追究刑事责任，需要根据具体情形判断。根据《最高人民法院、最高人民检察院关于办理盗窃刑事案件适用法律若干问题的解释》第12条的规定，盗窃未遂，具有下列情形之一的，应当依法追究刑事责任：（1）以数额巨大的财物为盗窃目标的；（2）以珍贵文物为盗窃目标的；（3）其他情节严重的情形。盗窃既有既遂，又有未遂，分别达到不同量刑幅度的，依照处罚较重的规定处罚；达到同一量刑幅度的，以盗窃罪既遂处罚。

典型案例

1. 张四毛盗窃案[①]

要旨：网络域名具备法律意义上的财产属性，盗窃网络域名可以认定为盗窃行为。

2. 臧进泉等盗窃、诈骗案[②]

要旨：行为人利用信息网络，诱骗他人点击虚假链接而实际通过预先植入的计算机程序窃取财物构成犯罪的，以盗窃罪定罪处罚；虚构可供交易的商品或者服务，欺骗他人点击付款链接而骗取财物构成犯罪的，以

① 检例第37号。
② 最高人民法院指导案例27号。

诈骗罪定罪处罚。

◆ 第二百六十五条　盗窃罪

以牟利为目的，盗接他人通信线路、复制他人电信码号或者明知是盗接、复制的电信设备、设施而使用的，依照本法第二百六十四条的规定定罪处罚。

名词解释

盗接，是指以牟利为目的，未经权利人的许可，采取秘密的方法连接他人的通信线路，无偿使用或者转给他人使用，从而给权利人造成较大损失的行为。

复制他人电信码号，主要是指以牟利为目的，取得他人的电信码号后，非法复制，无偿使用或者非法出租、出借、转让的行为。

◆ 第二百六十六条　诈骗罪

诈骗公私财物，数额较大的，处三年以下有期徒刑、拘役或者管制，并处或者单处罚金；数额巨大或者有其他严重情节的，处三年以上十年以下有期徒刑，并处罚金；数额特别巨大或者有其他特别严重情节的，处十年以上有期徒刑或者无期徒刑，并处罚金或者没收财产。本法另有规定的，依照规定。

名词解释

诈骗，主要是指以非法占有为目的，用虚构事实或者隐瞒真相的方法，骗取公私财物的行为。

典型案例

董亮等四人诈骗案①

要旨： 以非法占有为目的，采用自我交易方式，虚构提供服务的事实，骗取互联网公司垫付费用及订单补贴，数额较大的行为，应认定为诈骗罪。

◆ 第二百六十七条　抢夺罪

抢夺公私财物，数额较大的，或者多次抢夺的，处三年以下有期徒刑、拘役或者管制，并处或者单处罚金；数额巨大或者有其他严重情节的，处三年以上十年以下有期徒刑，并处罚金；数额特别巨大或者有其他特别严重情节的，处十年以上有期徒刑或者无期徒刑，并处罚金或者没收财产。

◆ 抢劫罪

携带凶器抢夺的，依照本法第二百六十三条的规定定罪处罚。

名词解释

抢夺，是指以非法占有为目的，公然夺取公私财物的行为。

携带凶器抢夺，是指行为人随身携带枪支、爆炸物、管制刀具

---

① 检例第38号。

等国家禁止个人携带的器械进行抢夺，或者为了实施犯罪而携带其他器械进行抢夺的行为。

◆ 第二百六十八条　聚众哄抢罪

聚众哄抢公私财物，数额较大或者有其他严重情节的，对首要分子和积极参加的，处三年以下有期徒刑、拘役或者管制，并处罚金；数额巨大或者有其他特别严重情节的，处三年以上十年以下有期徒刑，并处罚金。

名词解释

聚众哄抢，主要是指聚集多人，公然夺取数额较大的公私财物的行为。

首要分子，是指在聚众哄抢中起组织、策划、指挥作用的人。

积极参加人，是指主动参与哄抢，在哄抢中起主要作用以及哄抢财物多的人。

◆ 第二百六十九条　转化抢劫

犯盗窃、诈骗、抢夺罪，为窝藏赃物、抗拒抓捕或者毁灭罪证而当场使用暴力或者以暴力相威胁的，依照本法第二百六十三条的规定定罪处罚。

名词解释

窝藏赃物，是指转移、隐匿盗窃、诈骗、抢夺所得到的公私财物的行为。

抗拒抓捕，是指犯罪分子抗拒司法机关依法对其采取的拘留、逮捕等强制措施，以及在犯罪时或者犯罪后被及时发现，抗拒群众将其扭送到司法机关的行为。

毁灭罪证，是指犯罪分子为逃避罪责，湮灭作案现场遗留的痕迹、物品以及销毁可以证明其罪行的各种证据的行为。

◆ 第二百七十条　侵占罪

将代为保管的他人财物非法占为己有，数额较大，拒不退还的，处二年以下有期徒刑、拘役或者罚金；数额巨大或者有其他严重情节的，处二年以上五年以下有期徒刑，并处罚金。

将他人的遗忘物或者埋藏物非法占为己有，数额较大，拒不交出的，依照前款的规定处罚。

本条罪，告诉的才处理。

名词解释

遗忘物，是指由于财产的所有人、占有人的疏忽，被遗忘在某处的物品。

埋藏物，是指所有权不明的埋藏于地下的财物、物品。

实用问答

实践中如何区分遗忘物和遗失物？

答：遗忘物和遗失物是有区别的，遗忘物一般是指被害人明确知道自己遗忘在某处的物品；遗失物则是失主丢失的物品，拾得遗失物未交还失主的，不得按侵占罪处理。

◆ 第二百七十一条　职务侵占罪

公司、企业或者其他单位的工作人员，利用职务上的便利，将本单位财物非法占为己有，数额较大的，处三年以下有期徒刑或者拘役，并处罚金；数额巨大的，处三年以上十年以下有期徒刑，并处罚金；数额特别巨大的，处十年以上有期徒刑或者无期徒刑，并处罚金。

◆ 贪污罪

国有公司、企业或者其他国有单位中从事公务的人员和国有公司、企业或者其他国有单位委派到非国有公司、企业以及其他单位从事公务的人员有前款行为的，依照本法第三百八十二条、第三百八十三条的规定定罪处罚。

名词解释

侵占，是指公司、企业或者其他单位的工作人员利用职务上的便利，侵吞、窃取、骗取或者以其他手段非法占有本单位的财物的行为。

利用职务上的便利，主要是指利用自己在职务上所具有的主管、管理或者经手本单位财物的便利条件，如公司的经理在一定范围内有调配、处置单位财产的权力，企业的会计有管理财务的职责，出纳有经手、管理钱财的职责等。

◆ 第二百七十二条　挪用资金罪

公司、企业或者其他单位的工作人员，利用职务上的便利，挪用本单位资金归个人使用或者借贷给他人，数额较大、超过三个月未还的，或者虽未超过三个月，但数额较大、进行营利活动的，或者进行非法活动的，处三年以下有期徒刑或者拘役；挪用本单位资金数额巨大的，处三年以上七年以下有期徒刑；数额特别巨大的，处七年以上有期徒刑。

◆ 挪用公款罪

国有公司、企业或者其他国有单位中从事公务的人员和国有公司、企业或者其他国有单位委派到非国有公司、企业以及其他单位从事公务的人员有前款行为的，依照本法第三百八十四条的规定定罪处罚。

有第一款行为，在提起公诉前将挪用的资金退还的，可以从轻或者减轻处罚。其中，犯罪较轻的，可以减轻或者免除处罚。

名词解释

挪用，是指利用职务上的便利，非法擅自动用单位资金归本人或他人使用，但准备日后退还。

本单位资金，既包括本单位所有的资金，也包括因为经营管理的需要，在本单位实际控制使用中的资金。

借贷给他人，是指挪用人以个人名义将所挪用的资金借给其他自然人和单位。

进行营利活动，是指用所挪用的资金进行经营或者其他获取利润的行为，至于其是否实际获得利益不影响本罪的成立。

非法活动，既包括一般的违法行为，如赌博、嫖娼；也包括犯罪行为，如走私、贩毒等。

实用问答

实践中，哪些情况应当认定为本条规定的“归个人使用”？

答： 根据《最高人民检察院、公安部关于公安机关管辖的刑事案件立案追诉标准的规定（二）》第77条第2款的规定，具有下列情形之一的，属于《刑法》第272条规定的“归个人使用”：（1）将本单位资金供本人、亲友或者其他自然人使用的；（2）以个人名义将本单位资金供其他单位使用的；（3）个人决定以单位名义将本单位资金供其他单位使用，谋取个人利益的。

◆ 第二百七十三条　挪用特定款物罪

挪用用于救灾、抢险、防汛、优抚、扶贫、移民、救济款物，情节严重，致使国家和人民群众利益遭受重大损害的，对直接责任人员，处三年以下有期徒刑或者拘役；情节特别严重的，处三年以上七年以下有期徒刑。

◆ 第二百七十四条　敲诈勒索罪

敲诈勒索公私财物，数额较大或者多次敲诈勒索的，处三年以下有期徒刑、拘役或者管制，并处或者单处罚金；数额巨大或者有其他严重情节的，处三年以上十年以下有期徒刑，并处罚金；数额特别巨大或者有其他特别严重情节的，处十年以上有期徒刑，并处罚金。

名词解释

敲诈勒索，是指以非法占有为目的，对公私财物的所有人、保管人使用威胁或者要挟的方法，勒索公私财物的行为。

◆ 第二百七十五条　故意毁坏财物罪

故意毁坏公私财物，数额较大或者有其他严重情节的，处三年以下有期徒刑、拘役或者罚金；数额巨大或者有其他特别严重情节的，处三年以上七年以下有期徒刑。

◆ 第二百七十六条　破坏生产经营罪

由于泄愤报复或者其他个人目的，毁坏机器设备、残害耕畜或者以其他方法破坏生产经营的，处三年以下有期徒刑、拘役或者管制；情节严重的，处三年以上七年以下有期徒刑。

◆ 第二百七十六条之一　拒不支付劳动报酬罪

以转移财产、逃匿等方法逃避支付劳动者的劳动报酬或者有能力支付而不支付劳动者的劳动报酬，数额较大，经政府有关部门责令支付仍不支付的，处三年以下有期徒刑或者拘役，并处或者单处罚金；造成严重后果的，处三年以上七年以下有期徒刑，并处罚金。

单位犯前款罪的，对单位判处罚金，并对其直接负责的主管人员和其他直接责任人员，依照前款的规定处罚。

有前两款行为，尚未造成严重后果，在提起公诉前支付劳动者的劳动报酬，并依法承担相应赔偿责任的，可以减轻或者免除处罚。

名词解释

转移财产，是指行为人为逃避欠薪将所经营的收益等财产转移到他处，以使行政机关、司法机关或被欠薪者无法查找到。

逃匿，是指行为人为逃避行政机关或司法机关的追究而逃离当地或躲藏起来。

劳动报酬，是指劳动者按照《劳动法》《劳动合同法》等法律的规定，通过自己的劳动而应得的报酬，包括工资、奖金、津贴、补贴、延长工作时间的工资报酬及特殊情况下支付的工资等。

有能力支付，是指经调查，有事实证明企业或单位确有资金支付劳动者工资的情况。

实用问答

实践中，哪些情况应当认定为本条规定的“以转移财产、逃匿等方法逃避支付劳动者的劳动报酬”？

答：根据《最高人民法院关于审理拒不支付劳动报酬刑事案件适用法律若干问题的解释》第2条第1款的规定，以逃避支付劳动者的劳动报酬为目的，具有下列情形之一的，应当认定为《刑法》第276条之一第1款规定的“以转移财产、逃匿等方法逃避支付劳动者的劳动报酬”：（1）隐匿财产、恶意清偿、虚构债务、虚假破产、虚假倒闭或者以其他方法转移、处分财产的；（2）逃跑、藏匿的；（3）隐匿、销毁或者篡改账目、职工名册、工资支付记录、考勤记录等与劳动报酬相关的材料的；（4）以其他方法逃避支付劳动报酬的。

典型案例

胡克金拒不支付劳动报酬案[1]

要旨：（1）不具备用工主体资格的单位或者个人（包工头），违法用工且拒不支付劳动者报酬，数额较大，经政府有关部门责令支付仍不支付的，应当以拒不支付劳动报酬罪追究刑事责任。

（2）不具备用工主体资格的单位或者个人（包工头）拒不支付劳动报酬，即使其他单位或者个人在刑事立案前为其垫付了劳动报酬，也不影响追究该用工单位或者个人（包工头）拒不支付劳动报酬罪的刑事责任。

① 最高人民法院指导案例28号。

第六章　妨害社会管理秩序罪

第一节　扰乱公共秩序罪

◆ 第二百七十七条　妨害公务罪

以暴力、威胁方法阻碍国家机关工作人员依法执行职务的，处三年以下有期徒刑、拘役、管制或者罚金。

以暴力、威胁方法阻碍全国人民代表大会和地方各级人民代表大会代表依法执行代表职务的，依照前款的规定处罚。

在自然灾害和突发事件中，以暴力、威胁方法阻碍红十字会工作人员依法履行职责的，依照第一款的规定处罚。

故意阻碍国家安全机关、公安机关依法执行国家安全工作任务，未使用暴力、威胁方法，造成严重后果的，依照第一款的规定处罚。

◆ 袭警罪

暴力袭击正在依法执行职务的人民警察的，处三年以下有期徒刑、拘役或者管制；使用枪支、管制刀具，或者以驾驶机动车撞击等手段，严重危及其人身安全的，处三年以上七年以下有期徒刑。

名词解释

阻碍国家机关工作人员依法执行职务，是指阻挠、妨碍国家机关工作人员依照法律规定执行自己的职务，致使依法执行职务的活动无法正常进行。

实用问答

实践中，哪些情形属于本条规定的“暴力袭击正在依法执行职务的人民警察”？

答：根据《最高人民法院、最高人民检察院、公安部关于依法惩治袭警违法犯罪行为的指导意见》第1条的规定，对正在依法执行职务的民警实施下列行为的，属于《刑法》第277条第5款规定的“暴力袭击正在依法执行职务的人民警察”，应当以妨害公务罪定罪从重处罚：（1）实施撕咬、踢打、抱摔、投掷等，对民警人身进行攻击的；（2）实施打砸、毁坏、抢夺民警正在使用的警用车辆、警械等警用装备，对民警人身进行攻击的。

◆ 第二百七十八条　煽动暴力抗拒法律实施罪

煽动群众暴力抗拒国家法律、行政法规实施的，处三年以下有期徒刑、拘役、管制或者剥夺政治权利；造成严重后果的，处三年以上七年以下有期徒刑。

名词解释

暴力抗拒国家法律、行政法规实施，是指以伤害、杀害执法人员等暴力方式，抗拒国家法律、行政法规的执行。

◆ 第二百七十九条　招摇撞骗罪

冒充国家机关工作人员招摇撞骗的，处三年以下有期徒刑、拘役、管制或者剥夺政治权利；情节严重的，处三年以上十年以下有期徒刑。

冒充人民警察招摇撞骗的，依照前款的规定从重处罚。

名词解释

招摇撞骗，是指行为人为牟取非法利益，以假冒的国家机关工作人员的身份到处炫耀，利用人们对国家机关工作人员的信任，骗取地位、荣誉、待遇等非法利益。如果行为人冒充国家机关工作人员不是为了获取非法利益，或者行为人只是出于满足虚荣心，仅仅实施了冒充国家机关工作人员的行为，但并未借此实施骗取非法利益的行为，则不构成招摇撞骗罪。

冒充国家机关工作人员，是指非国家机关工作人员假冒国家机关工作人员的身份、职位，或者某一国家机关工作人员冒用其他国家机关工作人员的身份、职位的行为。

◆ 第二百八十条　伪造、变造、买卖国家机关公文、证件、印章罪；盗窃、抢夺、毁灭国家机关公文、证件、印章罪

伪造、变造、买卖或者盗窃、抢夺、毁灭国家机关的公文、证件、印章的，处三年以下有期徒刑、拘役、管制或者剥夺政治权利，并处罚金；情节严重的，处三年以上十年以下有期徒刑，并处罚金。

◆ 伪造公司、企业、事业单位、人民团体印章罪

伪造公司、企业、事业单位、人民团体的印章的，处三年以下有期徒刑、拘役、管制或者剥夺政治权利，并处罚金。

◆ 伪造、变造、买卖身份证件罪

伪造、变造、买卖居民身份证、护照、社会保障卡、驾驶证等依法可以用于证明身份的证件的，处三年以下有期徒刑、拘役、管制或者剥夺政治权利，并处罚金；情节严重的，处三年以上七年以下有期徒刑，并处罚金。

名词解释

公文，是指国家机关在其职权范围内，以其名义制作的用以指示工作、处理问题或者联系事务的各种书面文件，如决定、命令、议案、决议、指示、公告、通告、通知、通报、报告、请示、批复、信函、电文、会议纪要等。

证件，是指国家机关制作颁发的用以证明身份、权利义务关系或者有关事实的凭证，主要包括工作证、结婚证、户口簿、营业执照等证件、证书。

印章，是指刻有国家机关组织名称的公章或者某种特殊用途的专用章。

◆ 第二百八十条之一　使用虚假身份证件、盗用身份证件罪

在依照国家规定应当提供身份证明的活动中，使用伪造、变造的或者盗用他人的居民身份证、护照、社会保障卡、驾驶证等依法可以用于证明身份的证件，情节严重的，处拘役或者管制，

并处或者单处罚金。

有前款行为，同时构成其他犯罪的，依照处罚较重的规定定罪处罚。

◆ 第二百八十条之二　冒名顶替罪

盗用、冒用他人身份，顶替他人取得的高等学历教育入学资格、公务员录用资格、就业安置待遇的，处三年以下有期徒刑、拘役或者管制，并处罚金。

组织、指使他人实施前款行为的，依照前款的规定从重处罚。

国家工作人员有前两款行为，又构成其他犯罪的，依照数罪并罚的规定处罚。

名词解释

盗用、冒用他人身份，是指盗用、冒用能够证明他人身份的证件、证明文件、身份档案、材料信息，以达到自己替代他人的社会或法律地位，行使他人相关权利的目的。

高等学历教育入学资格，是指经过考试合格等程序依法获取的高等学历教育（专科教育、本科教育和研究生教育）的入学资格。

就业安置待遇，是根据法律法规和相关政策规定由各级人民政府对特殊主体予以安排就业、照顾就业等优待。如《英雄烈士保护法》第21条第1款规定的对英雄烈士遗属按照国家规定享受的就业方面的优待，可能涉及就业安置；国家或地方的相关政策规定的对饮用水水源地迁出原住民的就业安置待遇、对受地震等自然灾害袭击地区的受灾群众的就业安置待遇等。

◆ 第二百八十一条　非法生产、买卖警用装备罪

非法生产、买卖人民警察制式服装、车辆号牌等专用标志、警械，情节严重的，处三年以下有期徒刑、拘役或者管制，并处或者单处罚金。

单位犯前款罪的，对单位判处罚金，并对其直接负责的主管人员和其他直接责任人员，依照前款的规定处罚。

名词解释

人民警察的“专用标志”，是指为便于社会外界识别，而用来表明人民警察身份或警察机关的场所、车辆等的外形标记，主要包括车辆号牌、臂章、警徽、警衔标志等。

警械，是指人民警察在执行逮捕、拘留、押解人犯以及值勤、巡逻、处理治安案件等警务时，依法使用的警用器具，根据《人民警察使用警械和武器条例》第3条的规定，警械包括警棍、催泪弹、高压水枪、特种防暴枪、手铐、脚镣、警绳等。

◆ 第二百八十二条　非法获取国家秘密罪

以窃取、刺探、收买方法，非法获取国家秘密的，处三年以下有期徒刑、拘役、管制或者剥夺政治权利；情节严重的，处三年以上七年以下有期徒刑。

◆ 非法持有国家绝密、机密文件、资料、物品罪

非法持有属于国家绝密、机密的文件、资料或者其他物品，拒不说明来源与用途的，处三年以下有期徒刑、拘役或者管制。

实用问答

实践中，哪些事项属于“国家秘密”？

答：根据《保守国家秘密法》第9条的规定，下列涉及国家安全和利益的事项，泄露后可能损害国家在政治、经济、国防、外交等领域的安全和利益的，应当确定为“国家秘密”：（1）国家事务重大决策中的秘密事项；（2）国防建设和武装力量活动中的秘密事项；（3）外交和外事活动中的秘密事项以及对外承担保密义务的秘密事项；（4）国民经济和社会发展中的秘密事项；（5）科学技术中的秘密事项；（6）维护国家安全活动和追查刑事犯罪中的秘密事项；（7）经国家保密行政管理部门确定的其他秘密事项。政党的秘密事项中符合前述规定的，属于“国家秘密”。

◆ 第二百八十三条 非法生产、销售专用间谍器材、窃听、窃照专用器材罪

非法生产、销售专用间谍器材或者窃听、窃照专用器材的，处三年以下有期徒刑、拘役或者管制，并处或者单处罚金；情节严重的，处三年以上七年以下有期徒刑，并处罚金。

单位犯前款罪的，对单位判处罚金，并对其直接负责的主管人员和其他直接责任人员，依照前款的规定处罚。

名词解释

专用间谍器材，是指进行间谍活动特殊需要的下列器材：（1）暗藏式窃听、窃照器材；（2）突发式收发报机、一次性密码本、密写工具；（3）用于获取情报的电子监听、截收器材；（4）其他专用间谍器材。

◆ 第二百八十四条　非法使用窃听、窃照专用器材罪

非法使用窃听、窃照专用器材，造成严重后果的，处二年以下有期徒刑、拘役或者管制。

名词解释

窃听、窃照专用器材，是指具有窃听、窃照功能，并专门用于窃听、窃照活动的器材，如专用于窃听、窃照的窃听器、微型录音机、微型照相机等。

◆ 第二百八十四条之一　组织考试作弊罪

在法律规定的国家考试中，组织作弊的，处三年以下有期徒刑或者拘役，并处或者单处罚金；情节严重的，处三年以上七年以下有期徒刑，并处罚金。

为他人实施前款犯罪提供作弊器材或者其他帮助的，依照前款的规定处罚。

◆ 非法出售、提供试题、答案罪

为实施考试作弊行为，向他人非法出售或者提供第一款规定的考试的试题、答案的，依照第一款的规定处罚。

◆ 代替考试罪

代替他人或者让他人代替自己参加第一款规定的考试的，处拘役或者管制，并处或者单处罚金。

实用问答

实践中，哪些行为属于本条规定的“作弊”？

答：作弊，是指在考试中弄虚作假的行为，具体作弊方式很多，需要结合考试的具体情况确定。对于考试作弊，在相关考试的规定中一般都有明确的认定规定，如根据《国家教育考试违规处理办法》第6条的规定，国家教育考试中作弊包括：（1）携带与考试内容相关的材料或者存储有与考试内容相关资料的电子设备参加考试的；（2）抄袭或者协助他人抄袭试题答案或者与考试内容相关的资料的；（3）抢夺、窃取他人试卷、答卷或者胁迫他人为自己抄袭提供方便的；（4）携带具有发送或者接收信息功能的设备的；（5）由他人冒名代替参加考试的；（6）故意销毁试卷、答卷或者考试材料的；（7）在答卷上填写与本人身份不符的姓名、考号等信息的；（8）传、接物品或者交换试卷、答卷、草稿纸的；（9）其他以不正当手段获得或者试图获得试题答案、考试成绩的行为。

◆ 第二百八十五条　非法侵入计算机信息系统罪

违反国家规定，侵入国家事务、国防建设、尖端科学技术领域的计算机信息系统的，处三年以下有期徒刑或者拘役。

◆ 非法获取计算机信息系统数据、非法控制计算机信息系统罪

违反国家规定，侵入前款规定以外的计算机信息系统或者采用其他技术手段，获取该计算机信息系统中存储、处理或者传输的数据，或者对该计算机信息系统实施非法控制，情节严重的，处三年以下有期徒刑或者拘役，并处或者单处罚金；情节特别严重的，处三年以上七年以下有期徒刑，并处罚金。

◆ **提供侵入、非法控制计算机信息系统程序、工具罪**

提供专门用于侵入、非法控制计算机信息系统的程序、工具，或者明知他人实施侵入、非法控制计算机信息系统的违法犯罪行为而为其提供程序、工具，情节严重的，依照前款的规定处罚。

单位犯前三款罪的，对单位判处罚金，并对其直接负责的主管人员和其他直接责任人员，依照各该款的规定处罚。

典型案例

1. 卫梦龙、龚旭、薛东东非法获取计算机信息系统数据案①

要旨：超出授权范围使用账号、密码登录计算机信息系统，属于侵入计算机信息系统的行为；侵入计算机信息系统后下载其储存的数据，可以认定为非法获取计算机信息系统数据。

2. 叶源星、张剑秋提供侵入计算机信息系统程序、谭房妹非法获取计算机信息系统数据案②

要旨：对有证据证明用途单一，只能用于侵入计算机信息系统的程序，司法机关可依法认定其为“专门用于侵入计算机信息系统的程序”；难以确定的，应当委托专门部门或司法鉴定机构进行检验或鉴定。

---

① 检例第 36 号。
② 检例第 68 号。

◆ 第二百八十六条　破坏计算机信息系统罪

违反国家规定，对计算机信息系统功能进行删除、修改、增加、干扰，造成计算机信息系统不能正常运行，后果严重的，处五年以下有期徒刑或者拘役；后果特别严重的，处五年以上有期徒刑。

违反国家规定，对计算机信息系统中存储、处理或者传输的数据和应用程序进行删除、修改、增加的操作，后果严重的，依照前款的规定处罚。

故意制作、传播计算机病毒等破坏性程序，影响计算机系统正常运行，后果严重的，依照第一款的规定处罚。

单位犯前三款罪的，对单位判处罚金，并对其直接负责的主管人员和其他直接责任人员，依照第一款的规定处罚。

典型案例

1. 付宣豪、黄子超破坏计算机信息系统案①

要旨：（1）通过修改路由器、浏览器设置，锁定主页或者弹出新窗口等技术手段，强制网络用户访问指定网站的“DNS 劫持”行为，属于破坏计算机信息系统的行为，后果严重的，构成破坏计算机信息系统罪。

（2）对于“DNS 劫持”，应当根据因其不能正常运行的计算机信息系统的数量、相关计算机信息系统不能正常运行的时间，以及所造成的

① 最高人民法院指导案例 102 号。

损失或者影响等，认定其是“后果严重”还是“后果特别严重”。

2. 徐强破坏计算机信息系统案[①]

要旨：企业的机械远程监控系统属于计算机信息系统。违反国家规定，对企业的机械远程监控系统功能进行破坏，造成计算机信息系统不能正常运行，后果严重的，构成破坏计算机信息系统罪。

3. 李森、何利民、张锋勃等人破坏计算机信息系统案[②]

要旨：环境质量监测系统属于计算机信息系统。用棉纱等物品堵塞环境质量监测采样设备，干扰采样，致使监测数据严重失真的，构成破坏计算机信息系统罪。

4. 姚晓杰等11人破坏计算机信息系统案[③]

要旨：为有效打击网络攻击犯罪，检察机关应加强与公安机关的配合，及时介入侦查引导取证，结合案件特点提出明确、具体的补充侦查意见。对被害互联网企业提供的证据和技术支持意见，应当结合其他证据进行审查认定，客观、全面、准确认定破坏计算机信息系统罪的危害后果。

---

① 最高人民法院指导案例103号。
② 最高人民法院指导案例104号。
③ 检例第69号。

◆ 第二百八十六条之一　拒不履行信息网络安全管理义务罪

网络服务提供者不履行法律、行政法规规定的信息网络安全管理义务，经监管部门责令采取改正措施而拒不改正，有下列情形之一的，处三年以下有期徒刑、拘役或者管制，并处或者单处罚金：

（一）致使违法信息大量传播的；

（二）致使用户信息泄露，造成严重后果的；

（三）致使刑事案件证据灭失，情节严重的；

（四）有其他严重情节的。

单位犯前款罪的，对单位判处罚金，并对其直接负责的主管人员和其他直接责任人员，依照前款的规定处罚。

有前两款行为，同时构成其他犯罪的，依照处罚较重的规定定罪处罚。

名词解释

监管部门责令采取改正措施，是指网信、电信、公安等依照法律、行政法规的规定承担信息网络安全监管职责的部门，以责令整改通知书或者其他文书形式，责令网络服务提供者采取改正措施。

实用问答

1. 实践中，哪些单位和个人应当认定为本条第 1 款规定的“网络服务提供者”？

答：根据《最高人民法院、最高人民检察院关于办理非法利用信息网络、帮助信息网络犯罪活动等刑事案件适用法律若干问题的解释》第 1 条的规定，提供下列服务的单位和个人，应当认定为

《刑法》第286条之一第1款规定的“网络服务提供者”：（1）网络接入、域名注册解析等信息网络接入、计算、存储、传输服务；（2）信息发布、搜索引擎、即时通讯、网络支付、网络预约、网络购物、网络游戏、网络直播、网站建设、安全防护、广告推广、应用商店等信息网络应用服务；（3）利用信息网络提供的电子政务、通信、能源、交通、水利、金融、教育、医疗等公共服务。

2. 实践中，哪些情况应当认定为本条第1款第1项规定的“致使违法信息大量传播”？

答：《最高人民法院、最高人民检察院关于办理非法利用信息网络、帮助信息网络犯罪活动等刑事案件适用法律若干问题的解释》第3条规定：“拒不履行信息网络安全管理义务，具有下列情形之一的，应当认定为刑法第二百八十六条之一第一款第一项规定的‘致使违法信息大量传播’：（一）致使传播违法视频文件二百个以上的；（二）致使传播违法视频文件以外的其他违法信息二千个以上的；（三）致使传播违法信息，数量虽未达到第一项、第二项规定标准，但是按相应比例折算合计达到有关数量标准的；（四）致使向二千个以上用户账号传播违法信息的；（五）致使利用群组成员账号数累计三千以上的通讯群组或者关注人员账号数累计三万以上的社交网络传播违法信息的；（六）致使违法信息实际被点击数达到五万以上的；（七）其他致使违法信息大量传播的情形。”

◆ 第二百八十七条　利用计算机实施犯罪的提示性规定

利用计算机实施金融诈骗、盗窃、贪污、挪用公款、窃取国家秘密或者其他犯罪的，依照本法有关规定定罪处罚。

◆ 第二百八十七条之一 非法利用信息网络罪

利用信息网络实施下列行为之一，情节严重的，处三年以下有期徒刑或者拘役，并处或者单处罚金：

（一）设立用于实施诈骗、传授犯罪方法、制作或者销售违禁物品、管制物品等违法犯罪活动的网站、通讯群组的；

（二）发布有关制作或者销售毒品、枪支、淫秽物品等违禁物品、管制物品或者其他违法犯罪信息的；

（三）为实施诈骗等违法犯罪活动发布信息的。

单位犯前款罪的，对单位判处罚金，并对其直接负责的主管人员和其他直接责任人员，依照第一款的规定处罚。

有前两款行为，同时构成其他犯罪的，依照处罚较重的规定定罪处罚。

实用问答

实践中，哪些情形应当认定为本条第1款规定的“情节严重”？

答：根据《最高人民法院、最高人民检察院关于办理非法利用信息网络、帮助信息网络犯罪活动等刑事案件适用法律若干问题的解释》第10条的规定，非法利用信息网络，具有下列情形之一的，应当认定为《刑法》第287条之一第1款规定的“情节严重”：(1) 假冒国家机关、金融机构名义，设立用于实施违法犯罪活动的网站的。(2) 设立用于实施违法犯罪活动的网站，数量达到3个以上或者注册账号数累计达到2000以上的。(3) 设立用于实施违法犯罪活动的通讯群组，数量达到5个以上或者群组成员账号数累计达到1000以上的。(4) 发布有关违法犯罪的信息或者为实施违法犯罪活动发布信息，具有下列情形之一的：在网站上发布有关信息100

条以上的；向2000个以上用户账号发送有关信息的；向群组成员数累计达到3000以上的通讯群组发送有关信息的；利用关注人员账号数累计达到3万以上的社交网络传播有关信息的。（5）违法所得1万元以上的。（6）二年内曾因非法利用信息网络、帮助信息网络犯罪活动、危害计算机信息系统安全受过行政处罚，又非法利用信息网络的。（7）其他情节严重的情形。

◆ 第二百八十七条之二　帮助信息网络犯罪活动罪

明知他人利用信息网络实施犯罪，为其犯罪提供互联网接入、服务器托管、网络存储、通讯传输等技术支持，或者提供广告推广、支付结算等帮助，情节严重的，处三年以下有期徒刑或者拘役，并处或者单处罚金。

单位犯前款罪的，对单位判处罚金，并对其直接负责的主管人员和其他直接责任人员，依照第一款的规定处罚。

有前两款行为，同时构成其他犯罪的，依照处罚较重的规定定罪处罚。

实用问答

实践中，哪些情形应当认定为本条第1款规定的“情节严重”？

答：根据《最高人民法院、最高人民检察院关于办理非法利用信息网络、帮助信息网络犯罪活动等刑事案件适用法律若干问题的解释》第12条第1款的规定，明知他人利用信息网络实施犯罪，为其犯罪提供帮助，具有下列情形之一的，应当认定为《刑法》第287条之二第1款规定的“情节严重”：（1）为3个以上对象提供帮助的；（2）支付结算金额20万元以上的；（3）以投放广告等方式提供资金5万元以上的；（4）违法所得1万元以上的；（5）二年内曾因非法利用信息网络、帮助信息网络犯罪活动、危害计算机信息系统安全受过行政处罚，又帮助信息网络犯罪活动的；（6）被帮助对象实施的犯罪造成严重后果的；（7）其他情节严重的情形。

◆ 第二百八十八条　扰乱无线电通讯管理秩序罪

违反国家规定，擅自设置、使用无线电台（站），或者擅自使用无线电频率，干扰无线电通讯秩序，情节严重的，处三年以下有期徒刑、拘役或者管制，并处或者单处罚金；情节特别严重的，处三年以上七年以下有期徒刑，并处罚金。

单位犯前款罪的，对单位判处罚金，并对其直接负责的主管人员和其他直接责任人员，依照前款的规定处罚。

实用问答

实践中，哪些情形应当认定为本条第1款规定的“擅自设置、使用无线电台（站），或者擅自使用无线电频率，干扰无线电通讯秩序”？

答：根据《最高人民法院、最高人民检察院关于办理扰乱无线电通讯管理秩序等刑事案件适用法律若干问题的解释》第1条的规定，具有下列情形之一的，应当认定为《刑法》第288条第1款规定的“擅自设置、使用无线电台（站），或者擅自使用无线电频率，干扰无线电通讯秩序”：（1）未经批准设置无线电广播电台，非法使用广播电视专用频段的频率的；（2）未经批准设置通信基站，强行向不特定用户发送信息，非法使用公众移动通信频率的；（3）未经批准使用卫星无线电频率的；（4）非法设置、使用无线电干扰器的；（5）其他擅自设置、使用无线电台（站），或者擅自使用无线电频率，干扰无线电通讯秩序的情形。

◆ 第二百八十九条　故意伤害罪；故意杀人罪；抢劫罪

聚众“打砸抢”，致人伤残、死亡的，依照本法第二百三十四条、第二百三十二条的规定定罪处罚。毁坏或者抢走公私财物的，除判令退赔外，对首要分子，依照本法第二百六十三条的规定定罪处罚。

名词解释

聚众“打砸抢”，是指聚集多人肆意打人、毁坏或者抢劫公私财物，严重危害社会秩序的行为。这里的“聚众”，是指聚集多人进行“打砸抢”的行为。

◆ 第二百九十条　聚众扰乱社会秩序罪

聚众扰乱社会秩序，情节严重，致使工作、生产、营业和教学、科研、医疗无法进行，造成严重损失的，对首要分子，处三年以上七年以下有期徒刑；对其他积极参加的，处三年以下有期徒刑、拘役、管制或者剥夺政治权利。

◆ 聚众冲击国家机关罪

聚众冲击国家机关，致使国家机关工作无法进行，造成严重损失的，对首要分子，处五年以上十年以下有期徒刑；对其他积极参加的，处五年以下有期徒刑、拘役、管制或者剥夺政治权利。

◆ 扰乱国家机关工作秩序罪

多次扰乱国家机关工作秩序，经行政处罚后仍不改正，造成严重后果的，处三年以下有期徒刑、拘役或者管制。

◆ 组织、资助非法聚集罪

多次组织、资助他人非法聚集，扰乱社会秩序，情节严重的，依照前款的规定处罚。

名词解释

聚众扰乱社会秩序，是指纠集多人扰乱机关、公司、企业、事业单位、人民团体、社会团体等有关社会组织的工作、生产、营业、教学、科研、医疗秩序，如聚众侵入、占领机关、单位、团体的工作场所以及封闭其出入通道，对工作人员进行纠缠、哄闹、辱骂、殴打；毁坏财物、设备；强行切断电源、水源等。

◆ 第二百九十一条　聚众扰乱公共场所秩序、交通秩序罪

聚众扰乱车站、码头、民用航空站、商场、公园、影剧院、展览会、运动场或者其他公共场所秩序，聚众堵塞交通或者破坏交通秩序，抗拒、阻碍国家治安管理工作人员依法执行职务，情节严重的，对首要分子，处五年以下有期徒刑、拘役或者管制。

名词解释

公共场所秩序，是指为保证公众顺利地出入、使用公共场所以及在公共场所停留而规定的公共行为规则。

聚众堵塞交通或者破坏交通秩序，是指纠集多人堵塞交通，使车辆、行人不能通过，或者故意违反交通规则，破坏正常的交通秩序，影响顺利通行和通行安全的行为。

抗拒、阻碍国家治安管理工作人员依法执行职务，是指抗拒、

阻碍治安民警、交通民警等执行治安管理职务的工作人员依法维护公共场所秩序或者交通秩序的行为。

◆ 第二百九十一条之一　投放虚假危险物质罪；编造、故意传播虚假恐怖信息罪

投放虚假的爆炸性、毒害性、放射性、传染病病原体等物质，或者编造爆炸威胁、生化威胁、放射威胁等恐怖信息，或者明知是编造的恐怖信息而故意传播，严重扰乱社会秩序的，处五年以下有期徒刑、拘役或者管制；造成严重后果的，处五年以上有期徒刑。

◆ 编造、故意传播虚假信息罪

编造虚假的险情、疫情、灾情、警情，在信息网络或者其他媒体上传播，或者明知是上述虚假信息，故意在信息网络或者其他媒体上传播，严重扰乱社会秩序的，处三年以下有期徒刑、拘役或者管制；造成严重后果的，处三年以上七年以下有期徒刑。

名词解释

投放虚假的爆炸性、毒害性、放射性、传染病病原体等物质，是指以邮寄、放置、丢弃等方式将假的、类似于爆炸性、毒害性、放射性、传染病病原体等物质的物品置于他人或者公众面前或者周围。

编造爆炸威胁、生化威胁、放射威胁等恐怖信息，是指行为人编造假的要发生爆炸、生物化学物品泄漏、放射性物品泄漏以及使用生化、放射性武器等信息。

实用问答

实践中，哪些情形应当认定为本条规定的“严重扰乱社会秩序”？

答：根据《最高人民法院关于审理编造、故意传播虚假恐怖信息刑事案件适用法律若干问题的解释》第2条的规定，编造、故意传播虚假恐怖信息，具有下列情形之一的，应当认定为《刑法》第291条之一的“严重扰乱社会秩序”：（1）致使机场、车站、码头、商场、影剧院、运动场馆等人员密集场所秩序混乱，或者采取紧急疏散措施的；（2）影响航空器、列车、船舶等大型客运交通工具正常运行的；（3）致使国家机关、学校、医院、厂矿企业等单位的工作、生产、经营、教学、科研等活动中断的；（4）造成行政村或者社区居民生活秩序严重混乱的；（5）致使公安、武警、消防、卫生检疫等职能部门采取紧急应对措施的；（6）其他严重扰乱社会秩序的。

典型案例

1. 李泽强编造、故意传播虚假恐怖信息案[①]

要旨：编造、故意传播虚假恐怖信息罪是选择性罪名。编造恐怖信息以后向特定对象散布，严重扰乱社会秩序的，构成编造虚假恐怖信息罪。编造恐怖信息以后向不特定对象散布，严重扰乱社会秩序的，构成编造、故意传播虚假恐怖信息罪。

---

① 检例第9号。

对于实施数个编造、故意传播虚假恐怖信息的行为，不实行数罪并罚，但应当将其作为量刑情节予以考虑。

2. 卫学臣编造虚假恐怖信息案①

要旨：关于编造虚假恐怖信息造成“严重扰乱社会秩序”的认定，应当结合行为对正常的工作、生产、生活、经营、教学、科研等秩序的影响程度，对公众造成的恐慌程度以及处置情况等因素进行综合分析判断。编造、故意传播虚假恐怖信息威胁民航安全，引起公众恐慌，或者致使航班无法正常起降的，应当认定为“严重扰乱社会秩序”。

3. 袁才彦编造虚假恐怖信息案②

要旨：对于编造虚假恐怖信息造成有关部门实施人员疏散，引起公众极度恐慌的，或者致使相关单位无法正常营业，造成重大经济损失的，应当认定为“造成严重后果”。

以编造虚假恐怖信息的方式，实施敲诈勒索等其他犯罪的，应当根据案件事实和证据情况，择一重罪处断。

---

① 检例第10号。

② 检例第11号。

◆ 第二百九十一条之二　高空抛物罪

从建筑物或者其他高空抛掷物品，情节严重的，处一年以下有期徒刑、拘役或者管制，并处或者单处罚金。

有前款行为，同时构成其他犯罪的，依照处罚较重的规定定罪处罚。

◆ 第二百九十二条　聚众斗殴罪

聚众斗殴的，对首要分子和其他积极参加的，处三年以下有期徒刑、拘役或者管制；有下列情形之一的，对首要分子和其他积极参加的，处三年以上十年以下有期徒刑：

（一）多次聚众斗殴的；

（二）聚众斗殴人数多，规模大，社会影响恶劣的；

（三）在公共场所或者交通要道聚众斗殴，造成社会秩序严重混乱的；

（四）持械聚众斗殴的。

◆ 故意伤害罪；故意杀人罪

聚众斗殴，致人重伤、死亡的，依照本法第二百三十四条、第二百三十二条的规定定罪处罚。

◆ 第二百九十三条　寻衅滋事罪

有下列寻衅滋事行为之一，破坏社会秩序的，处五年以下有期徒刑、拘役或者管制：

（一）随意殴打他人，情节恶劣的；

（二）追逐、拦截、辱骂、恐吓他人，情节恶劣的；

（三）强拿硬要或者任意损毁、占用公私财物，情节严重的；

（四）在公共场所起哄闹事，造成公共场所秩序严重混乱的。

纠集他人多次实施前款行为，严重破坏社会秩序的，处五年以上十年以下有期徒刑，可以并处罚金。

实用问答

1. 实践中，哪些情形应当认定为本条第1款第1项规定的“情节恶劣”？

答：根据《最高人民法院、最高人民检察院关于办理寻衅滋事刑事案件适用法律若干问题的解释》第2条的规定，随意殴打他人，破坏社会秩序，具有下列情形之一的，应当认定为《刑法》第293条第1款第1项规定的“情节恶劣”：（1）致一人以上轻伤或者二人以上轻微伤的；（2）引起他人精神失常、自杀等严重后果的；（3）多次随意殴打他人的；（4）持凶器随意殴打他人的；（5）随意殴打精神病人、残疾人、流浪乞讨人员、老年人、孕妇、未成年人，造成恶劣社会影响的；（6）在公共场所随意殴打他人，造成公共场所秩序严重混乱的；（7）其他情节恶劣的情形。

2. 实践中，哪些情形应当认定为本条第1款第2项规定的“情节恶劣”？

答：根据《最高人民法院、最高人民检察院关于办理寻衅滋事刑事案件适用法律若干问题的解释》第3条的规定，追逐、拦截、辱骂、恐吓他人，破坏社会秩序，具有下列情形之一的，应当认定为《刑法》第293条第1款第2项规定的“情节恶劣”：（1）多次追逐、拦截、辱骂、恐吓他人，造成恶劣社会影响的；（2）持凶器追逐、拦截、辱骂、恐吓他人的；（3）追逐、拦截、辱骂、恐吓精神病人、残疾人、流浪乞讨人员、老年人、孕妇、未成年人，造成恶劣社会影响的；（4）引起他人精神失常、自杀等严重后果的；（5）严重影响他人的工作、生活、生产、经营的；（6）其他情节恶劣的情形。

3. 实践中，哪些情形应当认定为本条第1款第3项规定的“情节严重”？

答：根据《最高人民法院、最高人民检察院关于办理寻衅滋事刑事案件适用法律若干问题的解释》第4条的规定，强拿硬要或者任意损毁、占用公私财物，破坏社会秩序，具有下列情形之一的，应当认定为《刑法》第293条第1款第3项规定的“情节严重”：（1）强拿硬要公私财物价值1000元以上，或者任意损毁、占用公私财物价值2000元以上的；（2）多次强拿硬要或者任意损毁、占用公私财物，造成恶劣社会影响的；（3）强拿硬要或者任意损毁、占用精神病人、残疾人、流浪乞讨人员、老年人、孕妇、未成年人的财物，造成恶劣社会影响的；（4）引起他人精神失常、自杀等严重后果的；（5）严重影响他人的工作、生活、生产、经营的；（6）其他情节严重的情形。

典型案例

孟某某等人组织、领导、参加黑社会性质组织、寻衅滋事等犯罪再审抗诉案①

要旨：被告人不服第一审判决，上诉后又在上诉期满后申请撤回上诉，人民法院裁定准许的，如果人民检察院认为该一审判决确有错误，作出准许撤回上诉裁定的人民法院的同级人民检察院有权

① 检例第181号。

依照审判监督程序提出抗诉。抗诉后人民法院指令按照第一审程序审理的案件，人民检察院发现原案遗漏犯罪事实的，应当补充起诉；发现遗漏同案犯罪嫌疑人的，应当追加起诉，并建议人民法院对指令再审的案件与补充、追加起诉的案件并案审理，数罪并罚。人民检察院在办案中应当强化监督，充分运用自行侦查与侦查机关（部门）补充侦查相结合的方式，加强侦检监衔接，深挖漏罪漏犯，推进诉源治理，把监督办案持续做深做实。

◆ 第二百九十三条之一　催收非法债务罪

有下列情形之一，催收高利放贷等产生的非法债务，情节严重的，处三年以下有期徒刑、拘役或者管制，并处或者单处罚金：

（一）使用暴力、胁迫方法的；

（二）限制他人人身自由或者侵入他人住宅的；

（三）恐吓、跟踪、骚扰他人的。

◆ 第二百九十四条　组织、领导、参加黑社会性质组织罪

组织、领导黑社会性质的组织的，处七年以上有期徒刑，并处没收财产；积极参加的，处三年以上七年以下有期徒刑，可以并处罚金或者没收财产；其他参加的，处三年以下有期徒刑、拘役、管制或者剥夺政治权利，可以并处罚金。

◆ 入境发展黑社会组织罪

境外的黑社会组织的人员到中华人民共和国境内发展组织成员的，处三年以上十年以下有期徒刑。

◆ 包庇、纵容黑社会性质组织罪

国家机关工作人员包庇黑社会性质的组织，或者纵容黑社会性质的组织进行违法犯罪活动的，处五年以下有期徒刑；情节严重的，处五年以上有期徒刑。

犯前三款罪又有其他犯罪行为的，依照数罪并罚的规定处罚。

黑社会性质的组织应当同时具备以下特征：

（一）形成较稳定的犯罪组织，人数较多，有明确的组织者、领导者，骨干成员基本固定；

（二）有组织地通过违法犯罪活动或者其他手段获取经济利益，具有一定的经济实力，以支持该组织的活动；

（三）以暴力、威胁或者其他手段，有组织地多次进行违法犯罪活动，为非作恶，欺压、残害群众；

（四）通过实施违法犯罪活动，或者利用国家工作人员的包庇或者纵容，称霸一方，在一定区域或者行业内，形成非法控制或者重大影响，严重破坏经济、社会生活秩序。

典型案例

1. 林某彬等人组织、领导、参加黑社会性质组织案[①]

要旨：认罪认罚从宽制度可以适用于所有刑事案件，没有适用罪名和可能判处刑罚的限定，涉黑涉恶犯罪案件依法可以适用该制

---

① 检例第84号。

度。认罪认罚从宽制度贯穿刑事诉讼全过程，适用于侦查、起诉、审判各个阶段。检察机关办理涉黑涉恶犯罪案件，要积极履行主导责任，发挥认罪认罚从宽制度在查明案件事实、提升指控效果、有效追赃挽损等方面的作用。

2. 史广振等组织、领导、参加黑社会性质组织案①

要旨：在涉黑社会性质组织犯罪案件审理中，应当对查封、扣押、冻结的财物及其孳息的权属进行调查，案外人对查封、扣押、冻结的财物及其孳息提出权属异议的，人民法院应当听取其意见，确有必要的，人民法院可以通知其出庭，以查明相关财物权属。

3. 龚品文等组织、领导、参加黑社会性质组织案②

要旨：犯罪组织以其势力、影响和暴力手段的现实可能性为依托，有组织地长期采用多种“软暴力”手段实施大量违法犯罪行为，同时辅之以“硬暴力”，“软暴力”有向“硬暴力”转化的现实可能性，足以使群众产生恐惧、恐慌进而形成心理强制，并已造成严重危害后果，严重破坏经济、社会生活秩序的，应认定该犯罪组织具有黑社会性质组织的行为特征。

---

① 最高人民法院指导案例188号。
② 最高人民法院指导案例186号。

◆ 第二百九十五条　传授犯罪方法罪

传授犯罪方法的，处五年以下有期徒刑、拘役或者管制；情节严重的，处五年以上十年以下有期徒刑；情节特别严重的，处十年以上有期徒刑或者无期徒刑。

名词解释

传授犯罪方法，是指以语言、文字、动作、图像、视频或者其他方法，故意将实施某种犯罪的具体方法、技能、经验传授给他人的行为。

◆ 第二百九十六条　非法集会、游行、示威罪

举行集会、游行、示威，未依照法律规定申请或者申请未获许可，或者未按照主管机关许可的起止时间、地点、路线进行，又拒不服从解散命令，严重破坏社会秩序的，对集会、游行、示威的负责人和直接责任人员，处五年以下有期徒刑、拘役、管制或者剥夺政治权利。

名词解释

申请未获许可，是指行为人申请集会、游行、示威没有得到许可。《集会游行示威法》第 12 条规定，申请举行的集会、游行、示威，有下列情形之一的，不予许可：（1）反对《宪法》所确定的基本原则的；（2）危害国家统一、主权和领土完整的；（3）煽动民族分裂的；（4）有充分根据认定申请举行的集会、游行、示威将直接危害公共安全或者严重破坏社会秩序的。

◆ 第二百九十七条　非法携带武器、管制刀具、爆炸物参加集会、游行、示威罪

违反法律规定，携带武器、管制刀具或者爆炸物参加集会、游行、示威的，处三年以下有期徒刑、拘役、管制或者剥夺政治权利。

◆ 第二百九十八条　破坏集会、游行、示威罪

扰乱、冲击或者以其他方法破坏依法举行的集会、游行、示威，造成公共秩序混乱的，处五年以下有期徒刑、拘役、管制或者剥夺政治权利。

◆ 第二百九十九条　侮辱国旗、国徽、国歌罪

在公共场合，故意以焚烧、毁损、涂划、玷污、践踏等方式侮辱中华人民共和国国旗、国徽的，处三年以下有期徒刑、拘役、管制或者剥夺政治权利。

在公共场合，故意篡改中华人民共和国国歌歌词、曲谱，以歪曲、贬损方式奏唱国歌，或者以其他方式侮辱国歌，情节严重的，依照前款的规定处罚。

◆ 第二百九十九条之一　侵害英雄烈士名誉、荣誉罪

侮辱、诽谤或者以其他方式侵害英雄烈士的名誉、荣誉，损害社会公共利益，情节严重的，处三年以下有期徒刑、拘役、管制或者剥夺政治权利。

典型案例

仇某侵害英雄烈士名誉、荣誉案[1]

要旨： 侵害英雄烈士名誉、荣誉罪中的“英雄烈士”，是指已经牺牲、逝世的英雄烈士。在同一案件中，行为人所侵害的群体中既有烈士，又有健在的英雄模范人物时，应当整体评价为侵害英雄烈士名誉、荣誉的行为，不宜区别适用侵害英雄烈士名誉、荣誉罪和侮辱罪、诽谤罪。《刑法修正案（十一）》实施后，以侮辱、诽谤或者其他方式侵害英雄烈士名誉、荣誉的行为，情节严重的，构成侵害英雄烈士名誉、荣誉罪。行为人利用信息网络侵害英雄烈士名誉、荣誉，引起广泛传播，造成恶劣社会影响的，应当认定为“情节严重”。英雄烈士没有近亲属或者近亲属不提起民事诉讼的，检察机关在提起公诉时，可以一并提起附带民事公益诉讼。

◆ 第三百条　组织、利用会道门、邪教组织、利用迷信破坏法律实施罪

组织、利用会道门、邪教组织或者利用迷信破坏国家法律、行政法规实施的，处三年以上七年以下有期徒刑，并处罚金；情节特别严重的，处七年以上有期徒刑或者无期徒刑，并处罚金或者没收财产；情节较轻的，处三年以下有期徒刑、拘役、管制或者剥夺政治权利，并处或者单处罚金。

① 检例第136号。

◆ 组织、利用会道门、邪教组织、利用迷信致人重伤、死亡罪

组织、利用会道门、邪教组织或者利用迷信蒙骗他人，致人重伤、死亡的，依照前款的规定处罚。

犯第一款罪又有奸淫妇女、诈骗财物等犯罪行为的，依照数罪并罚的规定处罚。

名词解释

会道门，是封建迷信活动组织的总称，如我国历史上曾经出现的“一贯道”“九宫道”“哥老会”“先天道”“后天道”等组织。

邪教组织，是指冒用宗教、气功或者其他名义建立，神化、鼓吹首要分子，利用制造、散布迷信邪说等手段蛊惑、蒙骗他人，发展、控制成员，危害社会的非法组织。

◆ 第三百零一条　聚众淫乱罪

聚众进行淫乱活动的，对首要分子或者多次参加的，处五年以下有期徒刑、拘役或者管制。

◆ 引诱未成年人聚众淫乱罪

引诱未成年人参加聚众淫乱活动的，依照前款的规定从重处罚。

◆ 第三百零二条　盗窃、侮辱、故意毁坏尸体、尸骨、骨灰罪

盗窃、侮辱、故意毁坏尸体、尸骨、骨灰的，处三年以下有期徒刑、拘役或者管制。

◆ 第三百零三条　赌博罪

以营利为目的，聚众赌博或者以赌博为业的，处三年以下有期徒刑、拘役或者管制，并处罚金。

◆ 开设赌场罪

开设赌场的，处五年以下有期徒刑、拘役或者管制，并处罚金；情节严重的，处五年以上十年以下有期徒刑，并处罚金。

◆ 组织参与国（境）外赌博罪

组织中华人民共和国公民参与国（境）外赌博，数额巨大或者有其他严重情节的，依照前款的规定处罚。

实用问答

实践中，哪些情形属于本条规定的“聚众赌博”？

答：根据《最高人民法院、最高人民检察院关于办理赌博刑事案件具体应用法律若干问题的解释》第 1 条的规定，以营利为目的，有下列情形之一的，属于《刑法》第 303 条规定的“聚众赌博”：（1）组织 3 人以上赌博，抽头渔利数额累计达到 5000 元以上的；（2）组织 3 人以上赌博，赌资数额累计达到 5 万元以上的；（3）组织 3 人以上赌博，参赌人数累计达到 20 人以上的；（4）组织中华人民共和国公民 10 人以上赴境外赌博，从中收取回扣、介绍费的。

典型案例

1. 洪小强、洪礼沃、洪清泉、李志荣开设赌场案[①]

要旨：以营利为目的，通过邀请人员加入微信群的方式招揽赌客，根据竞猜游戏网站的开奖结果等方式进行赌博，设定赌博规则，利用微信群进行控制管理，在一段时间内持续组织网络赌博活动的，属于《刑法》第303条第2款规定的“开设赌场”。

2. 谢检军、高垒、高尔樵、杨泽彬开设赌场案[②]

要旨：以营利为目的，通过邀请人员加入微信群，利用微信群进行控制管理，以抢红包方式进行赌博，在一段时间内持续组织赌博活动的行为，属于《刑法》第303条第2款规定的“开设赌场”。

3. 陈庆豪、陈淑娟、赵延海开设赌场案[③]

要旨：以“二元期权”交易的名义，在法定期货交易场所之外利用互联网招揽“投资者”，以未来某段时间外汇品种的价格走势为交易对象，按照“买涨”“买跌”确定盈亏，买对涨跌方向的“投

① 最高人民法院指导案例105号。
② 最高人民法院指导案例106号。
③ 最高人民法院指导案例146号。

资者”得利，买错的本金归网站（庄家）所有，盈亏结果不与价格实际涨跌幅度挂钩的，本质是“押大小、赌输赢”，是披着期权交易外衣的赌博行为。对相关网站应当认定为赌博网站。

◆ 第三百零四条　故意延误投递邮件罪

邮政工作人员严重不负责任，故意延误投递邮件，致使公共财产、国家和人民利益遭受重大损失的，处二年以下有期徒刑或者拘役。

第二节　妨害司法罪

◆ 第三百零五条　伪证罪

在刑事诉讼中，证人、鉴定人、记录人、翻译人对与案件有重要关系的情节，故意作虚假证明、鉴定、记录、翻译，意图陷害他人或者隐匿罪证的，处三年以下有期徒刑或者拘役；情节严重的，处三年以上七年以下有期徒刑。

名词解释

证人，是指知道案件全部或者部分真实情况，以自己的证言作为证据的人。《刑事诉讼法》第62条规定，凡是知道案件情况的人，都有作证的义务。生理上、精神上有缺陷或者年幼，不能辨别是非、不能正确表达的人，不能作证人。

鉴定人，是指在刑事诉讼中应有关部门、人员的指派或聘请对案件中的专门性问题进行科学鉴定和判断的具有专门知识的人员。《刑事诉讼法》第146条规定，为了查明案情，需要解决案件中某些专门性问题的时候，应当指派、聘请有专门知识的人进行鉴定。

记录人，是指在侦查、审查起诉、审判过程中，对犯罪嫌疑人、被告人的供述、证人证言以及各个环节的诉讼活动进行记录的人。这种记录主要由侦查员、书记员担任。根据《刑事诉讼法》的规定，侦查、勘验、检查、搜查、法庭审判活动等都应当依照法定程序形成笔录。

翻译人，是指受公安机关、检察机关或者人民法院的委托聘请，在刑事侦查、审查起诉、审判活动中担任外国语言文字、本国民族语言文字或者哑语等翻译工作的人。根据《刑事诉讼法》第9条第1款、第121条的规定，各民族公民都有用本民族语言文字进行诉讼的权利。人民法院、人民检察院和公安机关对于不通晓当地通用的语言文字的诉讼参与人，应当为他们翻译。讯问聋、哑的犯罪嫌疑人，应当有通晓聋、哑手势的人参加，并且将这种情况记明笔录。

◆ 第三百零六条　辩护人、诉讼代理人毁灭证据、伪造证据、妨害作证罪

在刑事诉讼中，辩护人、诉讼代理人毁灭、伪造证据，帮助当事人毁灭、伪造证据，威胁、引诱证人违背事实改变证言或者作伪证的，处三年以下有期徒刑或者拘役；情节严重的，处三年以上七年以下有期徒刑。

辩护人、诉讼代理人提供、出示、引用的证人证言或者其他证据失实，不是有意伪造的，不属于伪造证据。

名词解释

辩护人，是指在刑事诉讼中，包括在侦查、审查起诉、审判阶段，犯罪嫌疑人、被告人委托的或者由法律援助机构指派的为犯罪嫌疑人、被告人提供法律帮助，维护其合法权益的人。辩护人的责任是根据事实和法律，提出犯罪嫌疑人、被告人无罪、罪轻或者减轻、免除其刑事责任的材料和意见，维护犯罪嫌疑人、被告人的诉讼权利和其他合法权益。

诉讼代理人，是指公诉案件的被害人及其法定代理人或者近亲属、自诉案件的自诉人及其法定代理人委托代为参加诉讼的人，以及附带民事诉讼的当事人及其法定代理人委托代为参加诉讼的人。

毁灭、伪造证据，是指辩护人、诉讼代理人自己将能够证明案件真实情况的书证、物证以及其他证据予以毁灭，使其不能再起到证明案件真实情况的作用；辩护人、诉讼代理人自己制造假的书证、物证等，以隐瞒案件的真实情况，使犯罪人免予刑事追究或者使无罪的人受到刑事追究。

◆ 第三百零七条　妨害作证罪

以暴力、威胁、贿买等方法阻止证人作证或者指使他人作伪证的，处三年以下有期徒刑或者拘役；情节严重的，处三年以上七年以下有期徒刑。

◆ 帮助毁灭、伪造证据罪

帮助当事人毁灭、伪造证据，情节严重的，处三年以下有期徒刑或者拘役。

司法工作人员犯前两款罪的，从重处罚。

名词解释

以暴力、威胁、贿买等方法阻止证人作证，是指采用暴力伤害，以暴力或者其他手段相威胁，用金钱、物质利益行贿，以及以其他方法不让证人为案件提供证明。

指使他人作伪证，是指以暴力、威胁、贿买或者其他方法让他人为案件提供与事实不符的虚假证明。

帮助当事人毁灭、伪造证据，是指与当事人共谋，或者受当事人指使为当事人毁灭、伪造证据提供帮助的行为，如为贪污犯罪的嫌疑人销毁单据等。

◆ 第三百零七条之一　虚假诉讼罪

以捏造的事实提起民事诉讼，妨害司法秩序或者严重侵害他人合法权益的，处三年以下有期徒刑、拘役或者管制，并处或者单处罚金；情节严重的，处三年以上七年以下有期徒刑，并处罚金。

单位犯前款罪的，对单位判处罚金，并对其直接负责的主管人员和其他直接责任人员，依照前款的规定处罚。

有第一款行为，非法占有他人财产或者逃避合法债务，又构成其他犯罪的，依照处罚较重的规定定罪从重处罚。

司法工作人员利用职权，与他人共同实施前三款行为的，从重处罚；同时构成其他犯罪的，依照处罚较重的规定定罪从重处罚。

实用问答

1. 实践中，实施什么行为应当认定为本条第1款规定的“以捏造的事实提起民事诉讼”？

答： 根据《最高人民法院、最高人民检察院关于办理虚假诉讼刑事案件适用法律若干问题的解释》第1条的规定，采取伪造证据、虚假陈述等手段，实施下列行为之一，捏造民事法律关系，虚构民事纠纷，向人民法院提起民事诉讼的，应当认定为《刑法》第307条之一第1款规定的“以捏造的事实提起民事诉讼”：（1）与夫妻一方恶意串通，捏造夫妻共同债务的；（2）与他人恶意串通，捏造债权债务关系和以物抵债协议的；（3）与公司、企业的法定代表人、董事、监事、经理或者其他管理人员恶意串通，捏造公司、企业债务或者担保义务的；（4）捏造知识产权侵权关系或者不正当竞争关系的；（5）在破产案件审理过程中申报捏造的债权的；（6）与被执行人恶意串通，捏造债权或者对查封、扣押、冻结财产的优先权、担保物权的；（7）单方或者与他人恶意串通，捏造身份、合同、侵权、继承等民事法律关系的其他行为。隐瞒债务已经全部清偿的事实，向人民法院提起民事诉讼，要求他人履行债务的，以“以捏造的事实提起民事诉讼”论。向人民法院申请执行基于捏造的事实作出的仲裁裁决、公证债权文书，或者在民事执行过程中以捏造的事实对执行标的提出异议、申请参与执行财产分配的，属于《刑法》第307条之一第1款规定的“以捏造的事实提起民事诉讼”。

2. 实践中，哪些情形应当认定为本条第1款规定的“妨害司法秩序或者严重侵害他人合法权益”？

答： 根据《最高人民法院、最高人民检察院关于办理虚假诉讼刑事案件适用法律若干问题的解释》第2条的规定，以捏造的事实提起民事诉讼，有下列情形之一的，应当认定为《刑法》第 307 条之一第 1 款规定的“妨害司法秩序或者严重侵害他人合法权益”：（1）致使人民法院基于捏造的事实采取财产保全或者行为保全措施的；（2）致使人民法院开庭审理，干扰正常司法活动的；（3）致使人民法院基于捏造的事实作出裁判文书、制作财产分配方案，或者立案执行基于捏造的事实作出的仲裁裁决、公证债权文书的；（4）多次以捏造的事实提起民事诉讼的；（5）曾因以捏造的事实提起民事诉讼被采取民事诉讼强制措施或者受过刑事追究的；（6）其他妨害司法秩序或者严重侵害他人合法权益的情形。

典型案例

周某某与项某某、李某某著作权权属、侵权纠纷等系列虚假诉讼监督案[①]

要旨：冒充作者身份，以他人创作的作品骗取著作权登记，并以此为主要证据提起诉讼谋取不正当利益，损害他人合法权益，妨害司法秩序的，构成虚假诉讼。检察机关应积极推进数字检察，以大数据赋能创新法律监督模式，破解虚假诉讼监督瓶颈。对于知识产权领域虚假诉讼案件，检察机关应依职权启动监督程序，通过监督民事生效裁判、移送刑事案件线索、提出社会治理意见建议等方式促进综合治理。

① 检例第 192 号。

◆ 第三百零八条　打击报复证人罪

对证人进行打击报复的，处三年以下有期徒刑或者拘役；情节严重的，处三年以上七年以下有期徒刑。

◆ 第三百零八条之一　泄露不应公开的案件信息罪

司法工作人员、辩护人、诉讼代理人或者其他诉讼参与人，泄露依法不公开审理的案件中不应当公开的信息，造成信息公开传播或者其他严重后果的，处三年以下有期徒刑、拘役或者管制，并处或者单处罚金。

◆ 故意泄露国家秘密罪；过失泄露国家秘密罪

有前款行为，泄露国家秘密的，依照本法第三百九十八条的规定定罪处罚。

◆ 披露、报道不应公开的案件信息罪

公开披露、报道第一款规定的案件信息，情节严重的，依照第一款的规定处罚。

单位犯前款罪的，对单位判处罚金，并对其直接负责的主管人员和其他直接责任人员，依照第一款的规定处罚。

名词解释

依法不公开审理的案件，是指依照《刑事诉讼法》《民事诉讼法》《行政诉讼法》《未成年人保护法》等法律规定，应当不公开审理或者经当事人提出申请，人民法院决定不公开审理的案件。

不应当公开的信息，是指公开以后可能对国家安全和利益、当

事人受法律保护的隐私权、商业秘密造成损害，以及对涉案未成年人的身心健康造成不利影响的信息。其既包括案件涉及的国家秘密、个人隐私、商业秘密本身，也包括其他与案件有关不宜为诉讼参与人以外人员知悉的信息，如案件事实的细节、诉讼参与人在参加庭审时发表言论的具体内容、被性侵犯的被害人的个人信息等。对于未成年人犯罪案件，未成年犯罪嫌疑人以及被告人的姓名、住所、照片、图像以及可能推断出该未成年人的资料，都属于不应当公开的信息。

◆ 第三百零九条　扰乱法庭秩序罪

有下列扰乱法庭秩序情形之一的，处三年以下有期徒刑、拘役、管制或者罚金：

（一）聚众哄闹、冲击法庭的；

（二）殴打司法工作人员或者诉讼参与人的；

（三）侮辱、诽谤、威胁司法工作人员或者诉讼参与人，不听法庭制止，严重扰乱法庭秩序的；

（四）有毁坏法庭设施，抢夺、损毁诉讼文书、证据等扰乱法庭秩序行为，情节严重的。

◆ 第三百一十条　窝藏、包庇罪

明知是犯罪的人而为其提供隐藏处所、财物，帮助其逃匿或者作假证明包庇的，处三年以下有期徒刑、拘役或者管制；情节严重的，处三年以上十年以下有期徒刑。

犯前款罪，事前通谋的，以共同犯罪论处。

实用问答

1. 实践中，哪些行为应当依照本条的规定以窝藏罪定罪处罚？

答：根据《最高人民法院、最高人民检察院关于办理窝藏、包庇刑事案件适用法律若干问题的解释》第 1 条的规定，明知是犯罪的人，为帮助其逃匿，实施下列行为之一的，应当依照《刑法》第 310 条第 1 款的规定，以窝藏罪定罪处罚：（1）为犯罪的人提供房屋或者其他可以用于隐藏的处所的；（2）为犯罪的人提供车辆、船只、航空器等交通工具，或者提供手机等通讯工具的；（3）为犯罪的人提供金钱的；（4）其他为犯罪的人提供隐藏处所、财物，帮助其逃匿的情形。保证人在犯罪的人取保候审期间，协助其逃匿，或者明知犯罪的人的藏匿地点、联系方式，但拒绝向司法机关提供的，应当依照《刑法》第 310 条第 1 款的规定，对保证人以窝藏罪定罪处罚。虽然为犯罪的人提供隐藏处所、财物，但不是出于帮助犯罪的人逃匿的目的，不以窝藏罪定罪处罚；对未履行法定报告义务的行为人，依法移送有关主管机关给予行政处罚。

2. 实践中，哪些行为应当依照本条的规定以包庇罪定罪处罚？

答：根据《最高人民法院、最高人民检察院关于办理窝藏、包庇刑事案件适用法律若干问题的解释》第 2 条的规定，明知是犯罪的人，为帮助其逃避刑事追究，或者帮助其获得从宽处罚，实施下列行为之一的，应当依照《刑法》第 310 条第 1 款的规定，以包庇罪定罪处罚：（1）故意顶替犯罪的人欺骗司法机关的；（2）故意向司法机关作虚假陈述或者提供虚假证明，以证明犯罪的人没有实施犯罪行为，或者犯罪的人所实施行为不构成犯罪的；（3）故意向司法机关提供虚假证明，以证明犯罪的人具有法定从轻、减轻、免除处罚情节的；（4）其他作假证明包庇的行为。

◆ 第三百一十一条　拒绝提供间谍犯罪、恐怖主义犯罪、极端主义犯罪证据罪

明知他人有间谍犯罪或者恐怖主义、极端主义犯罪行为，在司法机关向其调查有关情况、收集有关证据时，拒绝提供，情节严重的，处三年以下有期徒刑、拘役或者管制。

◆ 第三百一十二条　掩饰、隐瞒犯罪所得、犯罪所得收益罪

明知是犯罪所得及其产生的收益而予以窝藏、转移、收购、代为销售或者以其他方法掩饰、隐瞒的，处三年以下有期徒刑、拘役或者管制，并处或者单处罚金；情节严重的，处三年以上七年以下有期徒刑，并处罚金。

单位犯前款罪的，对单位判处罚金，并对其直接负责的主管人员和其他直接责任人员，依照前款的规定处罚。

◆ 第三百一十三条　拒不执行判决、裁定罪

对人民法院的判决、裁定有能力执行而拒不执行，情节严重的，处三年以下有期徒刑、拘役或者罚金；情节特别严重的，处三年以上七年以下有期徒刑，并处罚金。

单位犯前款罪的，对单位判处罚金，并对其直接负责的主管人员和其他直接责任人员，依照前款的规定处罚。

典型案例

1. 毛建文拒不执行判决、裁定案①

要旨： 有能力执行而拒不执行判决、裁定的时间从判决、裁定发生法律效力时起算。具有执行内容的判决、裁定发生法律效力后，负有执行义务的人有隐藏、转移、故意毁损财产等拒不执行行为，致使判决、裁定无法执行，情节严重的，应当以拒不执行判决、裁定罪定罪处罚。

2. 上海甲建筑装饰有限公司、吕某拒不执行判决立案监督案②

要旨： 负有执行义务的单位和个人以更换企业名称、隐瞒到期收入等方式妨害执行，致使已经发生法律效力的判决、裁定无法执行，情节严重的，应当以拒不执行判决、裁定罪予以追诉。申请执行人认为公安机关对拒不执行判决、裁定的行为应当立案侦查而不立案侦查，向检察机关提出监督申请的，检察机关应当要求公安机关说明不立案的理由。经调查核实，认为公安机关不立案理由不能成立的，应当通知公安机关立案。对于通知立案的涉企业犯罪案件，应当依法适用认罪认罚从宽制度。

---

① 最高人民法院指导案例 71 号。

② 检例第 92 号。

◆ 第三百一十四条 非法处置查封、扣押、冻结的财产罪

隐藏、转移、变卖、故意毁损已被司法机关查封、扣押、冻结的财产，情节严重的，处三年以下有期徒刑、拘役或者罚金。

名词解释

查封，是指被司法机关签封。这种签封应载明查封日期、查封单位并盖章。物品一经司法机关查封，未经查封机关批准不得私自开封、使用，更不得变卖、转移。

扣押，是指司法机关因办案需要将与案件有关的物品暂时扣留。这种扣押，一般是将物品扣在司法机关，但一些大宗物品也可扣押在仓库等地。

冻结，主要是指冻结与案件相关的资金账户，《刑事诉讼法》第144条第1款规定，“人民检察院、公安机关根据侦查犯罪的需要，可以依照规定查询、冻结犯罪嫌疑人的存款、汇款、债券、股票、基金份额等财产。有关单位和个人应当配合”。一旦冻结，不经依法解冻，该项资金不得私自使用，更不得转移。

◆ 第三百一十五条 破坏监管秩序罪

依法被关押的罪犯，有下列破坏监管秩序行为之一，情节严重的，处三年以下有期徒刑：

（一）殴打监管人员的；

（二）组织其他被监管人破坏监管秩序的；

（三）聚众闹事，扰乱正常监管秩序的；

（四）殴打、体罚或者指使他人殴打、体罚其他被监管人的。

◆ 第三百一十六条　脱逃罪

依法被关押的罪犯、被告人、犯罪嫌疑人脱逃的，处五年以下有期徒刑或者拘役。

◆ 劫夺被押解人员罪

劫夺押解途中的罪犯、被告人、犯罪嫌疑人的，处三年以上七年以下有期徒刑；情节严重的，处七年以上有期徒刑。

名词解释

依法被关押的罪犯，是指经过法定程序，被人民法院定罪处刑并被关押的人。

依法被关押的被告人，是指依照法定程序，被司法机关逮捕关押的正在接受人民法院审判的人。

依法被关押的犯罪嫌疑人，是指依照法定程序，被司法机关拘留、逮捕的正在接受侦查、审查起诉的人。

◆ 第三百一十七条　组织越狱罪

组织越狱的首要分子和积极参加的，处五年以上有期徒刑；其他参加的，处五年以下有期徒刑或者拘役。

◆ 暴动越狱罪；聚众持械劫狱罪

暴动越狱或者聚众持械劫狱的首要分子和积极参加的，处十年以上有期徒刑或者无期徒刑；情节特别严重的，处死刑；其他参加的，处三年以上十年以下有期徒刑。

第三节　妨害国（边）境管理罪

◆ 第三百一十八条　组织他人偷越国（边）境罪

组织他人偷越国（边）境的，处二年以上七年以下有期徒刑，并处罚金；有下列情形之一的，处七年以上有期徒刑或者无期徒刑，并处罚金或者没收财产：

（一）组织他人偷越国（边）境集团的首要分子；

（二）多次组织他人偷越国（边）境或者组织他人偷越国（边）境人数众多的；

（三）造成被组织人重伤、死亡的；

（四）剥夺或者限制被组织人人身自由的；

（五）以暴力、威胁方法抗拒检查的；

（六）违法所得数额巨大的；

（七）有其他特别严重情节的。

犯前款罪，对被组织人有杀害、伤害、强奸、拐卖等犯罪行为，或者对检查人员有杀害、伤害等犯罪行为的，依照数罪并罚的规定处罚。

◆ 第三百一十九条　骗取出境证件罪

以劳务输出、经贸往来或者其他名义，弄虚作假，骗取护照、签证等出境证件，为组织他人偷越国（边）境使用的，处三年以下有期徒刑，并处罚金；情节严重的，处三年以上十年以下有期徒刑，并处罚金。

单位犯前款罪的，对单位判处罚金，并对其直接负责的主管人员和其他直接责任人员，依照前款的规定处罚。

实用问答

实践中，哪些情形应当认定为本条第 1 款规定的“情节严重”？

答：根据《最高人民法院、最高人民检察院关于办理妨害国（边）境管理刑事案件应用法律若干问题的解释》第 2 条第 3 款的规定，具有下列情形之一的，应当认定为《刑法》第 319 条第 1 款规定的“情节严重”：（1）骗取出境证件 5 份以上的；（2）非法收取费用 30 万元以上的；（3）明知是国家规定的不准出境的人员而为其骗取出境证件的；（4）其他情节严重的情形。

◆ 第三百二十条 提供伪造、变造的出入境证件罪；出售出入境证件罪

为他人提供伪造、变造的护照、签证等出入境证件，或者出售护照、签证等出入境证件的，处五年以下有期徒刑，并处罚金；情节严重的，处五年以上有期徒刑，并处罚金。

实用问答

实践中，哪些情形应当认定为本条规定的“情节严重”？

答：根据《最高人民法院、最高人民检察院关于办理妨害国（边）境管理刑事案件应用法律若干问题的解释》第 3 条第 2 款的规定，具有下列情形之一的，应当认定为《刑法》第 320 条规定的“情节严重”：（1）为他人提供伪造、变造的出入境证件或者出售出入境证件 5 份以上的；（2）非法收取费用 30 万元以上的；（3）明知

是国家规定的不准出入境的人员而为其提供伪造、变造的出入境证件或者向其出售出入境证件的；(4) 其他情节严重的情形。

◆ 第三百二十一条　运送他人偷越国（边）境罪

运送他人偷越国（边）境的，处五年以下有期徒刑、拘役或者管制，并处罚金；有下列情形之一的，处五年以上十年以下有期徒刑，并处罚金：

（一）多次实施运送行为或者运送人数众多的；

（二）所使用的船只、车辆等交通工具不具备必要的安全条件，足以造成严重后果的；

（三）违法所得数额巨大的；

（四）有其他特别严重情节的。

在运送他人偷越国（边）境中造成被运送人重伤、死亡，或者以暴力、威胁方法抗拒检查的，处七年以上有期徒刑，并处罚金。

犯前两款罪，对被运送人有杀害、伤害、强奸、拐卖等犯罪行为，或者对检查人员有杀害、伤害等犯罪行为的，依照数罪并罚的规定处罚。

◆ 第三百二十二条　偷越国（边）境罪

违反国（边）境管理法规，偷越国（边）境，情节严重的，处一年以下有期徒刑、拘役或者管制，并处罚金；为参加恐怖活动组织、接受恐怖活动培训或者实施恐怖活动，偷越国（边）境的，处一年以上三年以下有期徒刑，并处罚金。

实用问答

实践中，哪些情形应当认定为本条规定的“情节严重”？

答：根据《最高人民法院、最高人民检察院关于办理妨害国（边）境管理刑事案件应用法律若干问题的解释》第5条的规定，偷越国（边）境，具有下列情形之一的，应当认定为《刑法》第322条规定的“情节严重”：（1）在境外实施损害国家利益行为的；（2）偷越国（边）境3次以上或者3人以上结伙偷越国（边）境的；（3）拉拢、引诱他人一起偷越国（边）境的；（4）勾结境外组织、人员偷越国（边）境的；（5）因偷越国（边）境被行政处罚后一年内又偷越国（边）境的；（6）其他情节严重的情形。

◆ 第三百二十三条　破坏界碑、界桩罪；破坏永久性测量标志罪

故意破坏国家边境的界碑、界桩或者永久性测量标志的，处三年以下有期徒刑或者拘役。

第四节　妨害文物管理罪

◆ 第三百二十四条　故意损毁文物罪

故意损毁国家保护的珍贵文物或者被确定为全国重点文物保护单位、省级文物保护单位的文物的，处三年以下有期徒刑或者拘役，并处或者单处罚金；情节严重的，处三年以上十年以下有期徒刑，并处罚金。

◆ **故意损毁名胜古迹罪**

故意损毁国家保护的名胜古迹，情节严重的，处五年以下有期徒刑或者拘役，并处或者单处罚金。

◆ **过失损毁文物罪**

过失损毁国家保护的珍贵文物或者被确定为全国重点文物保护单位、省级文物保护单位的文物，造成严重后果的，处三年以下有期徒刑或者拘役。

名词解释

文物保护单位，是指人民政府按照法定程序确定的，具有历史、艺术、科学价值的古文化遗址、古墓葬、古建筑、石窟寺、石刻、壁画、近代现代重要史迹和代表性建筑等不可移动的文物。

典型案例

张永明、毛伟明、张鹭故意损毁名胜古迹案①

要旨：（1）风景名胜区的核心景区属于《刑法》第 324 条第 2 款规定的“国家保护的名胜古迹”。对核心景区内的世界自然遗产实施打岩钉等破坏活动，严重破坏自然遗产的自然性、原始性、完整性和稳定性的，综合考虑有关地质遗迹的特点、损坏程度等，可以认定为故意损毁国家保护的名胜古迹“情节严重”。

① 最高人民法院指导案例 147 号。

（2）对刑事案件中的专门性问题需要鉴定，但没有鉴定机构的，可以指派、聘请有专门知识的人就案件的专门性问题出具报告，相关报告在刑事诉讼中可以作为证据使用。

◆ 第三百二十五条　非法向外国人出售、赠送珍贵文物罪

违反文物保护法规，将收藏的国家禁止出口的珍贵文物私自出售或者私自赠送给外国人的，处五年以下有期徒刑或者拘役，可以并处罚金。

单位犯前款罪的，对单位判处罚金，并对其直接负责的主管人员和其他直接责任人员，依照前款的规定处罚。

名词解释

私自出售或者私自赠送给外国人，是指文物收藏者违反国家文物保护的有关规定，将收藏的禁止出口的珍贵文物出售或者赠送给不具有中国国籍的人，包括外国国籍人和无国籍人。

◆ 第三百二十六条　倒卖文物罪

以牟利为目的，倒卖国家禁止经营的文物，情节严重的，处五年以下有期徒刑或者拘役，并处罚金；情节特别严重的，处五年以上十年以下有期徒刑，并处罚金。

单位犯前款罪的，对单位判处罚金，并对其直接负责的主管人员和其他直接责任人员，依照前款的规定处罚。

名词解释

倒卖国家禁止经营的文物，是指经营国家不允许自由买卖或者拍卖的文物，从中牟取利益的行为。既包括无权从事文物商业经营的单位或者个人倒卖国家禁止经营的文物，也包括具有从事文物商业经营权的文物商店或者拍卖企业，倒卖国家禁止经营的文物。

◆ 第三百二十七条　非法出售、私赠文物藏品罪

违反文物保护法规，国有博物馆、图书馆等单位将国家保护的文物藏品出售或者私自送给非国有单位或者个人的，对单位判处罚金，并对其直接负责的主管人员和其他直接责任人员，处三年以下有期徒刑或者拘役。

名词解释

国有博物馆、图书馆等单位，是指国家所有的博物馆、图书馆、纪念馆和文物考古事业机构等单位。

非国有单位，是指集体所有制的单位、私营企业、外商投资企业以及非国有的社会团体、事业组织等。

出售，是指把文物藏品作为商品以一定的价格加以出卖的行为。

私赠，是指擅自将文物藏品无偿给予受赠人的行为。

◆ 第三百二十八条　盗掘古文化遗址、古墓葬罪

盗掘具有历史、艺术、科学价值的古文化遗址、古墓葬的，处三年以上十年以下有期徒刑，并处罚金；情节较轻的，处三年以下有期徒刑、拘役或者管制，并处罚金；有下列情形之一的，

处十年以上有期徒刑或者无期徒刑，并处罚金或者没收财产：

（一）盗掘确定为全国重点文物保护单位和省级文物保护单位的古文化遗址、古墓葬的；

（二）盗掘古文化遗址、古墓葬集团的首要分子；

（三）多次盗掘古文化遗址、古墓葬的；

（四）盗掘古文化遗址、古墓葬，并盗窃珍贵文物或者造成珍贵文物严重破坏的。

◆ 盗掘古人类化石、古脊椎动物化石罪

盗掘国家保护的具有科学价值的古人类化石和古脊椎动物化石的，依照前款的规定处罚。

名词解释

盗掘，是指以出卖或者非法占有为目的，私自秘密发掘古文化遗址和古墓葬的行为。

古文化遗址，是指在人类历史发展中由古代人类创造并留下的表明其文化发展水平的地区，如周口店。

古墓葬，是指古代（一般指清代以前，包括清代）人类将逝者及其生前遗物按一定方式放置于特定场所并建造的固定设施。辛亥革命以后，与著名历史事件有关的名人墓葬、遗址和纪念地，也视同古墓葬、古遗址，受国家保护。

古脊椎动物化石，是指石化的古脊椎动物的遗骸或遗迹（主要指 1 万年以前埋藏地下的古爬行动物、哺乳动物和鱼类化石等）。

古人类化石，是指石化的古人类的遗骸或遗迹（主要指距今 1 万年前的直立人，早期、晚期智人的遗骸，如牙齿、头盖骨、骨骼）。

◆ 第三百二十九条 抢夺、窃取国有档案罪

抢夺、窃取国家所有的档案的，处五年以下有期徒刑或者拘役。

◆ 擅自出卖、转让国有档案罪

违反档案法的规定，擅自出卖、转让国家所有的档案，情节严重的，处三年以下有期徒刑或者拘役。

有前两款行为，同时又构成本法规定的其他犯罪的，依照处罚较重的规定定罪处罚。

名词解释

档案，是指过去和现在的机关、团体、企业事业单位和其他组织以及个人从事经济、政治、文化、社会、生态文明、军事、外事、科技等方面活动直接形成的对国家和社会具有保存价值的各种文字、图表、声像等不同形式的历史记录。

第五节 危害公共卫生罪

◆ 第三百三十条 妨害传染病防治罪

违反传染病防治法的规定，有下列情形之一，引起甲类传染病以及依法确定采取甲类传染病预防、控制措施的传染病传播或者有传播严重危险的，处三年以下有期徒刑或者拘役；后果特别严重的，处三年以上七年以下有期徒刑：

（一）供水单位供应的饮用水不符合国家规定的卫生标准的；

（二）拒绝按照疾病预防控制机构提出的卫生要求，对传染病病原体污染的污水、污物、场所和物品进行消毒处理的；

（三）准许或者纵容传染病病人、病原携带者和疑似传染病病人从事国务院卫生行政部门规定禁止从事的易使该传染病扩散的工作的；

（四）出售、运输疫区中被传染病病原体污染或者可能被传染病病原体污染的物品，未进行消毒处理的；

（五）拒绝执行县级以上人民政府、疾病预防控制机构依照传染病防治法提出的预防、控制措施的。

单位犯前款罪的，对单位判处罚金，并对其直接负责的主管人员和其他直接责任人员，依照前款的规定处罚。

甲类传染病的范围，依照《中华人民共和国传染病防治法》和国务院有关规定确定。

名词解释

传染病，是指由于致病性微生物，如细菌、病毒、螺旋体、寄生虫等侵入人体，发生使人体健康受到某种损害以致危及生命的疾病。传染病种类很多，可通过不同方式或直接或间接地传播，造成人群中传染病的扩散、发生或流行。

◆ 第三百三十一条　传染病菌种、毒种扩散罪

从事实验、保藏、携带、运输传染病菌种、毒种的人员，违反国务院卫生行政部门的有关规定，造成传染病菌种、毒种扩散，后果严重的，处三年以下有期徒刑或者拘役；后果特别严重的，处三年以上七年以下有期徒刑。

◆ 第三百三十二条　妨害国境卫生检疫罪

违反国境卫生检疫规定，引起检疫传染病传播或者有传播严重危险的，处三年以下有期徒刑或者拘役，并处或者单处罚金。

单位犯前款罪的，对单位判处罚金，并对其直接负责的主管人员和其他直接责任人员，依照前款的规定处罚。

实用问答

实践中，实施哪些行为属于妨害国境卫生检疫行为？

答：根据《最高人民法院、最高人民检察院、公安部、司法部、海关总署关于进一步加强国境卫生检疫工作依法惩治妨害国境卫生检疫违法犯罪的意见》的规定，违反国境卫生检疫规定，实施下列行为之一的，属于妨害国境卫生检疫行为：（1）检疫传染病染疫人或者染疫嫌疑人拒绝执行海关依照《国境卫生检疫法》等法律法规提出的健康申报、体温监测、医学巡查、流行病学调查、医学排查、采样等卫生检疫措施，或者隔离、留验、就地诊验、转诊等卫生处理措施的；（2）检疫传染病染疫人或者染疫嫌疑人采取不如实填报健康申明卡等方式隐瞒疫情，或者伪造、涂改检疫单、证等方式伪造情节的；（3）知道或者应当知道实施审批管理的微生物、人体组织、生物制品、血液及其制品等特殊物品可能造成检疫传染病传播，未经审批仍逃避检疫，携运、寄递出入境的；（4）出入境交通工具上发现有检疫传染病染疫人或者染疫嫌疑人，交通工具负责人拒绝接受卫生检疫或者拒不接受卫生处理的；（5）来自检疫传染病流行国家、地区的出入境交通工具上出现非意外伤害死亡且死因不明的人员，交通工具负责人故意隐瞒情况的；（6）其他拒绝执行海关依照《国境卫生检疫法》等法律法规提出的检疫措施的。实施上述行为，引起鼠疫、霍乱、黄热病以及新冠肺炎等国务院确定和公布的其他检疫传染病传播或者有传播严重危险的，依照《刑法》第 332 条的规定，以妨害国境卫生检疫罪定罪处罚。对于单位实施妨害国境卫生检疫行为，引起鼠疫、霍乱、黄热病以及新冠肺炎等国务院确定和公布的其他检疫传染病传播或者有传播严重危险的，应当对单位判处罚金，并对其直接负责的主管人员和其他直接责任人员定罪处罚。

◆ 第三百三十三条　非法组织卖血罪；强迫卖血罪

非法组织他人出卖血液的，处五年以下有期徒刑，并处罚金；以暴力、威胁方法强迫他人出卖血液的，处五年以上十年以下有期徒刑，并处罚金。

◆ 故意伤害罪

有前款行为，对他人造成伤害的，依照本法第二百三十四条的规定定罪处罚。

◆ 第三百三十四条　非法采集、供应血液、制作、供应血液制品罪

非法采集、供应血液或者制作、供应血液制品，不符合国家规定的标准，足以危害人体健康的，处五年以下有期徒刑或者拘役，并处罚金；对人体健康造成严重危害的，处五年以上十年以下有期徒刑，并处罚金；造成特别严重后果的，处十年以上有期徒刑或者无期徒刑，并处罚金或者没收财产。

◆ 采集、供应血液、制作、供应血液制品事故罪

经国家主管部门批准采集、供应血液或者制作、供应血液制品的部门，不依照规定进行检测或者违背其他操作规定，造成危害他人身体健康后果的，对单位判处罚金，并对其直接负责的主管人员和其他直接责任人员，处五年以下有期徒刑或者拘役。

名词解释

非法采集、供应血液或者制作、供应血液制品，是指未经国家主管部门批准或者超过批准的业务范围，采集、供应血液或者制作、供应血液制品。为了保证血液纯净，保证安全使用，国家卫生部门规定，只有经卫生部门特别批准的血站等单位才有采集、供应血液，制作、供应血液制品的资格，未经批准或者超过批准范围的均属非法。

◆ 第三百三十四条之一　非法采集人类遗传资源、走私人类遗传资源材料罪

违反国家有关规定，非法采集我国人类遗传资源或者非法运送、邮寄、携带我国人类遗传资源材料出境，危害公众健康或者社会公共利益，情节严重的，处三年以下有期徒刑、拘役或者管制，并处或者单处罚金；情节特别严重的，处三年以上七年以下有期徒刑，并处罚金。

◆ 第三百三十五条　医疗事故罪

医务人员由于严重不负责任，造成就诊人死亡或者严重损害就诊人身体健康的，处三年以下有期徒刑或者拘役。

名词解释

医务人员，主要是指在医疗机构中从事救治、护理病人工作的医生和护士。

严重不负责任，是指医务人员在对就诊人员进行医疗、护理或身体健康检查过程中，在履行职责的范围内，对于应当可以防止出现的危害结果由于其严重疏于职守而发生，如对就诊人的生命和健康采取漠不关心的态度，不及时救治；严重违反明确的操作规程，等等。

◆ 第三百三十六条　非法行医罪

未取得医生执业资格的人非法行医，情节严重的，处三年以下有期徒刑、拘役或者管制，并处或者单处罚金；严重损害就诊人身体健康的，处三年以上十年以下有期徒刑，并处罚金；造成就诊人死亡的，处十年以上有期徒刑，并处罚金。

◆ 非法进行节育手术罪

未取得医生执业资格的人擅自为他人进行节育复通手术、假节育手术、终止妊娠手术或者摘取宫内节育器，情节严重的，处三年以下有期徒刑、拘役或者管制，并处或者单处罚金；严重损害就诊人身体健康的，处三年以上十年以下有期徒刑，并处罚金；造成就诊人死亡的，处十年以上有期徒刑，并处罚金。

名词解释

未取得医生执业资格的人非法行医，是指未取得医师从业资格的人从事医疗工作，包括未取得或者以非法手段取得医师资格从事医疗活动；被依法吊销医师执业证书后仍然从事医疗活动；未取得乡村医生执业证书，从事乡村医疗活动等。

实用问答

1. 实践中，哪些情形应当认定为本条第 1 款规定的“未取得医生执业资格的人非法行医”？

答：根据《最高人民法院关于审理非法行医刑事案件具体应用法律若干问题的解释》第 1 条的规定，具有下列情形之一的，应认定为《刑法》第 336 条第 1 款规定的“未取得医生执业资格的人非法行医”：（1）未取得或者以非法手段取得医师资格从事医疗活动的；（2）被依法吊销医师执业证书期间从事医疗活动的；（3）未取得乡村医生执业证书，从事乡村医疗活动的；（4）家庭接生员实施家庭接生以外的医疗行为的。

2. 实践中，哪些情形应当认定为本条第 1 款规定的“情节严重”？

答：根据《最高人民法院关于审理非法行医刑事案件具体应用法律若干问题的解释》第 2 条的规定，具有下列情形之一的，应认定为《刑法》第 336 条第 1 款规定的“情节严重”：（1）造成就诊人轻度残疾、器官组织损伤导致一般功能障碍的；（2）造成甲类传染病传播、流行或者有传播、流行危险的；（3）使用假药、劣药或不符合国家规定标准的卫生材料、医疗器械，足以严重危害人体健康的；（4）非法行医被卫生行政部门行政处罚两次以后，再次非法行医的；（5）其他情节严重的情形。

◆ 第三百三十六条之一　非法植入基因编辑、克隆胚胎罪

将基因编辑、克隆的人类胚胎植入人体或者动物体内，或者将基因编辑、克隆的动物胚胎植入人体内，情节严重的，处三年以下有期徒刑或者拘役，并处罚金；情节特别严重的，处三年以上七年以下有期徒刑，并处罚金。

◆ 第三百三十七条　妨害动植物防疫、检疫罪

违反有关动植物防疫、检疫的国家规定，引起重大动植物疫情的，或者有引起重大动植物疫情危险，情节严重的，处三年以下有期徒刑或者拘役，并处或者单处罚金。

单位犯前款罪的，对单位判处罚金，并对其直接负责的主管人员和其他直接责任人员，依照前款的规定处罚。

名词解释

重大动植物疫情，是指动物传染病在某一地区暴发、流行，在短期内突发众多患同一传染病的动物，造成某一种类动物大量死亡甚至灭绝，或者植物病、虫、有害物种的迅速蔓延，使粮食、瓜果、蔬菜严重减产，或者有害植物大面积入侵，使当地植物种群退化、消失，造成生态环境恶化，进而造成巨大经济损失或者环境资源的破坏的情况。

第六节　破坏环境资源保护罪

◆ 第三百三十八条　污染环境罪

违反国家规定，排放、倾倒或者处置有放射性的废物、含传染病病原体的废物、有毒物质或者其他有害物质，严重污染环境的，处三年以下有期徒刑或者拘役，并处或者单处罚金；情节严重的，处三年以上七年以下有期徒刑，并处罚金；有下列情形之一的，处七年以上有期徒刑，并处罚金：

（一）在饮用水水源保护区、自然保护地核心保护区等依法确定的重点保护区域排放、倾倒、处置有放射性的废物、含传染病病原体的废物、有毒物质，情节特别严重的；

（二）向国家确定的重要江河、湖泊水域排放、倾倒、处置有放射性的废物、含传染病病原体的废物、有毒物质，情节特别严重的；

（三）致使大量永久基本农田基本功能丧失或者遭受永久性破坏的；

（四）致使多人重伤、严重疾病，或者致人严重残疾、死亡的。

有前款行为，同时构成其他犯罪的，依照处罚较重的规定定罪处罚。

名词解释

放射性的废物，是指放射性核素含量超过国家规定限值的固体、液体和气体废弃物。

含传染病病原体的废物，主要是指被传染病病原体污染的污水、污物以及物品等。

◆ 第三百三十九条　非法处置进口的固体废物罪

违反国家规定，将境外的固体废物进境倾倒、堆放、处置的，处五年以下有期徒刑或者拘役，并处罚金；造成重大环境污染事故，致使公私财产遭受重大损失或者严重危害人体健康的，处五年以上十年以下有期徒刑，并处罚金；后果特别严重的，处十年以上有期徒刑，并处罚金。

◆ 擅自进口固体废物罪

未经国务院有关主管部门许可，擅自进口固体废物用作原料，造成重大环境污染事故，致使公私财产遭受重大损失或者严重危害人体健康的，处五年以下有期徒刑或者拘役，并处罚金；后果特别严重的，处五年以上十年以下有期徒刑，并处罚金。

以原料利用为名，进口不能用作原料的固体废物、液态废物和气态废物的，依照本法第一百五十二条第二款、第三款的规定定罪处罚。

名词解释

倾倒，是指通过船舶、航空器、平台或者其他运载工具，向水体处置废弃物或者其他有害物质的行为。

堆放，是指向土地直接弃置固体废物的行为。

处置，是指以焚烧、填埋等方式处理固体废物的活动。

◆ 第三百四十条　非法捕捞水产品罪

违反保护水产资源法规，在禁渔区、禁渔期或者使用禁用的工具、方法捕捞水产品，情节严重的，处三年以下有期徒刑、拘役、管制或者罚金。

名词解释

禁渔区，是指对某些重要鱼、虾、贝类产卵场、越冬场，幼体索饵场、洄游通道及生长繁殖场所等，划定禁止全部作业或者限制作业的一定区域。

禁渔期，是指对某些鱼类幼苗出现的不同盛期，规定禁止作业或者限制作业的一定期限。

禁用的工具，是指禁止使用的捕捞工具，即超过国家按照不同的捕捞对象所分别规定的最小网眼尺寸的网具和其他禁止使用的渔具。最小网眼尺寸就是容许捕捞各种鱼、虾类所使用的渔具网眼的最低限制。

禁用的方法，是指禁止使用的捕捞方法，也就是严重损害水产资源正常繁殖和生长的方法，如炸鱼、毒鱼、电鱼等。

◆ 第三百四十一条　危害珍贵、濒危野生动物罪

非法猎捕、杀害国家重点保护的珍贵、濒危野生动物的，或者非法收购、运输、出售国家重点保护的珍贵、濒危野生动物及其制品的，处五年以下有期徒刑或者拘役，并处罚金；情节严重的，处五年以上十年以下有期徒刑，并处罚金；情节特别严重的，处十年以上有期徒刑，并处罚金或者没收财产。

◆ 非法狩猎罪

违反狩猎法规，在禁猎区、禁猎期或者使用禁用的工具、方法进行狩猎，破坏野生动物资源，情节严重的，处三年以下有期徒刑、拘役、管制或者罚金。

◆ 非法猎捕、收购、运输、出售陆生野生动物罪

违反野生动物保护管理法规，以食用为目的非法猎捕、收购、运输、出售第一款规定以外的在野外环境自然生长繁殖的陆生野生动物，情节严重的，依照前款的规定处罚。

◆ 第三百四十二条　非法占用农用地罪

违反土地管理法规，非法占用耕地、林地等农用地，改变被占用土地用途，数量较大，造成耕地、林地等农用地大量毁坏的，处五年以下有期徒刑或者拘役，并处或者单处罚金。

名词解释

农用地，是指直接用于农业生产的土地，包括耕地、林地、草地、农田水利地、养殖水面等。

非法占用耕地、林地等农用地，是指违反土地利用总体规划或计划，未经批准擅自将耕地改为建设用地或作其他用途，或者擅自占用林地进行建设，或者开垦林地进行种植、养殖以及实施采石、采沙等活动。

◆ 第三百四十二条之一　破坏自然保护地罪

违反自然保护地管理法规，在国家公园、国家级自然保护区进行开垦、开发活动或者修建建筑物，造成严重后果或者有其他恶劣情节的，处五年以下有期徒刑或者拘役，并处或者单处罚金。

有前款行为，同时构成其他犯罪的，依照处罚较重的规定定罪处罚。

名词解释

开垦，是指对林地、农地等土地的开荒、种植、砍伐、放牧等活动。

开发，是指进行经济工程项目建设，如水电项目、矿山项目、挖沙等。

◆ 第三百四十三条　非法采矿罪

违反矿产资源法的规定，未取得采矿许可证擅自采矿，擅自进入国家规划矿区、对国民经济具有重要价值的矿区和他人矿区范围采矿，或者擅自开采国家规定实行保护性开采的特定矿种，情节严重的，处三年以下有期徒刑、拘役或者管制，并处或者单处罚金；情节特别严重的，处三年以上七年以下有期徒刑，并处罚金。

◆ 破坏性采矿罪

违反矿产资源法的规定，采取破坏性的开采方法开采矿产资源，造成矿产资源严重破坏的，处五年以下有期徒刑或者拘役，并处罚金。

名词解释

未取得采矿许可证擅自采矿，是指未取得国务院、省、自治区、直辖市人民政府、国务院授权的有关主管部门颁发的采矿许可证而开采矿产资源的行为。采矿许可证是法律规定由国家行政机关颁发的一种特许许可证。没有采矿许可证无权开采矿产资源。

实用问答

实践中，哪些情形应当认定为本条第1款规定的“未取得采矿许可证”？

答：根据《最高人民法院、最高人民检察院关于办理非法采矿、破坏性采矿刑事案件适用法律若干问题的解释》第2条的规定，具有下列情形之一的，应当认定为《刑法》第343条第1款规定的“未取得采矿许可证”：（1）无许可证的；（2）许可证被注销、吊销、撤销的；（3）超越许可证规定的矿区范围或者开采范围的；（4）超出许可证规定的矿种的（共生、伴生矿种除外）；（5）其他未取得许可证的情形。

◆ 第三百四十四条 危害国家重点保护植物罪

违反国家规定，非法采伐、毁坏珍贵树木或者国家重点保护的其他植物的，或者非法收购、运输、加工、出售珍贵树木或者国家重点保护的其他植物及其制品的，处三年以下有期徒刑、拘役或者管制，并处罚金；情节严重的，处三年以上七年以下有期徒刑，并处罚金。

◆ 第三百四十四条之一 非法引进、释放、丢弃外来入侵物种罪

违反国家规定，非法引进、释放或者丢弃外来入侵物种，情节严重的，处三年以下有期徒刑或者拘役，并处或者单处罚金。

◆ 第三百四十五条 盗伐林木罪

盗伐森林或者其他林木，数量较大的，处三年以下有期徒刑、拘役或者管制，并处或者单处罚金；数量巨大的，处三年以上七年以下有期徒刑，并处罚金；数量特别巨大的，处七年以上有期徒刑，并处罚金。

◆ 滥伐林木罪

违反森林法的规定，滥伐森林或者其他林木，数量较大的，处三年以下有期徒刑、拘役或者管制，并处或者单处罚金；数量巨大的，处三年以上七年以下有期徒刑，并处罚金。

◆ 非法收购、运输盗伐、滥伐的林木罪

非法收购、运输明知是盗伐、滥伐的林木，情节严重的，处三年以下有期徒刑、拘役或者管制，并处或者单处罚金；情节特别严重的，处三年以上七年以下有期徒刑，并处罚金。

盗伐、滥伐国家级自然保护区内的森林或者其他林木的，从重处罚。

◆ 第三百四十六条　单位犯破坏环境资源保护罪的处罚规定

单位犯本节第三百三十八条至第三百四十五条规定之罪的，对单位判处罚金，并对其直接负责的主管人员和其他直接责任人员，依照本节各该条的规定处罚。

第七节　走私、贩卖、运输、制造毒品罪

◆ 第三百四十七条　走私、贩卖、运输、制造毒品罪

走私、贩卖、运输、制造毒品，无论数量多少，都应当追究刑事责任，予以刑事处罚。

走私、贩卖、运输、制造毒品，有下列情形之一的，处十五年有期徒刑、无期徒刑或者死刑，并处没收财产：

（一）走私、贩卖、运输、制造鸦片一千克以上、海洛因或者甲基苯丙胺五十克以上或者其他毒品数量大的；

（二）走私、贩卖、运输、制造毒品集团的首要分子；

（三）武装掩护走私、贩卖、运输、制造毒品的；

（四）以暴力抗拒检查、拘留、逮捕，情节严重的；

（五）参与有组织的国际贩毒活动的。

走私、贩卖、运输、制造鸦片二百克以上不满一千克、海洛因或者甲基苯丙胺十克以上不满五十克或者其他毒品数量较大的，处七年以上有期徒刑，并处罚金。

走私、贩卖、运输、制造鸦片不满二百克、海洛因或者甲基苯丙胺不满十克或者其他少量毒品的，处三年以下有期徒刑、拘役或者管制，并处罚金；情节严重的，处三年以上七年以下有期徒刑，并处罚金。

单位犯第二款、第三款、第四款罪的，对单位判处罚金，并对其直接负责的主管人员和其他直接责任人员，依照各该款的规定处罚。

利用、教唆未成年人走私、贩卖、运输、制造毒品，或者向未成年人出售毒品的，从重处罚。

对多次走私、贩卖、运输、制造毒品，未经处理的，毒品数量累计计算。

名词解释

武装掩护走私、贩卖、运输、制造毒品，是指罪犯在走私、贩卖、运输、制造毒品过程中，自己携带枪支、弹药、爆炸物或者雇用武装人员进行押送、掩护、警戒等，随时准备与国家执法机关和执法人员进行武力对抗的行为。

以暴力抗拒检查、拘留、逮捕，情节严重，是指在执法部门查缉毒品犯罪时，毒品犯罪分子实施暴力抗拒对其身体、物品、住所等进行检查，或者抗拒对其依法予以拘留、逮捕，情节严重的情形。

参与有组织的国际贩毒活动，主要是指参与国际贩毒集团的犯罪活动。

有组织的国际贩毒活动，是指有计划、有分工、有指挥地进行跨国贩毒的活动，其走私、贩毒活动涉及多个国家或者境外地区。

典型案例

1. 王某贩卖、制造毒品案[①]

要旨：行为人利用未列入国家管制的化学品为原料，生产、销售含有国家管制的麻醉药品、精神药品成分的食品，明知该成分毒品属性的，应当认定为贩卖、制造毒品罪。检察机关办理新型毒品犯罪案件，应当审查毒品含量，依法准确适用刑罚。对于毒品犯罪所得的财物及其孳息、收益和供犯罪所用的本人财物，应当依法予以追缴、没收。

2. 马某某走私、贩卖毒品案[②]

要旨：行为人明知系国家管制的麻醉药品、精神药品，出于非法用途走私、贩卖的，应当以走私、贩卖毒品罪追究刑事责任。行为人出于非法用途，以贩卖为目的非法购买国家管制的麻醉药品、精神药品的，应当认定为贩卖毒品罪既遂。检察机关应当综合评价新型毒品犯罪的社会危害性，依法提出量刑建议。

---

① 检例第150号。
② 检例第151号。

3. 何某贩卖、制造毒品案[1]

要旨： 行为人以原生植物为原料，通过提炼等方法制成含有国家管制的麻醉药品、精神药品的物质，并予以贩卖的，应当认定为贩卖、制造毒品罪。办理新型毒品犯罪案件，检察机关应当依法引导侦查机关开展侦查实验，查明案件事实。

4. 刘某某贩卖毒品二审抗诉案[2]

要旨： 对于人民法院以存在“合理怀疑”为由宣告被告人无罪的案件，人民检察院认为在案证据能够形成完整的证据链，且被告人的无罪辩解没有证据证实，应当提出抗诉。同时，对于确有必要的，要补充完善证据，对人民法院认为存在的“合理怀疑”作出解释，以准确排除“合理怀疑”，充分支持抗诉意见和理由。对于查清事实后足以定罪量刑的抗诉案件，如未超出起诉指控范围，人民检察院可以建议人民法院依法直接改判。

◆ 第三百四十八条　非法持有毒品罪

非法持有鸦片一千克以上、海洛因或者甲基苯丙胺五十克以上或者其他毒品数量大的，处七年以上有期徒刑或者无期徒刑，并处罚金；非法持有鸦片二百克以上不满一千克、海洛因或者甲

① 检例第153号。
② 检例第179号。

基苯丙胺十克以上不满五十克或者其他毒品数量较大的，处三年以下有期徒刑、拘役或者管制，并处罚金；情节严重的，处三年以上七年以下有期徒刑，并处罚金。

名词解释

非法持有毒品，是指除依照国家有关规定生产、管理、运输、使用麻醉药品、精神药品以外而持有毒品。“持有”应作广义理解，既可以是暗藏于自己家中，也可以是委托他人代为收藏；既可以是随身携带，也可以是置于车船之内。

◆ 第三百四十九条　包庇毒品犯罪分子罪；窝藏、转移、隐瞒毒品、毒赃罪

包庇走私、贩卖、运输、制造毒品的犯罪分子的，为犯罪分子窝藏、转移、隐瞒毒品或者犯罪所得的财物的，处三年以下有期徒刑、拘役或者管制；情节严重的，处三年以上十年以下有期徒刑。

◆ 包庇毒品犯罪分子罪

缉毒人员或者其他国家机关工作人员掩护、包庇走私、贩卖、运输、制造毒品的犯罪分子的，依照前款的规定从重处罚。

犯前两款罪，事先通谋的，以走私、贩卖、运输、制造毒品罪的共犯论处。

名词解释

包庇走私、贩卖、运输、制造毒品的犯罪分子，是指采取窝藏犯罪分子或者作假证等方法，帮助毒品犯罪分子逃避法律追究的行为。

隐瞒毒品或者犯罪所得的财物，是指当司法机关追查毒品和赃物，向其询问时，故意不讲毒品、犯罪所得财物隐藏处的行为。

事先通谋，是指在犯罪分子进行毒品犯罪活动之前，与犯罪分子共同策划、商议并事后包庇犯罪分子或为其窝藏、转移、隐瞒毒品及犯罪所得财物的行为。

◆ 第三百五十条　非法生产、买卖、运输制毒物品、走私制毒物品罪

违反国家规定，非法生产、买卖、运输醋酸酐、乙醚、三氯甲烷或者其他用于制造毒品的原料、配剂，或者携带上述物品进出境，情节较重的，处三年以下有期徒刑、拘役或者管制，并处罚金；情节严重的，处三年以上七年以下有期徒刑，并处罚金；情节特别严重的，处七年以上有期徒刑，并处罚金或者没收财产。

明知他人制造毒品而为其生产、买卖、运输前款规定的物品的，以制造毒品罪的共犯论处。

单位犯前两款罪的，对单位判处罚金，并对其直接负责的主管人员和其他直接责任人员，依照前两款的规定处罚。

◆ 第三百五十一条　非法种植毒品原植物罪

非法种植罂粟、大麻等毒品原植物的，一律强制铲除。有下列情形之一的，处五年以下有期徒刑、拘役或者管制，并处罚金：

（一）种植罂粟五百株以上不满三千株或者其他毒品原植物数量较大的；

（二）经公安机关处理后又种植的；

（三）抗拒铲除的。

非法种植罂粟三千株以上或者其他毒品原植物数量大的，处五年以上有期徒刑，并处罚金或者没收财产。

非法种植罂粟或者其他毒品原植物，在收获前自动铲除的，可以免除处罚。

名词解释

经公安机关处理后又种植，是指过去曾因为种植罂粟等毒品原植物被公安机关给予治安管理处罚或者强制铲除，也包括被依法追究刑事责任后，又再次种植毒品原植物。

抗拒铲除，是指非法种植毒品原植物的行为人，在公安机关或者政府有关部门依法强制铲除这些毒品原植物时，使用暴力、威胁、设置障碍等方法拒不铲除。

自动铲除，是指非法种植毒品原植物的人主动进行铲除，而不是在执法人员的强制下铲除。

◆ 第三百五十二条　非法买卖、运输、携带、持有毒品原植物种子、幼苗罪

非法买卖、运输、携带、持有未经灭活的罂粟等毒品原植物种子或者幼苗，数量较大的，处三年以下有期徒刑、拘役或者管制，并处或者单处罚金。

名词解释

未经灭活的罂粟等毒品原植物种子，是指没有经过烘烤、放射线照射等处理手段，还能继续繁殖、发芽的罂粟等毒品原植物种子。

◆ 第三百五十三条　引诱、教唆、欺骗他人吸毒罪

引诱、教唆、欺骗他人吸食、注射毒品的，处三年以下有期徒刑、拘役或者管制，并处罚金；情节严重的，处三年以上七年以下有期徒刑，并处罚金。

◆ 强迫他人吸毒罪

强迫他人吸食、注射毒品的，处三年以上十年以下有期徒刑，并处罚金。

引诱、教唆、欺骗或者强迫未成年人吸食、注射毒品的，从重处罚。

名词解释

欺骗他人吸食、注射毒品，是指在他人不知情的情况下，给他人吸食、注射毒品的行为。如暗中在香烟中掺入毒品，或者在药品

中掺入毒品，供他人吸食或者使用，使其不知不觉地染上毒瘾，从而实现欺骗者的某些个人目的。

强迫他人吸食、注射毒品，是指违背他人的意愿，以暴力、胁迫或者其他手段，迫使他人吸食、注射毒品的行为。

典型案例

郭某某欺骗他人吸毒案①

要旨：行为人明知系国家管制的麻醉药品、精神药品而向他人的饮料、食物中投放，欺骗他人吸食的，应当以欺骗他人吸毒罪追究刑事责任。对于有证据证明行为人为实施强奸、抢劫等犯罪而欺骗他人吸食麻醉药品、精神药品的，应当按照处罚较重的罪名追究刑事责任。检察机关应当加强自行补充侦查，强化电子数据等客观性证据审查，准确认定犯罪事实。

◆ 第三百五十四条　容留他人吸毒罪

容留他人吸食、注射毒品的，处三年以下有期徒刑、拘役或者管制，并处罚金。

实用问答

实践中，哪些情形应当以容留他人吸毒罪定罪处罚？

答：根据《最高人民法院关于审理毒品犯罪案件适用法律若干

① 检例第152号。

问题的解释》第12条的规定，容留他人吸食、注射毒品，具有下列情形之一的，应当依照《刑法》第354条的规定，以容留他人吸毒罪定罪处罚：（1）一次容留多人吸食、注射毒品的；（2）二年内多次容留他人吸食、注射毒品的；（3）二年内曾因容留他人吸食、注射毒品受过行政处罚的；（4）容留未成年人吸食、注射毒品的；（5）以牟利为目的容留他人吸食、注射毒品的；（6）容留他人吸食、注射毒品造成严重后果的；（7）其他应当追究刑事责任的情形。向他人贩卖毒品后又容留其吸食、注射毒品，或者容留他人吸食、注射毒品并向其贩卖毒品，符合前述规定的容留他人吸毒罪的定罪条件的，以贩卖毒品罪和容留他人吸毒罪数罪并罚。容留近亲属吸食、注射毒品，情节显著轻微危害不大的，不作为犯罪处理；需要追究刑事责任的，可以酌情从宽处罚。

◆ 第三百五十五条　非法提供麻醉药品、精神药品罪

依法从事生产、运输、管理、使用国家管制的麻醉药品、精神药品的人员，违反国家规定，向吸食、注射毒品的人提供国家规定管制的能够使人形成瘾癖的麻醉药品、精神药品的，处三年以下有期徒刑或者拘役，并处罚金；情节严重的，处三年以上七年以下有期徒刑，并处罚金。向走私、贩卖毒品的犯罪分子或者以牟利为目的，向吸食、注射毒品的人提供国家规定管制的能够使人形成瘾癖的麻醉药品、精神药品的，依照本法第三百四十七条的规定定罪处罚。

单位犯前款罪的，对单位判处罚金，并对其直接负责的主管人员和其他直接责任人员，依照前款的规定处罚。

◆ 第三百五十五条之一　妨害兴奋剂管理罪

引诱、教唆、欺骗运动员使用兴奋剂参加国内、国际重大体育竞赛，或者明知运动员参加上述竞赛而向其提供兴奋剂，情节严重的，处三年以下有期徒刑或者拘役，并处罚金。

组织、强迫运动员使用兴奋剂参加国内、国际重大体育竞赛的，依照前款的规定从重处罚。

名词解释

兴奋剂，是指年度《兴奋剂目录》所列的禁用物质等，具体包括蛋白同化制剂、肽类激素、有关麻醉药品和刺激剂等。

◆ 第三百五十六条　毒品犯罪的再犯

因走私、贩卖、运输、制造、非法持有毒品罪被判过刑，又犯本节规定之罪的，从重处罚。

◆ 第三百五十七条　毒品的范围及数量的计算原则

本法所称的毒品，是指鸦片、海洛因、甲基苯丙胺（冰毒）、吗啡、大麻、可卡因以及国家规定管制的其他能够使人形成瘾癖的麻醉药品和精神药品。

毒品的数量以查证属实的走私、贩卖、运输、制造、非法持有毒品的数量计算，不以纯度折算。

名词解释

麻醉药品，是指连续使用后易产生身体依赖性、易形成瘾癖的药品，如鸦片、海洛因、吗啡、可卡因等。

精神药品，是指直接作用于中枢神经系统，使之兴奋或抑制，连续使用能使人体产生依赖性的药品，如甲基苯丙胺（去氧麻黄碱）、安纳咖、安眠酮等。

第八节　组织、强迫、引诱、容留、介绍卖淫罪

◆ 第三百五十八条　组织卖淫罪；强迫卖淫罪

组织、强迫他人卖淫的，处五年以上十年以下有期徒刑，并处罚金；情节严重的，处十年以上有期徒刑或者无期徒刑，并处罚金或者没收财产。

组织、强迫未成年人卖淫的，依照前款的规定从重处罚。

犯前两款罪，并有杀害、伤害、强奸、绑架等犯罪行为的，依照数罪并罚的规定处罚。

◆ 协助组织卖淫罪

为组织卖淫的人招募、运送人员或者有其他协助组织他人卖淫行为的，处五年以下有期徒刑，并处罚金；情节严重的，处五年以上十年以下有期徒刑，并处罚金。

名词解释

组织他人卖淫，主要是指通过纠集、控制一些卖淫的人员进行卖淫，或者以雇佣、招募、容留等手段，组织、诱骗他人卖淫，从中牟利的行为。以招募、雇佣、纠集等手段，管理或者控制他人卖淫，卖淫人数在3人以上的，应当认定为本条规定的组织他人卖淫，组织者是否设置固定的卖淫场所、组织卖淫者人数多少以及规模大小，不影响组织卖淫行为的认定。

协助组织他人卖淫，是指为组织卖淫的人招募、运送人员或者实施其他协助行为。

其他协助组织他人卖淫行为，是指在组织他人卖淫的活动中，起协助、帮助作用的其他行为，如为“老鸨”充当保镖、打手，为组织卖淫活动看门望哨等行为。

◆ 第三百五十九条 引诱、容留、介绍卖淫罪

引诱、容留、介绍他人卖淫的，处五年以下有期徒刑、拘役或者管制，并处罚金；情节严重的，处五年以上有期徒刑，并处罚金。

◆ 引诱幼女卖淫罪

引诱不满十四周岁的幼女卖淫的，处五年以上有期徒刑，并处罚金。

◆ 第三百六十条 传播性病罪

明知自己患有梅毒、淋病等严重性病卖淫、嫖娼的，处五年以下有期徒刑、拘役或者管制，并处罚金。

~~嫖宿不满十四周岁的幼女的，处五年以上有期徒刑，并处罚金。~~[1]

名词解释

性病，亦称为“性传染疾病”，主要通过性接触、性行为传播的疾病，包括艾滋病、梅毒、淋病、尖锐湿疣、生殖器疱疹等。

◆ 第三百六十一条　特定单位的人员组织、强迫、引诱、容留、介绍卖淫的处理规定

旅馆业、饮食服务业、文化娱乐业、出租汽车业等单位的人员，利用本单位的条件，组织、强迫、引诱、容留、介绍他人卖淫的，依照本法第三百五十八条、第三百五十九条的规定定罪处罚。

前款所列单位的主要负责人，犯前款罪的，从重处罚。

◆ 第三百六十二条　窝藏、包庇罪

旅馆业、饮食服务业、文化娱乐业、出租汽车业等单位的人员，在公安机关查处卖淫、嫖娼活动时，为违法犯罪分子通风报信，情节严重的，依照本法第三百一十条的规定定罪处罚。

名词解释

为违法犯罪分子通风报信，是指在公安机关依法查处卖淫、嫖娼活动时，旅馆业、饮食服务业、文化娱乐业、出租汽车业等单位

① 本款根据2015年8月29日《刑法修正案（九）》删除。

的人员将行动地点、时间、对象等情况以及其他有关的消息告知组织、强迫、引诱、容留、介绍他人卖淫以及卖淫、嫖娼的违法犯罪分子。“通风报信”包括各种传递消息的方法和手段，如打电话、发送短信息、传呼信号和事先规定的各种联系暗号等。根据本条规定，对在公安机关查处卖淫、嫖娼活动时，为违法犯罪分子通风报信，情节严重的，依照《刑法》第310条的规定定罪处罚，即依照包庇罪的规定定罪处罚。

在公安机关查处卖淫、嫖娼活动时，是指在公安机关依法查处的全过程中的任何阶段，既包括查处卖淫、嫖娼活动的部署阶段，也包括实施阶段。

第九节　制作、贩卖、传播淫秽物品罪

◆ 第三百六十三条　制作、复制、出版、贩卖、传播淫秽物品牟利罪

以牟利为目的，制作、复制、出版、贩卖、传播淫秽物品的，处三年以下有期徒刑、拘役或者管制，并处罚金；情节严重的，处三年以上十年以下有期徒刑，并处罚金；情节特别严重的，处十年以上有期徒刑或者无期徒刑，并处罚金或者没收财产。

◆ 为他人提供书号出版淫秽书刊罪

为他人提供书号，出版淫秽书刊的，处三年以下有期徒刑、拘役或者管制，并处或者单处罚金；明知他人用于出版淫秽书刊而提供书号的，依照前款的规定处罚。

典型案例

钱某制作、贩卖、传播淫秽物品牟利案①

要旨：自然人在私密空间的日常生活属于《民法典》保护的隐私。行为人以牟利为目的，偷拍他人性行为并制作成视频文件，以贩卖、传播方式予以公开，不仅侵犯他人隐私，而且该偷拍视频公开后具有描绘性行为、宣扬色情的客观属性，符合《刑法》关于“淫秽物品”的规定，构成犯罪的，应当以制作、贩卖、传播淫秽物品牟利罪追究刑事责任。以牟利为目的提供互联网链接，使他人可以通过偷拍设备实时观看或者下载视频文件的，属于该罪的“贩卖、传播”行为。检察机关办理涉及偷拍他人隐私的刑事案件时，应当根据犯罪的主客观方面依法适用不同罪名追究刑事责任。

◆ 第三百六十四条　传播淫秽物品罪

传播淫秽的书刊、影片、音像、图片或者其他淫秽物品，情节严重的，处二年以下有期徒刑、拘役或者管制。

◆ 组织播放淫秽音像制品罪

组织播放淫秽的电影、录像等音像制品的，处三年以下有期徒刑、拘役或者管制，并处罚金；情节严重的，处三年以上十年以下有期徒刑，并处罚金。

制作、复制淫秽的电影、录像等音像制品组织播放的，依照

① 检例第139号。

第二款的规定从重处罚。

向不满十八周岁的未成年人传播淫秽物品的，从重处罚。

名词解释

传播，是指在公共场所或者公众之中进行传播，主要是指通过播放、发表、传阅、出借、出租、展示、赠送、讲解、邮寄以及利用互联网等方式散布、流传淫秽物品的行为。传播是在一定范围内进行的，被传播的内容往往从一点向多点放射性扩散，由一人或少数人知悉转而为更大范围的人群知悉，这种传播行为可以是在公共场合公开进行，也可以是在私下进行，如果只是私下里自己观看，则不属于传播。

◆ 第三百六十五条　组织淫秽表演罪

组织进行淫秽表演的，处三年以下有期徒刑、拘役或者管制，并处罚金；情节严重的，处三年以上十年以下有期徒刑，并处罚金。

◆ 第三百六十六条　单位犯制作、贩卖、传播淫秽物品罪的处罚

单位犯本节第三百六十三条、第三百六十四条、第三百六十五条规定之罪的，对单位判处罚金，并对其直接负责的主管人员和其他直接责任人员，依照各该条的规定处罚。

◆ 第三百六十七条　淫秽物品的范围

本法所称淫秽物品，是指具体描绘性行为或者露骨宣扬色情的诲淫性的书刊、影片、录像带、录音带、图片及其他淫秽物品。

有关人体生理、医学知识的科学著作不是淫秽物品。

包含有色情内容的有艺术价值的文学、艺术作品不视为淫秽物品。

名词解释

有关人体生理、医学知识的科学著作，是指有关人体的解剖生理知识、生育知识、疾病防治和其他有关性知识、性道德、性社会等自然科学和社会科学作品。这类作品不是淫秽物品。

实用问答

本条第1款规定的“其他淫秽物品”包括哪些物品？

答：根据《最高人民法院、最高人民检察院关于办理利用互联网、移动通讯终端、声讯台制作、复制、出版、贩卖、传播淫秽电子信息刑事案件具体应用法律若干问题的解释》第9条第1款的规定，《刑法》第367条第1款规定的“其他淫秽物品”，包括具体描绘性行为或者露骨宣扬色情的诲淫性的视频文件、音频文件、电子刊物、图片、文章、短信息等互联网、移动通讯终端电子信息和声讯台语音信息。

第七章　危害国防利益罪

◆ 第三百六十八条　阻碍军人执行职务罪

以暴力、威胁方法阻碍军人依法执行职务的，处三年以下有期徒刑、拘役、管制或者罚金。

◆ 阻碍军事行动罪

故意阻碍武装部队军事行动，造成严重后果的，处五年以下有期徒刑或者拘役。

◆ 第三百六十九条　破坏武器装备、军事设施、军事通信罪

破坏武器装备、军事设施、军事通信的，处三年以下有期徒刑、拘役或者管制；破坏重要武器装备、军事设施、军事通信的，处三年以上十年以下有期徒刑；情节特别严重的，处十年以上有期徒刑、无期徒刑或者死刑。

◆ 过失损坏武器装备、军事设施、军事通信罪

过失犯前款罪，造成严重后果的，处三年以下有期徒刑或者拘役；造成特别严重后果的，处三年以上七年以下有期徒刑。

战时犯前两款罪的，从重处罚。

名词解释

武器装备，是指部队用于实施和保障作战行动的武器、武器系统和军事技术器材的统称。备用的武器装备重要零件、部件，应视为武器装备。

军事设施，是指国家直接用于军事目的的下列建筑、场地和设备：指挥机关、地面和地下的指挥工程、作战工程；军用机场、港口、码头；营区、训练场、试验场；军用洞库、仓库；军用通信、侦察、导航、观测台站，测量、导航、助航标志；军用公路、铁路专用线、军用通信、输电线路，军用输油、输水管道；边防、海防管控设施；国务院和中央军事委员会规定的其他军事设施。

军事通信，是指军事通信设备、通信枢纽等。

重要武器装备，是指战略导弹及其他导弹武器系统、飞机、直升机、作战舰艇、登陆舰和一吨位以上辅助船、坦克、装甲车辆、较大毫米以上口径的地面火炮、岸炮、雷达、声呐、指挥仪、较大功率的电台和电子对抗设备、舟桥、较大功率的工程机械、汽车、陆军船舶等。

重要军事设施，是指指挥中心、大型作战工程、各类通信、导航、观测枢纽、导弹基地、机场、港口、大型仓库、重要管线等。

重要军事通信，是指军事首脑机关及重要指挥中心的通信，部队作战中的通信，等级战备通信，飞行航行训练、抢险救灾、军事演习或者处置突发性事件中的通信，以及执行试飞试航、武器装备科研试验或者远洋航行等重要军事任务中的通信。

◆ 第三百七十条　故意提供不合格武器装备、军事设施罪

明知是不合格的武器装备、军事设施而提供给武装部队的，处五年以下有期徒刑或者拘役；情节严重的，处五年以上十年以下有期徒刑；情节特别严重的，处十年以上有期徒刑、无期徒刑或者死刑。

◆ 过失提供不合格武器装备、军事设施罪

过失犯前款罪，造成严重后果的，处三年以下有期徒刑或者拘役；造成特别严重后果的，处三年以上七年以下有期徒刑。

单位犯第一款罪的，对单位判处罚金，并对其直接负责的主管人员和其他直接责任人员，依照第一款的规定处罚。

◆ 第三百七十一条　聚众冲击军事禁区罪

聚众冲击军事禁区，严重扰乱军事禁区秩序的，对首要分子，处五年以上十年以下有期徒刑；对其他积极参加的，处五年以下有期徒刑、拘役、管制或者剥夺政治权利。

◆ 聚众扰乱军事管理区秩序罪

聚众扰乱军事管理区秩序，情节严重，致使军事管理区工作无法进行，造成严重损失的，对首要分子，处三年以上七年以下有期徒刑；对其他积极参加的，处三年以下有期徒刑、拘役、管制或者剥夺政治权利。

名词解释

军事禁区，是指设有重要军事设施或者军事设施具有重大危险因素，需要国家采取特殊措施加以重点保护，依照法定程序和标准划定的军事区域。

聚众冲击，是指纠集多人强行进入军事禁区，占据办公地点、毁坏财物等暴力性的干扰活动。

军事禁区秩序，包括军事禁区中武装部队作战、演习、训练、生产、教学、生活、科研等各方面的活动和秩序。

严重扰乱，是指行为人的行为，致使军事禁区的各项工作无法正常进行，或者造成其他严重情形。

◆ 第三百七十二条　冒充军人招摇撞骗罪

冒充军人招摇撞骗的，处三年以下有期徒刑、拘役、管制或者剥夺政治权利；情节严重的，处三年以上十年以下有期徒刑。

名词解释

招摇撞骗，是指假借军人名义到处炫耀，利用人民群众对人民军队的信任、爱戴进行欺骗活动，以谋取非法利益的行为。

◆ 第三百七十三条　煽动军人逃离部队罪；雇用逃离部队军人罪

煽动军人逃离部队或者明知是逃离部队的军人而雇用，情节严重的，处三年以下有期徒刑、拘役或者管制。

◆ 第三百七十四条　接送不合格兵员罪

在征兵工作中徇私舞弊，接送不合格兵员，情节严重的，处三年以下有期徒刑或者拘役；造成特别严重后果的，处三年以上七年以下有期徒刑。

名词解释

征兵，是指国家依照《国防法》《兵役法》《征兵工作条例》等规定，征集中国人民解放军和中国人民武装警察部队现役的兵员。

◆ 第三百七十五条　伪造、变造、买卖武装部队公文、证件、印章罪；盗窃、抢夺武装部队公文、证件、印章罪

伪造、变造、买卖或者盗窃、抢夺武装部队公文、证件、印章的，处三年以下有期徒刑、拘役、管制或者剥夺政治权利；情节严重的，处三年以上十年以下有期徒刑。

◆ 非法生产、买卖武装部队制式服装罪

非法生产、买卖武装部队制式服装，情节严重的，处三年以下有期徒刑、拘役或者管制，并处或者单处罚金。

◆ 伪造、盗窃、买卖、非法提供、非法使用武装部队专用标志罪

伪造、盗窃、买卖或者非法提供、使用武装部队车辆号牌等专用标志，情节严重的，处三年以下有期徒刑、拘役或者管制，并处或者单处罚金；情节特别严重的，处三年以上七年以下有期徒刑，并处罚金。

单位犯第二款、第三款罪的，对单位判处罚金，并对其直接负责的主管人员和其他直接责任人员，依照各该款的规定处罚。

名词解释

武装部队，是指中国人民解放军和中国人民武装警察部队。

公文，是指武装部队在执行公务活动中或履行日常工作职责的活动中所形成或发布的文件、公函、通告、命令等公务文件。

证件，是指武装部队成员的身份证件、通行证件以及一些特别证件。

印章，是指武装部队用于各种公务性文件、公函、命令、通告等文件中能够代表部队的印章。

实用问答

实践中，哪些情形应当以伪造、变造、买卖武装部队公文、证件、印章罪或者盗窃、抢夺武装部队公文、证件、印章罪定罪处罚？

答：根据《最高人民法院、最高人民检察院关于办理妨害武装部队制式服装、车辆号牌管理秩序等刑事案件具体应用法律若干问题的解释》第1条第1款的规定，伪造、变造、买卖或者盗窃、抢夺武装部队公文、证件、印章，具有下列情形之一的，应当依照《刑法》第375条第1款的规定，以伪造、变造、买卖武装部队公文、证件、印章罪或者盗窃、抢夺武装部队公文、证件、印章罪定罪处罚：（1）伪造、变造、买卖或者盗窃、抢夺武装部队公文一件以上的；（2）伪造、变造、买卖或者盗窃、抢夺武装部队军官证、士兵证、车辆行驶证、车辆驾驶证或者其他证件二本以上的；（3）伪造、变造、买卖或者盗窃、抢夺武装部队机关印章、车辆牌证印章或者其他印章一枚以上的。

◆ 第三百七十六条　战时拒绝、逃避征召、军事训练罪

预备役人员战时拒绝、逃避征召或者军事训练，情节严重的，处三年以下有期徒刑或者拘役。

◆ 战时拒绝、逃避服役罪

公民战时拒绝、逃避服役，情节严重的，处二年以下有期徒刑或者拘役。

◆ 第三百七十七条　战时故意提供虚假敌情罪

战时故意向武装部队提供虚假敌情，造成严重后果的，处三年以上十年以下有期徒刑；造成特别严重后果的，处十年以上有期徒刑或者无期徒刑。

◆ 第三百七十八条　战时造谣扰乱军心罪

战时造谣惑众，扰乱军心的，处三年以下有期徒刑、拘役或者管制；情节严重的，处三年以上十年以下有期徒刑。

名词解释

造谣惑众，是指行为人制造谣言，或以虚构的情况在部队中进行传播、迷惑众人的行为，既包括行为人捏造事实，在部队中传播，也包括行为人将听说的谣言在部队中传播。

扰乱军心，是指行为人通过传播虚假事实或谣言，在部队中散布怯战、厌战或恐怖情绪，造成军心不稳，斗志涣散，削弱战斗力。

◆ 第三百七十九条　战时窝藏逃离部队军人罪

战时明知是逃离部队的军人而为其提供隐蔽处所、财物，情节严重的，处三年以下有期徒刑或者拘役。

名词解释

提供隐蔽处所，是指为逃离部队的军人提供住处或者场所，将其隐藏起来，以逃避部队和地方有关部门查找。该行为既包括提供自己所有或者控制的场所，也包括利用他人所有或者管理的场所。

◆ 第三百八十条　战时拒绝、故意延误军事订货罪

战时拒绝或者故意延误军事订货，情节严重的，对单位判处罚金，并对其直接负责的主管人员和其他直接责任人员，处五年以下有期徒刑或者拘役；造成严重后果的，处五年以上有期徒刑。

◆ 第三百八十一条　战时拒绝军事征收、征用罪

战时拒绝军事征收、征用，情节严重的，处三年以下有期徒刑或者拘役。

名词解释

军事征收，是为军事需要将非国有的物资收归国有。

军事征用，是为军事需要将非国有物资由国家临时使用。

第八章　贪污贿赂罪

◆ 第三百八十二条　贪污罪

国家工作人员利用职务上的便利，侵吞、窃取、骗取或者以其他手段非法占有公共财物的，是贪污罪。

受国家机关、国有公司、企业、事业单位、人民团体委托管理、经营国有财产的人员，利用职务上的便利，侵吞、窃取、骗取或者以其他手段非法占有国有财物的，以贪污论。

与前两款所列人员勾结，伙同贪污的，以共犯论处。

典型案例

1. 杨延虎等贪污案[①]

要旨：（1）贪污罪中的“利用职务上的便利”，是指利用职务上主管、管理、经手公共财物的权力及方便条件，既包括利用本人职务上主管、管理公共财物的职务便利，也包括利用职务上有隶属关系的其他国家工作人员的职务便利。

---

① 最高人民法院指导案例11号。

（2）土地使用权具有财产性利益，属于《刑法》第382条第1款规定的“公共财物”，可以成为贪污的对象。

2. 沈某某、郑某某贪污案[①]

要旨：国家工作人员利用职务便利，在期货交易中通过增设相互交易环节侵吞公款的行为，可以依法认定为贪污罪。审查时重点围绕交易行为的异常性、行为人获利与职务便利之间的关联性进行分析论证。对于贪污犯罪数额，可以结合案件具体情况，根据行为人实际获利数额予以认定。庭审中，检察机关可采取多媒体示证方式，综合运用动态流程模拟图、思维导图等全面展示证据，揭示犯罪行为和结果，增强庭审指控效果。

◆ 第三百八十三条　贪污罪的处罚规定

对犯贪污罪的，根据情节轻重，分别依照下列规定处罚：

（一）贪污数额较大或者有其他较重情节的，处三年以下有期徒刑或者拘役，并处罚金。

（二）贪污数额巨大或者有其他严重情节的，处三年以上十年以下有期徒刑，并处罚金或者没收财产。

（三）贪污数额特别巨大或者有其他特别严重情节的，处十年以上有期徒刑或者无期徒刑，并处罚金或者没收财产；数额特别巨大，并使国家和人民利益遭受特别重大损失的，处无期徒刑或者死刑，并处没收财产。

① 检例第187号。

对多次贪污未经处理的，按照累计贪污数额处罚。

犯第一款罪，在提起公诉前如实供述自己罪行、真诚悔罪、积极退赃，避免、减少损害结果的发生，有第一项规定情形的，可以从轻、减轻或者免除处罚；有第二项、第三项规定情形的，可以从轻处罚。

犯第一款罪，有第三项规定情形被判处死刑缓期执行的，人民法院根据犯罪情节等情况可以同时决定在其死刑缓期执行二年期满依法减为无期徒刑后，终身监禁，不得减刑、假释。

◆ 第三百八十四条　挪用公款罪

国家工作人员利用职务上的便利，挪用公款归个人使用，进行非法活动的，或者挪用公款数额较大、进行营利活动的，或者挪用公款数额较大、超过三个月未还的，是挪用公款罪，处五年以下有期徒刑或者拘役；情节严重的，处五年以上有期徒刑。挪用公款数额巨大不退还的，处十年以上有期徒刑或者无期徒刑。

挪用用于救灾、抢险、防汛、优抚、扶贫、移民、救济款物归个人使用的，从重处罚。

实用问答

实践中，哪些情形属于本条第 1 款规定的“挪用公款归个人使用”？

答：根据《全国人民代表大会常务委员会关于〈中华人民共和国刑法〉第三百八十四条第一款的解释》的规定，有下列情形之一的，属于挪用公款“归个人使用”：（1）将公款供本人、亲友或者其他自然人使用的；（2）以个人名义将公款供其他单位使用的；（3）个人决定以单位名义将公款供其他单位使用，谋取个人利益的。

典型案例

李某等人挪用公款案[1]

要旨：办理金融领域挪用公款犯罪案件，应从实质上把握“归个人使用”等要件。对于为个人从事营利活动而违规使用单位公款，给公款安全造成风险，如果公款形式上归单位使用，但是实质上为个人使用的，可以认定挪用公款“归个人使用”。他人因行为人挪用公款犯罪直接获利，虽不构成犯罪或未被追究刑事责任，但主观上对利益违法性有认知的，对他人的直接获利应认定为违法所得，检察机关可以向监察机关提出建议，依法予以追缴或者责令退赔。

◆ 第三百八十五条　受贿罪

国家工作人员利用职务上的便利，索取他人财物的，或者非法收受他人财物，为他人谋取利益的，是受贿罪。

国家工作人员在经济往来中，违反国家规定，收受各种名义的回扣、手续费，归个人所有的，以受贿论处。

名词解释

手续费，是指在经济活动中，除回扣以外，违反国家规定支付

① 检例第189号。

给对方的各种名义的钱或物，如佣金、信息费、顾问费、劳务费、辛苦费、好处费等。

典型案例

潘玉梅、陈宁受贿案①

要旨：（1）国家工作人员利用职务上的便利为请托人谋取利益，并与请托人以“合办”公司的名义获取“利润”，没有实际出资和参与经营管理的，以受贿论处。

（2）国家工作人员明知他人有请托事项而收受其财物，视为承诺“为他人谋取利益”，是否已实际为他人谋取利益或谋取到利益，不影响受贿的认定。

（3）国家工作人员利用职务上的便利为请托人谋取利益，以明显低于市场的价格向请托人购买房屋等物品的，以受贿论处，受贿数额按照交易时当地市场价格与实际支付价格的差额计算。

（4）国家工作人员收受财物后，因与其受贿有关联的人、事被查处，为掩饰犯罪而退还的，不影响认定受贿罪。

◆ 第三百八十六条　受贿罪的处罚规定

对犯受贿罪的，根据受贿所得数额及情节，依照本法第三百八十三条的规定处罚。索贿的从重处罚。

① 最高人民法院指导案例3号。

◆ 第三百八十七条　单位受贿罪

国家机关、国有公司、企业、事业单位、人民团体，索取、非法收受他人财物，为他人谋取利益，情节严重的，对单位判处罚金，并对其直接负责的主管人员和其他直接责任人员，处三年以下有期徒刑或者拘役；情节特别严重的，处三年以上十年以下有期徒刑。

前款所列单位，在经济往来中，在帐外暗中收受各种名义的回扣、手续费的，以受贿论，依照前款的规定处罚。

◆ 第三百八十八条　斡旋受贿罪

国家工作人员利用本人职权或者地位形成的便利条件，通过其他国家工作人员职务上的行为，为请托人谋取不正当利益，索取请托人财物或者收受请托人财物的，以受贿论处。

◆ 第三百八十八条之一　利用影响力受贿罪

国家工作人员的近亲属或者其他与该国家工作人员关系密切的人，通过该国家工作人员职务上的行为，或者利用该国家工作人员职权或者地位形成的便利条件，通过其他国家工作人员职务上的行为，为请托人谋取不正当利益，索取请托人财物或者收受请托人财物，数额较大或者有其他较重情节的，处三年以下有期徒刑或者拘役，并处罚金；数额巨大或者有其他严重情节的，处三年以上七年以下有期徒刑，并处罚金；数额特别巨大或者有其他特别严重情节的，处七年以上有期徒刑，并处罚金或者没收财产。

离职的国家工作人员或者其近亲属以及其他与其关系密切的人，利用该离职的国家工作人员原职权或者地位形成的便利条件实施前款行为的，依照前款的规定定罪处罚。

◆ 第三百八十九条　行贿罪

为谋取不正当利益，给予国家工作人员以财物的，是行贿罪。

在经济往来中，违反国家规定，给予国家工作人员以财物，数额较大的，或者违反国家规定，给予国家工作人员以各种名义的回扣、手续费的，以行贿论处。

因被勒索给予国家工作人员以财物，没有获得不正当利益的，不是行贿。

◆ 第三百九十条　行贿罪的处罚规定

对犯行贿罪的，处三年以下有期徒刑或者拘役，并处罚金；因行贿谋取不正当利益，情节严重的，或者使国家利益遭受重大损失的，处三年以上十年以下有期徒刑，并处罚金；情节特别严重的，或者使国家利益遭受特别重大损失的，处十年以上有期徒刑或者无期徒刑，并处罚金或者没收财产。

有下列情形之一的，从重处罚：

（一）多次行贿或者向多人行贿的；

（二）国家工作人员行贿的；

（三）在国家重点工程、重大项目中行贿的；

（四）为谋取职务、职级晋升、调整行贿的；

（五）对监察、行政执法、司法工作人员行贿的；

（六）在生态环境、财政金融、安全生产、食品药品、防灾救灾、社会保障、教育、医疗等领域行贿，实施违法犯罪活动的；

（七）将违法所得用于行贿的。

行贿人在被追诉前主动交待行贿行为的，可以从轻或者减轻处罚。其中，犯罪较轻的，对调查突破、侦破重大案件起关键作用的，或者有重大立功表现的，可以减轻或者免除处罚。

◆ 第三百九十条之一　对有影响力的人行贿罪

为谋取不正当利益，向国家工作人员的近亲属或者其他与该国家工作人员关系密切的人，或者向离职的国家工作人员或者其近亲属以及其他与其关系密切的人行贿的，处三年以下有期徒刑或者拘役，并处罚金；情节严重的，或者使国家利益遭受重大损失的，处三年以上七年以下有期徒刑，并处罚金；情节特别严重的，或者使国家利益遭受特别重大损失的，处七年以上十年以下有期徒刑，并处罚金。

单位犯前款罪的，对单位判处罚金，并对其直接负责的主管人员和其他直接责任人员，处三年以下有期徒刑或者拘役，并处罚金。

◆ 第三百九十一条　对单位行贿罪

为谋取不正当利益，给予国家机关、国有公司、企业、事业单位、人民团体以财物的，或者在经济往来中，违反国家规定，给予各种名义的回扣、手续费的，处三年以下有期徒刑或者拘役，并处罚金；情节严重的，处三年以上七年以下有期徒刑，并处罚金。

单位犯前款罪的，对单位判处罚金，并对其直接负责的主管人员和其他直接责任人员，依照前款的规定处罚。

◆ 第三百九十二条　介绍贿赂罪

向国家工作人员介绍贿赂，情节严重的，处三年以下有期徒刑或者拘役，并处罚金。

介绍贿赂人在被追诉前主动交待介绍贿赂行为的，可以减轻处罚或者免除处罚。

◆ 第三百九十三条　单位行贿罪

单位为谋取不正当利益而行贿，或者违反国家规定，给予国家工作人员以回扣、手续费，情节严重的，对单位判处罚金，并对其直接负责的主管人员和其他直接责任人员，处三年以下有期徒刑或者拘役，并处罚金；情节特别严重的，处三年以上十年以下有期徒刑，并处罚金。因行贿取得的违法所得归个人所有的，依照本法第三百八十九条、第三百九十条的规定定罪处罚。

◆ 第三百九十四条　贪污罪

国家工作人员在国内公务活动或者对外交往中接受礼物，依照国家规定应当交公而不交公，数额较大的，依照本法第三百八十二条、第三百八十三条的规定定罪处罚。

◆ 第三百九十五条　巨额财产来源不明罪

国家工作人员的财产、支出明显超过合法收入，差额巨大的，可以责令该国家工作人员说明来源，不能说明来源的，差额部分以非法所得论，处五年以下有期徒刑或者拘役；差额特别巨大的，处五年以上十年以下有期徒刑。财产的差额部分予以追缴。

◆ 隐瞒境外存款罪

国家工作人员在境外的存款，应当依照国家规定申报。数额较大、隐瞒不报的，处二年以下有期徒刑或者拘役；情节较轻的，由其所在单位或者上级主管机关酌情给予行政处分。

名词解释

不能说明来源的，是指行为人不能说明其财产、支出明显超过合法收入，差额巨大的财产是如何获得的。这里既包括本人拒不向调查的司法机关说明，也包括“说明”的内容经调查证明是虚假的情况。

典型案例

任润厚受贿、巨额财产来源不明违法所得没收案①

要旨：涉嫌巨额财产来源不明犯罪的人在立案前死亡，依照《刑法》规定应当追缴其违法所得及其他涉案财产的，可以依法适用违法所得没收程序。对涉案的巨额财产，可以由其近亲属或其他利害关系人说明来源。没有近亲属或其他利害关系人主张权利或者说明来源，或者近亲属或其他利害关系人主张权利所提供的证据达不到相应证明标准，或者说明的来源经查证不属实的，该财产应依法认定为违法所得予以申请没收。违法所得与合法财产混同并产生孳息的，可以按照违法所得占比计算孳息予以申请没收。

◆ 第三百九十六条　私分国有资产罪

国家机关、国有公司、企业、事业单位、人民团体，违反国家规定，以单位名义将国有资产集体私分给个人，数额较大的，

① 检例第130号。

对其直接负责的主管人员和其他直接责任人员，处三年以下有期徒刑或者拘役，并处或者单处罚金；数额巨大的，处三年以上七年以下有期徒刑，并处罚金。

◆ 私分罚没财物罪

司法机关、行政执法机关违反国家规定，将应当上缴国家的罚没财物，以单位名义集体私分给个人的，依照前款的规定处罚。

名词解释

国有资产，是指国家依法取得和认可的，或者国家以各种形式对企业投资和投资收益、国家向行政事业单位拨款等形成的资产。

第九章　渎　职　罪

◆ 第三百九十七条　滥用职权罪、玩忽职守罪

国家机关工作人员滥用职权或者玩忽职守，致使公共财产、国家和人民利益遭受重大损失的，处三年以下有期徒刑或者拘役；情节特别严重的，处三年以上七年以下有期徒刑。本法另有规定的，依照规定。

国家机关工作人员徇私舞弊，犯前款罪的，处五年以下有期徒刑或者拘役；情节特别严重的，处五年以上十年以下有期徒刑。本法另有规定的，依照规定。

典型案例

1. 陈根明、林福娟、李德权滥用职权案[1]

要旨：随着我国城镇建设和社会主义新农村建设逐步深入推进，村民委员会、居民委员会等基层组织协助人民政府管理社会发挥越来越重要的作用。实践中，村民委员会、居民委员会等基层组织人员协助人民政府从

① 检例第5号。

事行政管理工作时，滥用职权、玩忽职守构成犯罪的，应当依照《刑法》关于渎职罪的规定追究刑事责任。

2. 罗建华、罗镜添、朱炳灿、罗锦游滥用职权案[①]

要旨：根据《刑法》的规定，滥用职权罪是指国家机关工作人员滥用职权，“致使公共财产、国家和人民利益遭受重大损失”的行为。实践中，滥用职权造成恶劣社会影响的，应当依法认定为“致使公共财产、国家和人民利益遭受重大损失”。

◆ 第三百九十八条　故意泄露国家秘密罪；过失泄露国家秘密罪

国家机关工作人员违反保守国家秘密法的规定，故意或者过失泄露国家秘密，情节严重的，处三年以下有期徒刑或者拘役；情节特别严重的，处三年以上七年以下有期徒刑。

非国家机关工作人员犯前款罪的，依照前款的规定酌情处罚。

名词解释

泄露国家秘密，是指行为人把自己掌管的或者知悉的国家秘密让不应知悉者知悉的行为。泄露的方式是多种多样的：可以是口头泄露，也可以是书面泄露；可以是用交给实物的方法泄露，也可以是用发送电子信息等方法泄露。泄露的方式不同，不影响泄露国家秘密罪的成立。

---

① 检例第6号。

◆ 第三百九十九条　徇私枉法罪

司法工作人员徇私枉法、徇情枉法，对明知是无罪的人而使他受追诉、对明知是有罪的人而故意包庇不使他受追诉，或者在刑事审判活动中故意违背事实和法律作枉法裁判的，处五年以下有期徒刑或者拘役；情节严重的，处五年以上十年以下有期徒刑；情节特别严重的，处十年以上有期徒刑。

◆ 民事、行政枉法裁判罪

在民事、行政审判活动中故意违背事实和法律作枉法裁判，情节严重的，处五年以下有期徒刑或者拘役；情节特别严重的，处五年以上十年以下有期徒刑。

◆ 执行判决、裁定失职罪；执行判决、裁定滥用职权罪

在执行判决、裁定活动中，严重不负责任或者滥用职权，不依法采取诉讼保全措施、不履行法定执行职责，或者违法采取诉讼保全措施、强制执行措施，致使当事人或者其他人的利益遭受重大损失的，处五年以下有期徒刑或者拘役；致使当事人或者其他人的利益遭受特别重大损失的，处五年以上十年以下有期徒刑。

司法工作人员收受贿赂，有前三款行为的，同时又构成本法第三百八十五条规定之罪的，依照处罚较重的规定定罪处罚。

名词解释

枉法裁判，是指故意作出不符合事实或者违反法律规定的裁定、判决，如该胜诉的判败诉，该败诉的判胜诉等。

◆ 第三百九十九条之一　枉法仲裁罪

依法承担仲裁职责的人员，在仲裁活动中故意违背事实和法律作枉法裁决，情节严重的，处三年以下有期徒刑或者拘役；情节特别严重的，处三年以上七年以下有期徒刑。

◆ 第四百条　私放在押人员罪

司法工作人员私放在押的犯罪嫌疑人、被告人或者罪犯的，处五年以下有期徒刑或者拘役；情节严重的，处五年以上十年以下有期徒刑；情节特别严重的，处十年以上有期徒刑。

◆ 失职致使在押人员脱逃罪

司法工作人员由于严重不负责任，致使在押的犯罪嫌疑人、被告人或者罪犯脱逃，造成严重后果的，处三年以下有期徒刑或者拘役；造成特别严重后果的，处三年以上十年以下有期徒刑。

名词解释

私放在押的犯罪嫌疑人、被告人或者罪犯，是指司法工作人员利用职务上的便利，私自非法将被监管或押解的犯罪嫌疑人、被告人或者罪犯放走的行为。

脱逃，是指被拘留、逮捕的犯罪嫌疑人、被告人或者正在服刑的罪犯逃离羁押、监管场所的行为。

◆ 第四百零一条 徇私舞弊减刑、假释、暂予监外执行罪

司法工作人员徇私舞弊，对不符合减刑、假释、暂予监外执行条件的罪犯，予以减刑、假释或者暂予监外执行的，处三年以下有期徒刑或者拘役；情节严重的，处三年以上七年以下有期徒刑。

典型案例

林志斌徇私舞弊暂予监外执行案[1]

要旨：司法工作人员收受贿赂，对不符合减刑、假释、暂予监外执行条件的罪犯，予以减刑、假释或者暂予监外执行的，应根据案件的具体情况，依法追究刑事责任。

◆ 第四百零二条 徇私舞弊不移交刑事案件罪

行政执法人员徇私舞弊，对依法应当移交司法机关追究刑事责任的不移交，情节严重的，处三年以下有期徒刑或者拘役；造成严重后果的，处三年以上七年以下有期徒刑。

---

① 检例第3号。

典型案例

胡宝刚、郑伶徇私舞弊不移交刑事案件案[①]

要旨：诉讼监督，是人民检察院依法履行法律监督的重要内容。实践中，检察机关和办案人员应当坚持办案与监督并重，建立健全行政执法与刑事司法有效衔接的工作机制，善于在办案中发现各种职务犯罪线索；行政执法人员徇私舞弊，不移送有关刑事案件构成犯罪的，应当依法追究其刑事责任。

◆ 第四百零三条　滥用管理公司、证券职权罪

国家有关主管部门的国家机关工作人员，徇私舞弊，滥用职权，对不符合法律规定条件的公司设立、登记申请或者股票、债券发行、上市申请，予以批准或者登记，致使公共财产、国家和人民利益遭受重大损失的，处五年以下有期徒刑或者拘役。

上级部门强令登记机关及其工作人员实施前款行为的，对其直接负责的主管人员，依照前款的规定处罚。

名词解释

强令，是指行为人明知其命令违反法律，而强迫下级机关及其工作人员执行其命令的行为。

① 检例第7号。

◆ 第四百零四条 徇私舞弊不征、少征税款罪

税务机关的工作人员徇私舞弊，不征或者少征应征税款，致使国家税收遭受重大损失的，处五年以下有期徒刑或者拘役；造成特别重大损失的，处五年以上有期徒刑。

◆ 第四百零五条 徇私舞弊发售发票、抵扣税款、出口退税罪

税务机关的工作人员违反法律、行政法规的规定，在办理发售发票、抵扣税款、出口退税工作中，徇私舞弊，致使国家利益遭受重大损失的，处五年以下有期徒刑或者拘役；致使国家利益遭受特别重大损失的，处五年以上有期徒刑。

◆ 违法提供出口退税凭证罪

其他国家机关工作人员违反国家规定，在提供出口货物报关单、出口收汇核销单等出口退税凭证的工作中，徇私舞弊，致使国家利益遭受重大损失的，依照前款的规定处罚。

名词解释

发售发票，是指税务机关根据已依法办理税务登记的单位或个人提出的领购发票申请，向其发售发票的活动。

抵扣税款，是指税务机关对购货方在购进商品时已由供货方收取的增值税款抵扣掉，只征收购货方作为生产者、经营者在销售其产品或商品环节增值部分的税款。

出口退税，是指税务机关依法在出口环节向出口商品的生产者或经营单位退还该商品在生产环节、流通环节已征收的增值税和消费税。

◆ 第四百零六条　国家机关工作人员签订、履行合同失职被骗罪

国家机关工作人员在签订、履行合同过程中，因严重不负责任被诈骗，致使国家利益遭受重大损失的，处三年以下有期徒刑或者拘役；致使国家利益遭受特别重大损失的，处三年以上七年以下有期徒刑。

◆ 第四百零七条　违法发放林木采伐许可证罪

林业主管部门的工作人员违反森林法的规定，超过批准的年采伐限额发放林木采伐许可证或者违反规定滥发林木采伐许可证，情节严重，致使森林遭受严重破坏的，处三年以下有期徒刑或者拘役。

◆ 第四百零八条　环境监管失职罪

负有环境保护监督管理职责的国家机关工作人员严重不负责任，导致发生重大环境污染事故，致使公私财产遭受重大损失或者造成人身伤亡的严重后果的，处三年以下有期徒刑或者拘役。

◆ 第四百零八条之一　食品、药品监管渎职罪

负有食品药品安全监督管理职责的国家机关工作人员，滥用职权或者玩忽职守，有下列情形之一，造成严重后果或者有其他严重情节的，处五年以下有期徒刑或者拘役；造成特别严重后果或者有其他特别严重情节的，处五年以上十年以下有期徒刑：

（一）瞒报、谎报食品安全事故、药品安全事件的；

（二）对发现的严重食品药品安全违法行为未按规定查处的；

（三）在药品和特殊食品审批审评过程中，对不符合条件的

申请准予许可的；

（四）依法应当移交司法机关追究刑事责任不移交的；

（五）有其他滥用职权或者玩忽职守行为的。

徇私舞弊犯前款罪的，从重处罚。

典型案例

赛跃、韩成武受贿、食品监管渎职案[①]

要旨： 负有食品安全监督管理职责的国家机关工作人员，滥用职权或玩忽职守，导致发生重大食品安全事故或者造成其他严重后果的，应当认定为食品监管渎职罪。在渎职过程中受贿的，应当以食品监管渎职罪和受贿罪实行数罪并罚。

◆ 第四百零九条　传染病防治失职罪

从事传染病防治的政府卫生行政部门的工作人员严重不负责任，导致传染病传播或者流行，情节严重的，处三年以下有期徒刑或者拘役。

◆ 第四百一十条　非法批准征收、征用、占用土地罪；非法低价出让国有土地使用权罪

国家机关工作人员徇私舞弊，违反土地管理法规，滥用职权，非法批准征收、征用、占用土地，或者非法低价出让国有土

① 检例第16号。

地使用权，情节严重的，处三年以下有期徒刑或者拘役；致使国家或者集体利益遭受特别重大损失的，处三年以上七年以下有期徒刑。

◆ 第四百一十一条　放纵走私罪

海关工作人员徇私舞弊，放纵走私，情节严重的，处五年以下有期徒刑或者拘役；情节特别严重的，处五年以上有期徒刑。

◆ 第四百一十二条　商检徇私舞弊罪

国家商检部门、商检机构的工作人员徇私舞弊，伪造检验结果的，处五年以下有期徒刑或者拘役；造成严重后果的，处五年以上十年以下有期徒刑。

◆ 商检失职罪

前款所列人员严重不负责任，对应当检验的物品不检验，或者延误检验出证、错误出证，致使国家利益遭受重大损失的，处三年以下有期徒刑或者拘役。

名词解释

伪造检验结果，是指对明知是不合格的商品故意出具检验合格证明；对明知是合格的商品故意出具不合格检验证明；或者实际上未对商品进行检验，即出具合格或者不合格检验证明。

应当检验的物品，是指列入国家商检部门根据对外贸易发展的需要，制定、调整并公布的必须实施检验的进出口商品目录的进出口商品和其他法律、行政法律规定须经商检机构检验的进出口商品。

延误检验出证，是指国家商检部门、商检机构的工作人员由于严重不负责任，在对外贸易合同约定的索赔期限内没有检验完毕。

错误出证，是指国家商检部门、商检机构的工作人员由于严重不负责任，出具了与被检验商品的客观情况不相符合的检验证明文件。

◆ 第四百一十三条　动植物检疫徇私舞弊罪

动植物检疫机关的检疫人员徇私舞弊，伪造检疫结果的，处五年以下有期徒刑或者拘役；造成严重后果的，处五年以上十年以下有期徒刑。

◆ 动植物检疫失职罪

前款所列人员严重不负责任，对应当检疫的检疫物不检疫，或者延误检疫出证、错误出证，致使国家利益遭受重大损失的，处三年以下有期徒刑或者拘役。

名词解释

伪造检疫结果，是指明知进出境的动植物、动植物制品和其他检疫对象不合格，仍弄虚作假出具、签发检疫合格的单证；明知进出境的动植物、动植物制品和其他检疫对象检疫合格，仍出具、签发检疫不合格的单证；或者实际上未对检疫物进行检疫，即出具合格或者不合格的单证。

应当检疫的检疫物，是指国家动植物检疫机关职权范围内应当检疫的物品，主要包括：进出境的动物、动物产品、植物种子、种苗及其他繁殖材料，装载动植物、动植物制品和其他检疫物的装载容器、包装物，以及来自动植物疫区的运输工具等。

◆ 第四百一十四条　放纵制售伪劣商品犯罪行为罪

对生产、销售伪劣商品犯罪行为负有追究责任的国家机关工作人员，徇私舞弊，不履行法律规定的追究职责，情节严重的，处五年以下有期徒刑或者拘役。

◆ 第四百一十五条　办理偷越国（边）境人员出入境证件罪；放行偷越国（边）境人员罪

负责办理护照、签证以及其他出入境证件的国家机关工作人员，对明知是企图偷越国（边）境的人员，予以办理出入境证件的，或者边防、海关等国家机关工作人员，对明知是偷越国（边）境的人员，予以放行的，处三年以下有期徒刑或者拘役；情节严重的，处三年以上七年以下有期徒刑。

◆ 第四百一十六条　不解救被拐卖、绑架妇女、儿童罪

对被拐卖、绑架的妇女、儿童负有解救职责的国家机关工作人员，接到被拐卖、绑架的妇女、儿童及其家属的解救要求或者接到其他人的举报，而对被拐卖、绑架的妇女、儿童不进行解救，造成严重后果的，处五年以下有期徒刑或者拘役。

◆ 阻碍解救被拐卖、绑架妇女、儿童罪

负有解救职责的国家机关工作人员利用职务阻碍解救的，处二年以上七年以下有期徒刑；情节较轻的，处二年以下有期徒刑或者拘役。

◆ 第四百一十七条 帮助犯罪分子逃避处罚罪

有查禁犯罪活动职责的国家机关工作人员，向犯罪分子通风报信、提供便利，帮助犯罪分子逃避处罚的，处三年以下有期徒刑或者拘役；情节严重的，处三年以上十年以下有期徒刑。

◆ 第四百一十八条 招收公务员、学生徇私舞弊罪

国家机关工作人员在招收公务员、学生工作中徇私舞弊，情节严重的，处三年以下有期徒刑或者拘役。

◆ 第四百一十九条 失职造成珍贵文物损毁、流失罪

国家机关工作人员严重不负责任，造成珍贵文物损毁或者流失，后果严重的，处三年以下有期徒刑或者拘役。

第十章　军人违反职责罪

◆ 第四百二十条　军人违反职责罪的概念

军人违反职责，危害国家军事利益，依照法律应当受刑罚处罚的行为，是军人违反职责罪。

◆ 第四百二十一条　战时违抗命令罪

战时违抗命令，对作战造成危害的，处三年以上十年以下有期徒刑；致使战斗、战役遭受重大损失的，处十年以上有期徒刑、无期徒刑或者死刑。

◆ 第四百二十二条　隐瞒、谎报军情罪；拒传、假传军令罪

故意隐瞒、谎报军情或者拒传、假传军令，对作战造成危害的，处三年以上十年以下有期徒刑；致使战斗、战役遭受重大损失的，处十年以上有期徒刑、无期徒刑或者死刑。

名词解释

隐瞒军情，是指行为人对军情加以掩盖，应该向上级报告而不报告的行为。

谎报军情，是指行为人故意报告虚构的、不真实的军情。

拒传军令，是指负有传递军令职责的军人，拒不传达军事命令、指示的行为，如拒不传达军队调动的命令等。

假传军令，是指故意传达篡改的军事命令或者故意传达内容虚假的编造的军事命令的行为，如假传进攻命令，编造撤换指挥人员命令等。

◆ 第四百二十三条　投降罪

在战场上贪生怕死，自动放下武器投降敌人的，处三年以上十年以下有期徒刑；情节严重的，处十年以上有期徒刑或者无期徒刑。

投降后为敌人效劳的，处十年以上有期徒刑、无期徒刑或者死刑。

◆ 第四百二十四条　战时临阵脱逃罪

战时临阵脱逃的，处三年以下有期徒刑；情节严重的，处三年以上十年以下有期徒刑；致使战斗、战役遭受重大损失的，处十年以上有期徒刑、无期徒刑或者死刑。

名词解释

临阵脱逃，是指在战场上或者在临战或战斗状态下，擅自脱离岗位逃避战斗的行为。

◆ 第四百二十五条　擅离、玩忽军事职守罪

指挥人员和值班、值勤人员擅离职守或者玩忽职守，造成严重后果的，处三年以下有期徒刑或者拘役；造成特别严重后果的，处三年以上七年以下有期徒刑。

战时犯前款罪的，处五年以上有期徒刑。

◆ 第四百二十六条　阻碍执行军事职务罪

以暴力、威胁方法，阻碍指挥人员或者值班、值勤人员执行职务的，处五年以下有期徒刑或者拘役；情节严重的，处五年以上十年以下有期徒刑；情节特别严重的，处十年以上有期徒刑或者无期徒刑。战时从重处罚。

◆ 第四百二十七条　指使部属违反职责罪

滥用职权，指使部属进行违反职责的活动，造成严重后果的，处五年以下有期徒刑或者拘役；情节特别严重的，处五年以上十年以下有期徒刑。

◆ 第四百二十八条　违令作战消极罪

指挥人员违抗命令，临阵畏缩，作战消极，造成严重后果的，处五年以下有期徒刑；致使战斗、战役遭受重大损失或者有其他特别严重情节的，处五年以上有期徒刑。

名词解释

临阵畏缩、作战消极，是指指挥人员在作战中不尽全力，不求进取，畏惧害怕而消极避战、怠战的行为。这种行为必须是违背了

上级的命令，如果指挥人员是遵照上级有关命令而没有采取积极的行动，不是作战消极。

◆ 第四百二十九条　拒不救援友邻部队罪

在战场上明知友邻部队处境危急请求救援，能救援而不救援，致使友邻部队遭受重大损失的，对指挥人员，处五年以下有期徒刑。

名词解释

处境危急，是指友邻部队受到敌人的围困、追击或者阵地将被攻陷等处于危难之中迫切需要救援的紧急情形。

能救援而不救援，是指根据当时其所处的环境、作战能力和所担负的作战任务，有条件对处境危急的友邻部队进行救援而不予救援的行为。

友邻部队，是指由于驻地、配置地域或者执行任务而相邻的部队，既包括有隶属关系的部队，也包括没有隶属关系的部队。

◆ 第四百三十条　军人叛逃罪

在履行公务期间，擅离岗位，叛逃境外或者在境外叛逃，危害国家军事利益的，处五年以下有期徒刑或者拘役；情节严重的，处五年以上有期徒刑。

驾驶航空器、舰船叛逃的，或者有其他特别严重情节的，处十年以上有期徒刑、无期徒刑或者死刑。

◆ 第四百三十一条　非法获取军事秘密罪

以窃取、刺探、收买方法，非法获取军事秘密的，处五年以下有期徒刑；情节严重的，处五年以上十年以下有期徒刑；情节特别严重的，处十年以上有期徒刑。

◆ 为境外窃取、刺探、收买、非法提供军事秘密罪

为境外的机构、组织、人员窃取、刺探、收买、非法提供军事秘密的，处五年以上十年以下有期徒刑；情节严重的，处十年以上有期徒刑、无期徒刑或者死刑。

◆ 第四百三十二条　故意泄露军事秘密罪；过失泄露军事秘密罪

违反保守国家秘密法规，故意或者过失泄露军事秘密，情节严重的，处五年以下有期徒刑或者拘役；情节特别严重的，处五年以上十年以下有期徒刑。

战时犯前款罪的，处五年以上十年以下有期徒刑；情节特别严重的，处十年以上有期徒刑或者无期徒刑。

◆ 第四百三十三条　战时造谣惑众罪

战时造谣惑众，动摇军心的，处三年以下有期徒刑；情节严重的，处三年以上十年以下有期徒刑；情节特别严重的，处十年以上有期徒刑或者无期徒刑。

◆ 第四百三十四条　战时自伤罪

战时自伤身体，逃避军事义务的，处三年以下有期徒刑；情节严重的，处三年以上七年以下有期徒刑。

◆ 第四百三十五条　逃离部队罪

违反兵役法规，逃离部队，情节严重的，处三年以下有期徒刑或者拘役。

战时犯前款罪的，处三年以上七年以下有期徒刑。

名词解释

逃离部队，是指行为人未经批准，为了逃避履行兵役义务而擅自离开部队的行为。

◆ 第四百三十六条　武器装备肇事罪

违反武器装备使用规定，情节严重，因而发生责任事故，致人重伤、死亡或者造成其他严重后果的，处三年以下有期徒刑或者拘役；后果特别严重的，处三年以上七年以下有期徒刑。

◆ 第四百三十七条　擅自改变武器装备编配用途罪

违反武器装备管理规定，擅自改变武器装备的编配用途，造成严重后果的，处三年以下有期徒刑或者拘役；造成特别严重后果的，处三年以上七年以下有期徒刑。

名词解释

擅自改变武器装备的编配用途，是指行为人违反武器装备管理规定，未经批准而自行将编配的武器装备改作其他用途的行为。部队配备武器装备是为了保卫国家和人民的利益，各种武器装备都有其专门的编配用途，应当按照有关法规的规定，按照武器装备的编配用途，正确使用武器装备。擅自改变武器装备的编配用途，不仅会损坏武器装备，而且会造成武器装备管理失控，严重影响其正常使用，甚至会造成其他严重后果，危害国家军事利益。

◆ **第四百三十八条　盗窃、抢夺武器装备、军用物资罪**

盗窃、抢夺武器装备或者军用物资的，处五年以下有期徒刑或者拘役；情节严重的，处五年以上十年以下有期徒刑；情节特别严重的，处十年以上有期徒刑、无期徒刑或者死刑。

◆ **盗窃、抢夺枪支、弹药、爆炸物、危险物质罪**

盗窃、抢夺枪支、弹药、爆炸物的，依照本法第一百二十七条的规定处罚。

◆ **第四百三十九条　非法出卖、转让武器装备罪**

非法出卖、转让军队武器装备的，处三年以上十年以下有期徒刑；出卖、转让大量武器装备或者有其他特别严重情节的，处十年以上有期徒刑、无期徒刑或者死刑。

◆ **第四百四十条　遗弃武器装备罪**

违抗命令，遗弃武器装备的，处五年以下有期徒刑或者拘役；遗弃重要或者大量武器装备的，或者有其他严重情节的，处五年以上有期徒刑。

◆ **第四百四十一条　遗失武器装备罪**

遗失武器装备，不及时报告或者有其他严重情节的，处三年以下有期徒刑或者拘役。

◆ 第四百四十二条　擅自出卖、转让军队房地产罪

违反规定，擅自出卖、转让军队房地产，情节严重的，对直接责任人员，处三年以下有期徒刑或者拘役；情节特别严重的，处三年以上十年以下有期徒刑。

◆ 第四百四十三条　虐待部属罪

滥用职权，虐待部属，情节恶劣，致人重伤或者造成其他严重后果的，处五年以下有期徒刑或者拘役；致人死亡的，处五年以上有期徒刑。

◆ 第四百四十四条　遗弃伤病军人罪

在战场上故意遗弃伤病军人，情节恶劣的，对直接责任人员，处五年以下有期徒刑。

名词解释

故意遗弃，是指行为人明知有伤病军人而不予抢救，弃之不顾的行为。遗弃行为必须发生在战场上，遗弃的对象应是我军因伤、因病需要给予救护的人员。

◆ 第四百四十五条　战时拒不救治伤病军人罪

战时在救护治疗职位上，有条件救治而拒不救治危重伤病军人的，处五年以下有期徒刑或者拘役；造成伤病军人重残、死亡或者有其他严重情节的，处五年以上十年以下有期徒刑。

◆ 第四百四十六条　战时残害居民、掠夺居民财物罪

战时在军事行动地区，残害无辜居民或者掠夺无辜居民财物的，处五年以下有期徒刑；情节严重的，处五年以上十年以下有期徒刑；情节特别严重的，处十年以上有期徒刑、无期徒刑或者死刑。

◆ 第四百四十七条　私放俘虏罪

私放俘虏的，处五年以下有期徒刑；私放重要俘虏、私放俘虏多人或者有其他严重情节的，处五年以上有期徒刑。

名词解释

重要俘虏，是指敌军的中、高级军官，掌握重要情况的人员，以及为了解敌情而专门抓获的俘虏等。

◆ 第四百四十八条　虐待俘虏罪

虐待俘虏，情节恶劣的，处三年以下有期徒刑。

◆ 第四百四十九条　战时缓刑

在战时，对被判处三年以下有期徒刑没有现实危险宣告缓刑的犯罪军人，允许其戴罪立功，确有立功表现时，可以撤销原判刑罚，不以犯罪论处。

◆ 第四百五十条　本章适用的主体范围

本章适用于中国人民解放军的现役军官、文职干部、士兵及具有军籍的学员和中国人民武装警察部队的现役警官、文职干部、士兵及具有军籍的学员以及文职人员、执行军事任务的预备役人员和其他人员。

◆ 第四百五十一条　战时的界定

本章所称战时，是指国家宣布进入战争状态、部队受领作战任务或者遭敌突然袭击时。

部队执行戒严任务或者处置突发性暴力事件时，以战时论。

名词解释

戒严任务，是指根据《戒严法》的规定，在发生严重危及国家统一、安全或者社会公共安全的动乱、暴乱或严重骚乱，不采取非常措施不足以维护社会秩序、保护人民的生命、财产安全的紧急状态时，国家可以决定实施戒严。戒严任务由人民警察、人民武装警察执行；必要时，国务院可以向中央军事委员会提出，由中央军事委员会决定派出人民解放军协助执行。

附 则

◆ **第四百五十二条 施行日期及法律的废止与保留**

本法自1997年10月1日起施行。

列于本法附件一的全国人民代表大会常务委员会制定的条例、补充规定和决定，已纳入本法或者已不适用，自本法施行之日起，予以废止。

列于本法附件二的全国人民代表大会常务委员会制定的补充规定和决定予以保留。其中，有关行政处罚和行政措施的规定继续有效；有关刑事责任的规定已纳入本法，自本法施行之日起，适用本法规定。

附件一

全国人民代表大会常务委员会制定的下列条例、补充规定和决定，已纳入本法或者已不适用，自本法施行之日起，予以废止：

1. 中华人民共和国惩治军人违反职责罪暂行条例
2. 关于严惩严重破坏经济的罪犯的决定
3. 关于严惩严重危害社会治安的犯罪分子的决定
4. 关于惩治走私罪的补充规定
5. 关于惩治贪污罪贿赂罪的补充规定

6. 关于惩治泄露国家秘密犯罪的补充规定

7. 关于惩治捕杀国家重点保护的珍贵、濒危野生动物犯罪的补充规定

8. 关于惩治侮辱中华人民共和国国旗国徽罪的决定

9. 关于惩治盗掘古文化遗址古墓葬犯罪的补充规定

10. 关于惩治劫持航空器犯罪分子的决定

11. 关于惩治假冒注册商标犯罪的补充规定

12. 关于惩治生产、销售伪劣商品犯罪的决定

13. 关于惩治侵犯著作权的犯罪的决定

14. 关于惩治违反公司法的犯罪的决定

15. 关于处理逃跑或者重新犯罪的劳改犯和劳教人员的决定

附件二

全国人民代表大会常务委员会制定的下列补充规定和决定予以保留，其中，有关行政处罚和行政措施的规定继续有效；有关刑事责任的规定已纳入本法，自本法施行之日起，适用本法规定：

1. 关于禁毒的决定[①]

2. 关于惩治走私、制作、贩卖、传播淫秽物品的犯罪分子的决定

3. 关于严禁卖淫嫖娼的决定[②]

4. 关于严惩拐卖、绑架妇女、儿童的犯罪分子的决定

---

① 根据《中华人民共和国禁毒法》第七十一条的规定，本决定自 2008 年 6 月 1 日起废止。

② 根据《全国人民代表大会常务委员会关于废止有关收容教育法律规定和制度的决定》，本决定第 4 条第 2 款、第 4 款自 2019 年 12 月 29 日起废止。

5. 关于惩治偷税、抗税犯罪的补充规定①
6. 关于严惩组织、运送他人偷越国（边）境犯罪的补充规定②
7. 关于惩治破坏金融秩序犯罪的决定
8. 关于惩治虚开、伪造和非法出售增值税专用发票犯罪的决定

① 根据《全国人民代表大会常务委员会关于废止部分法律的决定》，本决定自 2009 年 6 月 27 日起废止。

② 根据《全国人民代表大会常务委员会关于废止部分法律的决定》，本决定自 2009 年 6 月 27 日起废止。

附录

相关法律文件索引

全国人民代表大会常务委员会关于惩治骗购外汇、逃汇和非法买卖外汇犯罪的决定（1998 年 12 月 29 日）
全国人民代表大会常务委员会关于取缔邪教组织、防范和惩治邪教活动的决定（1999 年 10 月 30 日）
全国人民代表大会常务委员会关于维护互联网安全的决定（2009 年 8 月 27 日修正）
全国人民代表大会常务委员会关于加强网络信息保护的决定（2012 年 12 月 28 日）
最高人民法院关于审理未成年人刑事案件具体应用法律若干问题的解释（2006 年 1 月 11 日）
最高人民法院关于减刑、假释案件审理程序的规定（2014 年 4 月 23 日）
最高人民法院关于办理减刑、假释案件具体应用法律的规定（2016 年 11 月 14 日）
最高人民法院关于办理减刑、假释案件具体应用法律的补充规定（2019 年 4 月 24 日）
最高人民检察院、公安部关于公安机关管辖的刑事案件立案追诉标准的规定（一）（2008 年 6 月 25 日）
最高人民检察院、公安部关于公安机关管辖的刑事案件立案追诉标准的规定（一）的补充规定（2017 年 4 月 27 日）

最高人民检察院、公安部关于公安机关管辖的刑事案件立案追诉标准的规定（二）（2022年4月6日）
最高人民检察院、公安部关于公安机关管辖的刑事案件立案追诉标准的规定（三）（2012年5月16日）
最高人民法院关于审理为境外窃取、刺探、收买、非法提供国家秘密、情报案件具体应用法律若干问题的解释（2001年1月17日）
最高人民法院关于审理非法制造、买卖、运输枪支、弹药、爆炸物等刑事案件具体应用法律若干问题的解释（2009年11月16日修正）
最高人民法院、最高人民检察院关于办理渎职刑事案件适用法律若干问题的解释（一）（2012年12月7日）
最高人民法院、最高人民检察院关于办理走私刑事案件适用法律若干问题的解释（2014年8月12日）
最高人民法院关于审理骗购外汇、非法买卖外汇刑事案件具体应用法律若干问题的解释（1998年8月28日）
最高人民法院关于审理洗钱等刑事案件具体应用法律若干问题的解释（2009年11月4日）
最高人民法院关于审理非法集资刑事案件具体应用法律若干问题的解释（2022年2月23日修正）
最高人民法院、最高人民检察院关于办理内幕交易、泄露内幕信息刑事案件具体应用法律若干问题的解释（2012年3月29日）
最高人民法院、最高人民检察院关于办理利用未公开信息交易刑事案件适用法律若干问题的解释（2019年6月27日）
最高人民法院、最高人民检察院关于办理利用信息网络实施诽谤等刑事案件适用法律若干问题的解释（2013年9月6日）
最高人民法院、最高人民检察院关于办理侵犯公民个人信息刑事案

件适用法律若干问题的解释（2017 年 5 月 8 日）
最高人民法院、最高人民检察院关于办理强奸、猥亵未成年人刑事案件适用法律若干问题的解释（2023 年 5 月 24 日）
最高人民法院关于审理抢劫案件具体应用法律若干问题的解释（2000 年 11 月 22 日）
最高人民法院、最高人民检察院关于办理抢夺刑事案件适用法律若干问题的解释（2013 年 11 月 11 日）
最高人民法院、最高人民检察院关于办理盗窃刑事案件适用法律若干问题的解释（2013 年 4 月 2 日）
最高人民法院、最高人民检察院关于办理敲诈勒索刑事案件适用法律若干问题的解释（2013 年 4 月 23 日）
最高人民法院关于审理黑社会性质组织犯罪的案件具体应用法律若干问题的解释（2000 年 12 月 5 日）
最高人民法院、最高人民检察院关于办理赌博刑事案件具体应用法律若干问题的解释（2005 年 5 月 11 日）
最高人民法院、最高人民检察院关于办理危害计算机信息系统安全刑事案件应用法律若干问题的解释（2011 年 8 月 1 日）
最高人民法院、最高人民检察院关于办理寻衅滋事刑事案件适用法律若干问题的解释（2013 年 7 月 15 日）
最高人民法院关于审理编造、故意传播虚假恐怖信息刑事案件适用法律若干问题的解释（2013 年 9 月 18 日）
最高人民法院、最高人民检察院关于办理组织、利用邪教组织破坏法律实施等刑事案件适用法律若干问题的解释（2017 年 1 月 25 日）
最高人民法院、最高人民检察院关于办理非法利用信息网络、帮助信息网络犯罪活动等刑事案件适用法律若干问题的解释（2019 年

10 月 21 日）

最高人民法院、最高人民检察院关于办理虚假诉讼刑事案件适用法律若干问题的解释（2018 年 9 月 26 日）

最高人民法院关于审理掩饰、隐瞒犯罪所得、犯罪所得收益刑事案件适用法律若干问题的解释（2021 年 4 月 13 日修正）

最高人民法院、最高人民检察院关于办理窝藏、包庇刑事案件适用法律若干问题的解释（2021 年 8 月 9 日）

最高人民法院、最高人民检察院关于办理行贿刑事案件具体应用法律若干问题的解释（2012 年 12 月 26）